DESHACER EL GÉNERO

AF275068

Últimos títulos publicados en esta colección:

J. Butler y A. Athanasiou, *Desposesión*
J. Butler, *Cuerpos que importan*
J. Butler, *El género en disputa*
J. Butler, *¿Quién teme al género?*
J. Butler, *Cuerpos que importan*
J. Butler, *Deshacer el género*

JUDITH BUTLER

DESHACER EL GÉNERO

Traducción de Patrícia Soley-Beltran

PAIDÓS Biblioteca Judith Butler

Título original: Undoing Gender, de Judith Butler
Traducción autorizada a partir de la edición en lengua inglesa publicada por
Routledge, parte de Taylor & Francis Group LLC y publicada por acuerdo con
International Editors' Co.

1.ª edición, abril de 2006
1.ª edición en esta presentación, mayo de 2026

La lectura abre horizontes, iguala oportunidades y construye una sociedad mejor.
La propiedad intelectual es clave en la creación de contenidos culturales porque
sostiene el ecosistema de quienes escriben y de nuestras librerías.
Al comprar este libro estarás contribuyendo a mantener dicho ecosistema vivo y
en crecimiento.
En **Grupo Planeta** agradecemos que nos ayudes a apoyar así la autonomía creativa
de autoras y autores para que puedan seguir desempeñando su labor.
Dirígete a CEDRO (Centro Español de Derechos Reprográficos) si necesitas
fotocopiar, escanear, distribuir o poner a disposición algún fragmento de esta obra
(www.cedro.org; 91 702 19 70 / 93 272 04 45).
Queda expresamente prohibida la utilización o reproducción de este libro o
de cualquiera de sus partes con el propósito de entrenar o alimentar sistemas o
tecnologías de inteligencia artificial.

PEFC Certificado

Este libro procede de
bosques gestionados
de forma sostenible

PEFC

PEFC/14-38-00305   www.pefc.es

Para Wendy, una y otra vez

SUMARIO

INTRODUCCIÓN

Actuar concertadamente

Los ensayos aquí incluidos representan algunas de mis obras más recientes sobre género y sexualidad; todos ellos están centrados en la cuestión de qué puede llegar a significar deshacer los restrictivos conceptos normativos de la vida sexual y del género. Sin embargo, de igual forma, estos ensayos tratan de la experiencia de *ser deshecho*, de formas buenas y malas. En algunas ocasiones una concepción normativa del género puede deshacer a la propia persona al socavar su capacidad de continuar habitando una vida llevadera. En otras ocasiones, la experiencia de deshacer una restricción normativa puede desmontar una concepción previa sobre el propio ser con el único fin de inaugurar una concepción relativamente nueva que tiene como objetivo lograr un mayor grado de habitabilidad.

Considerar al género como una forma de hacer, una actividad incesante performada, en parte, sin saberlo y sin la propia voluntad, no implica que sea una actividad automática o mecánica. Por el contrario, es una práctica de improvisación en un escenario constrictivo. Además, el género propio no se «hace» en soledad. Siempre se está «haciendo» con o para otro, aunque el otro sea solo imaginario. Lo que se llama mi «propio» género quizá aparece en ocasiones como algo que uno mismo crea o que, efectivamente, le pertenece. Pero los términos que configuran el propio género se hallan, desde el inicio, fuera de uno mismo, más allá de uno mismo, en una socialidad que no tiene un solo autor (y que impugna radicalmente la propia noción de autoría).

Aunque ser de un cierto género no implica que se desee de una cierta manera, existe no obstante un deseo que es constitutivo del género mismo y, como consecuencia, no se puede separar de una manera rápida o fácil la vida del género de la vida del deseo. ¿Qué es lo que quiere el género? Hablar de esta manera puede parecernos extraño, pero resulta menos raro cuando nos damos cuenta de que las normas sociales que constituyen nuestra existencia conllevan deseos que no se originan en nuestra individualidad. Esta cuestión se torna más compleja debido a que la viabilidad de nuestra individualidad depende fundamentalmente de estas normas sociales.

La tradición hegeliana enlaza el deseo con el reconocimiento: afirma que el deseo es siempre un deseo de reconocimiento y que cualquiera de nosotros se constituye como ser social viable únicamente a través de la experiencia del reconocimiento. Dicha visión tiene su atractivo y su verdad, pero también descuida un par de puntos importantes. Los términos que nos permiten ser reconocidos como humanos son articulados socialmente y son variables. Y, en ocasiones, los mismos términos que confieren la cualidad de «humano» a ciertos individuos son aquellos que privan a otros de la posibilidad de conseguir dicho estatus, produciendo así un diferencial entre lo humano y lo menos que humano. Estas normas tienen consecuencias de largo alcance sobre nuestra concepción del modelo de humano con derechos o del humano al que se incluye en la esfera de participación de la deliberación política. El humano se concibe de forma diferente dependiendo de su raza y la visibilidad de dicha raza; su morfología y la medida en que se reconoce dicha morfología; su sexo y la verificación perceptiva de dicho sexo; su etnicidad y la categorización de dicha etnicidad. Algunos humanos son reconocidos como menos que humanos y dicha forma de reconocimiento con enmiendas no conduce a una vida viable. A algunos humanos no se les reconoce en absoluto como humanos y esto conduce a otro orden de vida inviable. Si parte de lo que busca el deseo es obtener reconocimiento, entonces el género, en la medida en que está animado por el deseo, buscará también reconocimiento. Pero si los proyectos de reconocimiento que se encuentran a nuestra disposición son aquellos que «deshacen» a la persona al conferirle reconocimiento, o que la «deshacen» al negarle reconocimiento, entonces el reconocimiento se convierte en una sede del poder mediante la cual se produce lo humano de forma diferencial. Esto significa que en la medida en que el deseo está implicado en las normas sociales, se encuentra ligado con la cuestión del poder y con el problema de quién reúne los requisitos de lo que se reconoce como humano y quién no.

Si yo soy de un cierto género, ¿seré todavía considerado como parte de lo humano? ¿Se expandirá lo «humano» para incluirme a mí en su ámbito? Si deseo de una cierta manera, ¿seré capaz de vivir? ¿Habrá un lugar para mi vida y será reconocible para los demás, de los cuales dependo para mi existencia social?

Permanecer por debajo de la inteligibilidad tiene ciertas ventajas, si se entiende la inteligibilidad como aquello que se produce como consecuencia del reconocimiento de acuerdo con las normas sociales vigentes. Ciertamente, si mis opciones son repugnantes y no deseo ser reconocido dentro de un cierto tipo de normas, entonces resulta que mi sentido de supervivencia depende de la posibilidad de escapar de las garras de dichas normas a través de las cuales se confiere el reconocimiento. Puede ser que mi sentido de pertenencia social se vea perjudicado por mi distancia con respecto a las normas, pero seguramente dicho extrañamiento es preferible a conseguir un sentido de inteligibilidad en virtud de normas que tan solo me sacrificarán desde otra dirección. La capacidad de desarrollar una relación crítica con estas normas presupone distanciarse de ellas, poseer la habilidad de suspender o diferir la necesidad de ellas, aun cuando se deseen normas que permitan la vida. La relación crítica depende también de la capacidad, invariablemente colectiva, de articular una alternativa, una versión minoritaria de normas o ideales que sostengan y permitan actuar al individuo. Si soy alguien que no puede *ser* sin *hacer*, entonces las condiciones de mi hacer son, en parte, las condiciones de mi existencia. Si mi hacer depende de qué se me hace o, más bien, de los modos en que yo soy hecho por esas normas, entonces la posibilidad de mi persistencia como «yo» depende de la capacidad de mi ser de hacer algo con lo que se hace conmigo. Esto no significa que yo pueda rehacer el mundo de manera que me convierta en su hacedor. Esta fantasía de un poder absoluto como el de Dios solo niega los modos en que somos constituidos, invariablemente y desde el principio, por lo que es externo a nosotros y nos precede. Mi agencia no consiste en negar la condición de tal constitución.* Si tengo alguna agencia es la que se deriva del hecho de que soy constituida por un mundo social que nunca escogí. Que mi agencia esté repleta de paradojas no significa que sea imposible. Significa solo que la paradoja es la condición de su posibilidad.

Como resultado, el «yo» que soy se encuentra constituido por normas y depende de ellas, pero también aspira a vivir de manera que mantenga con ellas una relación crítica y transformadora. Esto no es fácil porque, en cierta medida, el «yo» se convierte en algo que no puede conocerse, amenazado por su inviabilidad, con ser deshecho completamente en cuanto deje de incorporar la norma mediante la cual este «yo» se convierte en totalmente reconocible. Hay un cierto nuevo rumbo de lo humano que se da con el fin de iniciar el proceso de rehacer lo humano. Yo puedo sentir que sin ciertos rasgos reconocibles no puedo vivir. Pero también

---

* Dada la amplia utilización del término «agencia» en los textos de ciencias sociales escritos en lengua española, un neologismo procedente del término inglés *agency* que indica la capacidad de acción de un actor o agente social, he procedido a emplearlo a lo largo de todo el texto. *(N. de la t.).*

puedo sentir que los términos por los que soy reconocida convierten mi vida en inhabitable. Esta es la coyuntura de la cual emerge la crítica, entendiendo la crítica como un cuestionamiento de los términos que restringen la vida con el objetivo de abrir la posibilidad de modos diferentes de vida; en otras palabras, no para celebrar la diferencia en sí misma, sino para establecer condiciones más incluyentes que cobijen y mantengan la vida que se resiste a los modelos de asimilación.

En los ensayos de este volumen se relacionan las problemáticas de género y sexualidad con las operaciones de persistencia y supervivencia. Mi propio pensamiento ha sido influenciado por la «Nueva Política de Género» [New Gender Politics] que ha surgido en años recientes, una combinación de movimientos que engloban al transgénero, la transexualidad, la intersexualidad y a sus complejas relaciones con las teorías feministas y queer.[1] Creo, sin embargo, que sería un error suscribir una noción progresiva de la historia por la cual se entiende que diferentes marcos van sucediéndose y suplantándose unos a otros. No se puede narrar una historia sobre cómo uno se desplaza del feminismo al queer y al trans.* Y no se puede narrar tal historia sencillamente porque ninguna de esas historias pertenece al pasado: esas historias continúan ocurriendo de formas simultáneas y solapadas en el mismo instante en que las contamos. En parte se dan mediante las formas complejas en las que son asumidas por cada uno de esos movimientos y prácticas teóricas.

Consideremos la oposición intersexual a la extendida práctica de realizar cirugía coactiva a los neonatos y niños con anatomías sexualmente indeterminadas o hermafroditas con el fin de normalizar sus cuerpos. Este movimiento ofrece una perspectiva crítica sobre la versión de lo «humano» que requiere morfologías ideales y la constricción de las normas corporales. Al resistirse a la

---

* El término trans engloba los movimientos promovidos por personas transexuales, transgénero e intersexuales. (*N. de la t.*).

cirugía coactiva, la comunidad intersexual hace un llamamiento para que se comprenda que los niños de condición intersexual son parte del *continuum* de la morfología humana y que deben ser tratados desde el supuesto de que sus vidas son y serán no solo viables, sino también ocasiones para su florecimiento como personas. Así pues, las normas que gobiernan la anatomía humana idealizada producen un sentido de la diferencia entre quién es humano y quién no lo es, qué vidas son habitables y cuáles no lo son. Esta diferencia opera también en una amplia variedad de incapacidades (aunque la norma que funciona para las incapacidades no visibles es otra). Una concurrencia de operaciones de normas de género puede observarse en la diagnosis del *DSM-IV* sobre el trastorno de identidad de género. Esta diagnosis, que, en su mayor parte, se encarga de monitorizar los signos de homosexualidad incipiente, asume que la «disforia de género» es un trastorno psicológico simplemente porque alguien de un determinado género manifiesta atributos de otro género o el deseo de vivir como otro género. Esto impone un modelo coherente de vida de género que rebaja las formas complejas mediante las cuales se elaboran y se viven las vidas de género. Sin embargo, el diagnóstico es crucial para muchos individuos que requieren apoyo de los seguros para la cirugía de reasignación de sexo o el tratamiento hormonal, o para quienes buscan un cambio legal de estatus. Como resultado, los métodos diagnósticos mediante los cuales se atribuye la transexualidad implican una patologización, pero sufrir este proceso de patologización constituye una de las más importantes vías para satisfacer el deseo de cambiar de sexo. La cuestión crítica se convierte así en: ¿cómo puede el mundo ser reorganizado de manera que mejore este conflicto?

Los recientes esfuerzos para promover el matrimonio de lesbianas y gays promueven también una norma que amenaza con convertir en ilegítimas y abyectas aquellas configuraciones sexuales que no se adecuen a la norma del matrimonio ni en su forma actual ni en su forma corregible. Al mismo tiempo, las objeciones homofóbicas al matrimonio de gays y lesbianas se expanden por toda nuestra cultura y afectan a todas las vidas queer. Todo ello nos plantea una pregunta fundamental: ¿cómo podemos oponernos a la homofobia sin abrazar la norma del matrimonio como el acuerdo social más exclusivo o más profundamente valorado para las vidas sexuales queer? De forma similar, cuando el matrimonio marca los términos para el parentesco y el parentesco en sí mismo se colapsa en la «familia», los esfuerzos para establecer enlaces de parentesco no basados en el lazo matrimonial se convierten en opciones prácticamente indescifrables e inviables. Los lazos sociales duraderos que constituyen parentescos viables en las comunidades de minorías sexuales corren el riesgo de convertirse en irreconocibles e inviables mientras el lazo matrimonial sea la forma exclusiva en que se organicen tanto la sexualidad como el parentesco. Una relación crítica con esta norma conlleva desarticular aquellos derechos y obligaciones actualmente concomitantes con el matrimonio, de forma que el matrimonio pueda permanecer como un ejercicio simbólico para aquellos que deseen comprometerse bajo tal forma. Pero si los derechos y las obligaciones del parentesco pueden tomar otras formas, ¿qué reorganización de las normas sexuales sería necesaria para que la duración e importancia de los lazos íntimos de aquellos que viven sexual y afectivamente fuera del lazo matrimonial o en relaciones de parentesco ajenas al matrimonio sean legal y culturalmente reconocidas?; o, igualmente importante, ¿qué reorganización de las normas sexuales sería necesaria para que estén libres de la necesidad de un reconocimiento de este tipo?

Si hace una o dos décadas, la discriminación de género se aplicaba tácitamente a las mujeres, esto ya no sirve como marco exclusivo para entender su utilización contemporánea. La discriminación de las mujeres continúa —especialmente de las mujeres pobres y de las mujeres de color, si consideramos los niveles diferenciales de pobreza y alfabetización no solo en Estados Unidos, sino globalmente—, así que continúa siendo crucial reconocer esta dimensión de la discriminación de género. Pero el género ahora significa identidad de género, una cuestión particularmente sobresaliente en la política y teoría del transgénero y la transexualidad. El transgénero se refiere a aquellas personas que se identifican con, o viven como, el otro género, pero que pueden no haberse sometido a tratamientos hormonales u operaciones de reasignación de sexo. Los transexuales y las personas transgénero se identifican como hombres (caso de los transexuales de mujer a hombre), como mujeres (caso de las transexuales de hombre a mujer), o como trans, esto es, como transhombres o transmujeres, ya se hayan sometido o no a intervenciones quirúrgicas o a tratamiento hormonal; y cada una de estas prácticas sociales conlleva diferentes cargas sociales y promesas.

Coloquialmente, el término «transgénero» se aplica también a una serie de estas posiciones. Las personas transgénero y transexuales están sujetas a la patologización y la violencia, que, una vez más, aumenta en el caso de personas trans de comunidades de color. La persecución que sufren aquellos que son «leídos» como trans o que se descubre que son trans no puede ser subestimada. Es parte de un continuo de violencia de género que arrebató las vidas de Brandon Teena, Mathew Shephard y Gwen Araujo.[2] Debe entenderse que estos asesinatos están conectados con los actos coactivos de «corrección» sufridos por los neonatos y por los niños intersexuados que a menudo dejan sus cuerpos mutilados para toda la vida, traumatizados y físicamente limitados en sus funciones sexuales y sus placeres. Aunque a veces el intersexo y el transexo parecen ser movimientos reñidos entre sí (el primero se declara opuesto a la cirugía, el segundo acepta la cirugía electiva), es muy importante darse cuenta de que ambos cuestionan el principio del dimorfismo natural que debe ser establecido o mantenido a toda costa. Los activistas intersex trabajan para rectificar la errónea presuposición según la cual cada cuerpo alberga una «verdad» innata sobre su sexo que los profesionales médicos pueden discernir y traer a la luz por sí solos. El movimiento intersex sostiene que el género debe ser establecido a través de la asignación o la elección, pero siempre sin coerción, premisa que comparte con el activismo transgénero y transexual. Este último se opone a formas no deseadas de asignación de género y, en este sentido, reclama un mayor grado de autonomía, una situación también paralela a las reclamaciones intersex. Sin embargo, a ambos movimientos les resulta complicado establecer el significado preciso de la autonomía, ya que escoger el propio cuerpo implica, ineludiblemente, navegar entre normas que son trazadas por adelantado y de forma previa a la elección personal o que son articuladas de forma concertada con la agencia de otras minorías. Efectivamente, los individuos dependen de las instituciones de apoyo social para ejercer la autodeterminación con respecto a qué cuerpo y qué género tienen y mantienen, de manera que la autodeterminación se convierte en un concepto plausible únicamente en el contexto de un mundo social que apoya y posibilita la capacidad de ejercitar la agencia. A la inversa (y como consecuencia), resulta que cambiar las instituciones a través de las cuales se establecen y se mantienen las elecciones humanamente viables es un prerrequisito para el ejercicio de la autodeterminación. En este sentido, la agencia individual está ligada a la crítica social y la transformación social. Solo se determina «el propio» sentido del género en la medida en que las normas sociales existen para apoyar y posibilitar aquel acto de reclamar el género para uno mismo. De esta forma, para tomar posesión de sí mismo el yo debe ser desposeído en la socialidad.

Una tensión que surge entre la teoría queer y los movimientos intersex y transexual se centra en la cuestión de la reasignación de sexo y de las ventajas que conllevan las categorías de género. Si se entiende que, por definición, la teoría queer se opone a toda reivindicación de identidad, incluyendo la asignación de un sexo estable, entonces la tensión parece realmente intensa. Pero yo sugeriría que, más importante que cualquier presuposición sobre la plasticidad de la identidad o incluso sobre su estatus retrógrado, es la oposición de la teoría queer a la legislación no voluntaria de la identidad. Después de todo, la teoría y el activismo queer adquirieron relevancia política al insistir en que el activismo antihomofóbico puede ser ejercitado por cualquiera, independientemente de su orientación sexual, y al afirmar que las señas de identidad no son prerrequisitos para la participación política. Aunque la teoría queer se opone a aquellos que desean regular la identidad y establecer premisas epistemológicas prioritarias para quienes reclaman cierto tipo de identidad, no busca tan solo expandir la comunidad de activismo antihomofóbico, sino más bien insistir en que la sexualidad no se resume fácilmente ni se unifica a través de la categorización. Por lo tanto, no se puede concluir que la teoría queer se opone a la asignación de género o que pone en entredicho los deseos de quienes esperan conseguir dichas asignaciones para los niños intersexuados, por ejemplo, aquellos que pueden necesitarlas para funcionar socialmente incluso si posteriormente en su vida cambian dicha asignación, sabiendo los riesgos que entraña. La presunción que puede hacerse aquí de forma perfectamente razonable es que los niños no tienen por qué tomar sobre sí la responsabilidad de ser los héroes de un movimiento sin haber aceptado previamente dicho rol. En este sentido, la categorización tiene su lugar y no puede ser reducida a una forma de esencialismo anatómico.

De manera similar, el deseo transexual de convertirse en hombre o mujer no debe ser descartado como un mero deseo de conformarse a las categorías identitarias establecidas. Como indica Kate Bornstein, se puede desear la transformación misma, se puede dar una búsqueda de la identidad como un ejercicio de transformación, como un ejemplo del deseo como actividad transformadora.[3] Aunque en todos estos casos se den deseos de una identidad estable, es crucial darse cuenta de que una vida habitable requiere varios grados de estabilidad. De la misma manera que una vida para la cual no existen categorías de reconocimiento no es una vida habitable, tampoco es una opción aceptable una vida para la cual dichas categorías constituyen una restricción no llevadera.

A mi entender, la tarea de todos estos movimientos consiste en distinguir entre las normas y convenciones que permiten a la gente respirar, desear, amar y vivir, y aquellas normas y convenciones que restringen o coartan las condiciones de vida. A veces las normas funcionan de ambas formas a la vez, y en ocasiones funcionan de una manera para un grupo determinado y de otra para otro. Lo más importante es cesar de legislar para todas estas vidas lo que es habitable solo para algunos y, de forma similar, abstenerse de proscribir para todas las vidas lo que es invivible para algunos. Las diferencias en la posición y el deseo marcan los límites de la universabilidad como un reflejo ético. La crítica de las normas de género debe situarse en el contexto de las vidas tal como se viven y debe guiarse por la cuestión de qué maximiza las posibilidades de una vida habitable, qué minimiza la posibilidad de una vida insoportable o, incluso, de la muerte social o literal.

Ninguno de estos movimientos es, a mi entender, posfeminista. Todos han hallado importantes recursos conceptuales y políticos en el feminismo, y el feminismo continúa planteando desafíos a estos movimientos y funcionando como un aliado importante. De la misma manera que ya no se considera la «discriminación de género» como un código para la discriminación contra las mujeres, sería igualmente inaceptable proponer una visión de la discriminación de género que no tuviera en consideración las formas diferenciales en las que las mujeres sufren la pobreza y el analfabetismo, la discriminación laboral, la división del trabajo en términos de género en el marco global o la violencia sexual y de otros tipos. El marco feminista, que toma como punto de partida la dominación estructural de las mujeres y a partir del cual todos los otros análisis de género deben proceder, pone en peligro su propia viabilidad al rehusar su aprobación a las varias formas en las cuales el género emerge como una cuestión política relacionada con una serie específica de riesgos sociales y físicos. Es crucial comprender el funcionamiento del género en contextos globales, en formaciones transnacionales, no solo para ver qué problemas se le plantean al término «género», sino también para combatir formas falsas de universalismo que están al servicio de un imperialismo tácito o explícitamente cultural. El feminismo ha afrontado siempre la violencia contra las mujeres, sexual y no sexual, lo cual debería servir de base para una alianza con estos otros movimientos, ya que la violencia fóbica contra los cuerpos es parte de lo que une el activismo antihomofóbico, antirracista, feminista, trans e intersexual.

Aunque algunas feministas hayan declarado públicamente su preocupación por el esfuerzo de desplazamiento o la apropiación de la diferencia sexual por parte del movimiento trans, yo creo que esto es solo una versión del feminismo, una versión a la que se oponen perspectivas que se aproximan al género como una categoría histórica, que entienden que el marco para comprender cómo funciona es múltiple y que cambia a través del tiempo y el espacio. La idea de que los transexuales tratan de eludir la condición social de la feminidad porque dicha condición se considera como degradada o privada de los privilegios que se conceden a los hombres asume que la transexualidad de mujer a hombre (MaH) puede explicarse de una forma definitiva recurriendo a un marco específico para entender la feminidad y la masculinidad. Se tiende a olvidar que los riesgos de discriminación, pérdida de empleo, acoso público y violencia aumentan para aquellos que viven abiertamente como personas transgénero. La idea de que el deseo de convertirse en un hombre, o en un hombre trans, o de vivir en el transgénero está motivada por el repudio de la feminidad presume que cada persona nacida con una anatomía femenina se halla, por tanto, en posesión de la feminidad apropiada (ya sea innata, asumida simbólicamente o asignada socialmente), una feminidad que puede ser o bien poseída o desposeída, apropiada o expropiada. Efectivamente, la crítica de la transexualidad de hombre a mujer (HaM) se centra en la «apropiación» de la feminidad, como si esta perteneciera merecidamente a un sexo particular, como si el sexo fuera otorgado de forma discrecional, como si la identidad de género pudiera y debiera derivarse inequívocamente de una anatomía que se presume. Sin embargo, comprender el género como una categoría histórica es aceptar que el género, entendido como una forma cultural de configurar el cuerpo, está abierto a su continua reforma, y que la «anatomía» y el «sexo» no existen sin un marco cultural (como el movimiento intersex ha demostrado claramente). La atribución misma de la feminidad a los cuerpos femeninos como si fuera una propiedad natural o necesaria tiene lugar dentro de un marco normativo en el cual la asignación de la feminidad a lo femenil es un mecanismo para la producción misma del género. Términos tales como «masculino» y «femenino» son notoriamente intercambiables; cada término tiene su historia social; sus significados varían de forma radical dependiendo de límites geopolíticos y de restricciones culturales sobre quién imagina a quién, y con qué propósito. Que los términos sean recurrentes es bastante interesante, pero la recurrencia no indica una igualdad, sino más bien la manera por la cual la articulación social del término depende de su repetición, lo cual constituye una dimensión de la estructura performativa del género. Los términos para designar el género nunca se establecen de una vez por todas, sino que están siempre en el proceso de estar siendo rehechos.

No obstante, el concepto histórico y performativo del género tiene una relación tensa con algunas versiones de la diferencia sexual. Algunos de los ensayos aquí incluidos intentan abordar esta división dentro de la teoría feminista. La concepción de la diferencia sexual como diferencia primaria ha sido criticada desde diversos sectores. Algunos argumentan de forma correcta que la diferencia sexual no es más primaria que la diferencia racial o étnica y que no se puede aprehender la diferencia sexual fuera de los marcos raciales y étnicos a través de los cuales se articula. Aquellos que sostienen que ser producido por una madre y un padre es crucial para todos los humanos quizá tienen algo de razón. Pero ¿son realmente «padres» en un sentido social los donantes de esperma, los amantes ocasionales o, incluso, los violadores? Incluso si se considera que sí que lo son en algún sentido o bajo ciertas circunstancias, ¿no están poniendo en crisis la categoría de aquellos que piensan que los niños que en su origen carecen de padres identificables están sujetos a psicosis? Si un esperma y un huevo son necesarios para la reproducción (así sigue siendo) —y en ese sentido la diferencia sexual forma una parte esencial de cualquier explicación a la que un humano puede recurrir sobre su origen—, ¿se puede concluir que esta diferencia forma al individuo más profundamente que otras fuerzas sociales constitutivas, como las condiciones económicas o raciales mediante las cuales uno llega a ser, las condiciones de la propia adopción, la estancia en un orfanato? ¿Tanto se deriva del hecho de la diferencia sexual originaria?

La investigación feminista sobre las tecnologías reproductivas ha generado una serie de perspectivas éticas y políticas que no solo han galvanizado los estudios feministas, sino que también han clarificado sus consecuencias para el pensamiento de género en relación con la biotecnología, la política global y el estatus de la humanidad y la vida misma. Las feministas que critican las tecnologías porque sustituyen el cuerpo maternal por un aparato patriarcal deben, sin embargo, enfrentarse al aumento de autonomía que dichas tecnologías han procurado a las mujeres. Las feministas que aceptan dichas tecnologías por las opciones que producen deben, no obstante, atender a la utilización que pueda darse de dichas tecnologías, utilización que puede implicar el perfeccionamiento de lo humano, la selección sexual y racial. Aquellas feministas que se oponen a las innovaciones tecnológicas porque amenazan con borrar la primacía de la diferencia sexual se arriesgan a naturalizar la reproducción heterosexual. En este caso, la doctrina de la diferencia sexual establece una relación tensa con las luchas antihomofóbicas, así como con los intereses de los movimientos intersex y transgénero que tratan de procurarse el derecho a las tecnologías que facilitan la reasignación de sexo.

En cada una de estas luchas se puede ver que la tecnología es un *locus* de poder en el cual el humano es producido y reproducido —no solo la cualidad humana del niño, sino también la humanidad de aquellos que tienen y que educan niños, tanto los padres como los que no lo son—. De forma similar, el género aparece como una precondición para producir y sostener una humanidad que se pueda descifrar. Si pudiera darse una coalición intelectual entre los diversos movimientos que integran la Nueva Política de Género, sin duda se centraría en las presunciones sobre el dimorfismo corporal, los usos y abusos de la tecnología y el controvertido estatus de lo humano y de la vida misma. Si debe protegerse la diferencia sexual de su posible desaparición en manos de una tecnología que se concibe como falocéntrica en sus objetivos, entonces ¿cómo distinguimos entre la diferencia sexual y las formas normativas de dimorfismo contra las cuales luchan diariamente el activismo intersex y transgénero? Aunque la tecnología es un recurso al cual algunas personas quieren tener acceso, también es una imposición de la cual otras buscan liberarse. Tanto si la tecnología es impuesta como si es elegida, esta es fundamental para los activistas intersex. Si algunas personas trans argumentan que su propio sentido de persona depende del acceso a la tecnología para procurarse algunos cambios corporales, algunas feministas argumentan que la tecnología amenaza con apoderarse de la tarea de hacer personas y que se corre el riesgo de que lo humano no sea más que un efecto tecnológico.

De manera similar, el llamamiento para un mayor reconocimiento de la diferencia corporal hecho por los movimientos de las personas minusválidas y por el activismo intersex aboga invariablemente por una renovación del valor de la vida. Sin duda, la «vida» ha sido tomada por los movimientos de derechas para limitar la libertad reproductiva de las mujeres, así que pedir el establecimiento de condiciones más incluyentes para valorar la vida y producir las condiciones para una vida viable puede tener indeseadas resonancias con la demanda conservadora de limitar la autonomía de las mujeres en el ejercicio del derecho al aborto. Lo fundamental es no ceder el término «vida» a los objetivos de la derecha, ya que esta cuestiona cuándo se inicia la vida humana y qué es lo que constituye «vida» en su viabilidad. La cuestión no es extender enfáticamente el «derecho a la vida» a toda persona que quiera reclamarla para los embriones sin voz, sino comprender que la «viabilidad» de la vida de una mujer depende del ejercicio de la autonomía corporal y de las condiciones sociales que posibilitan dicha autonomía. Es más, al igual que en el caso de aquellos que buscan superar los efectos patologizadores de la diagnosis del trastorno de identidad de género, se trata de formas de autonomía que requieren un sostén social (y legal) y protección, y que ejercen una transformación de las normas que gobiernan cómo la agencia misma se distribuye diferencialmente entre los géneros; así pues, en algunos contextos, el derecho de una mujer a escoger resulta un término inapropiado.

Las críticas al antropocentrismo han puesto de relieve que cuando se habla de la vida humana se está indicando un ser que es a la vez humano y vivo, y que la variedad de seres vivos excede lo humano. En cierta manera, la expresión «vida humana» designa una combinación difícil de manejar, ya que el término «humano» no califica sencillamente a «vida», sino que «vida» relaciona lo humano con lo que no es humano y viviente, y establece lo humano en medio de esta relacionalidad. Para que lo humano sea humano, debe relacionarse con lo no humano, con lo que está fuera de sí mismo pero que es continuo consigo mismo en virtud de su interimplicación en la vida. Esta relación con lo que no es uno mismo constituye al ser humano en su existencia, de manera que lo humano excede sus límites en el mismo esfuerzo de establecerlos. Afirmar «yo soy un animal» es declarar en un lenguaje destacadamente humano que lo humano no es distinto. Esta paradoja convierte en un imperativo la separación entre la cuestión de una vida habitable y el estatus de la vida humana, ya que la habitabilidad pertenece a seres vivientes que exceden lo humano. Además, sería una tontería pensar que la vida es totalmente posible sin la tecnología, lo cual sugiere que lo humano, en su animalidad, depende de la tecnología para vivir. En este sentido, estamos pensando dentro del marco del *cyborg* al cuestionar el estatus de lo humano y de la vida habitable.

Repensar lo humano en estos términos no implica retornar al humanismo. Cuando Frantz Fanon afirmó que «el negro no es un hombre», llevó a cabo una crítica del humanismo que mostró que la articulación contemporánea de lo humano está tan plenamente racializada que ningún hombre negro puede ser calificado de humano.[4] En esta utilización de la palabra, se formula también una crítica de la masculinidad ya que implica que el hombre negro es feminizado. Y el alcance de dicha formulación sería que nadie que no sea un «hombre» en el sentido masculino es un humano, con lo que se sugiere que tanto la masculinidad como el privilegio racial refuerzan la noción de lo humano. Eruditos contemporáneos, incluyendo la crítica literaria Sylvia Wynter, han hecho extensiva también su formulación a las mujeres de color y han cuestionado los marcos racistas dentro de los cuales se ha articulado la categoría de lo humano.[5] Estas formulaciones muestran los diferenciales de poder que permean la construcción de la categoría de lo «humano» y, a la vez, insisten en la historicidad del término, en el hecho de que lo «humano» ha sido elaborado y consolidado temporalmente.

La categoría de lo «humano» retiene en sí misma la elaboración del poder diferencial de la raza como parte de su propia historicidad. Pero la historia de tal categoría no ha terminado, y el «humano» no puede capturarse de una vez por todas. Que la categoría se elabore en el tiempo y que funcione a través de la exclusión de una amplia serie de minorías significa que su rearticulación se iniciará precisamente en el momento en el que los excluidos hablen a y desde dicha categoría. Si Fanon escribe que «un negro no es un hombre», ¿quién escribe cuando Fanon escribe? Que podamos preguntar el «quién» significa que lo humano ha excedido su definición categórica, y que está en y a través de la elocución abriendo la categoría a un futuro diferente. Si hay normas de reconocimiento por las cuales se constituye lo «humano», y esas normas son códigos de operaciones de poder, entonces puede concluirse que la disputa sobre el futuro de lo «humano» será una contienda sobre el poder que funciona en y a través de dichas normas. Este poder emerge en el lenguaje de una forma restrictiva o, de hecho, en otras formas de articulación como aquello que intenta frenar la articulación que, sin embargo, se mueve hacia delante. Este doble movimiento se halla en la elocución, la imagen, la acción que articula la lucha con la norma. Los que se consideran indescifrables, irreconocibles o imposibles hablan, no obstante, en términos de lo «humano» abriendo así el término a una historia que no se halla totalmente restringida por los diferenciales de poder existentes.

Estos asuntos forman parte de un plan de futuro que, previsiblemente, unirá a una serie de eruditos y de activistas con el fin de elaborar marcos amplios dentro de los cuales se aborden estas urgentes y complejas cuestiones. Estas cuestiones se relacionan claramente con cambios en las estructuras de parentesco, con los debates sobre el matrimonio homosexual, con las condiciones para la adopción y con el acceso a la tecnología reproductiva. Parte de la reelaboración conceptual del dónde y el cómo lo humano deviene implica repensar los paisajes sociales y psíquicos en los cuales surgen los niños. De forma similar, los cambios a nivel de parentesco exigen reconsiderar las condiciones sociales bajo las cuales los humanos nacen y se crían, abriendo así un nuevo territorio para el análisis social y psicológico, así como las situaciones en las que convergen.

A veces el psicoanálisis ha sido utilizado para reforzar la noción de una diferencia sexual primaria que forma el centro de la vida psíquica de un individuo, pero de tal manera que parece que la diferencia sexual consigue su preeminencia solo a través de la asunción de que el esperma y el óvulo implican el coito parental heterosexual, seguido por una serie de realidades psíquicas, como el grito primario (*primal scream*) y el escenario edípico. Pero si el óvulo o el esperma proceden de otra parte y no están ligados a una persona llamada «padre» o «madre», o si los padres que hacen el amor no son heterosexuales o no reproductivos, entonces parece que se requiere una nueva topografía psíquica. Por supuesto, es posible presumir, como han hecho muchos psicoanalistas franceses, que la reproducción es la consecuencia universal del coito parental heterosexual y que este hecho provee al sujeto humano de una condición psíquica. Esta visión condena las uniones no heterosexuales, las tecnologías reproductivas y la paternidad fuera del matrimonio nuclear heterosexual como hechos dañinos para el niño, amenazantes para la cultura y destructivos para lo humano. Pero esta asunción del vocabulario psicoanalítico con el propósito de preservar la línea paterna, la transmisión de la cultura nacional y el matrimonio heterosexual es solo una utilización del psicoanálisis que no resulta ni particularmente productiva ni necesaria.

Es importante recordar que el psicoanálisis puede servir como una crítica de la adaptación cultural y también como una teoría para comprender las maneras en las que la sexualidad no se conforma a las normas sociales que la regulan. Por otra parte, no hay una teoría mejor para comprender el funcionamiento de la construcción de la fantasía no como una serie de proyecciones sobre una pantalla interna, sino como parte de la relacionalidad humana en sí misma. Sobre la base de esta percepción podemos llegar a comprender la capitalidad de la fantasía en la experiencia del propio cuerpo, o el de otro, como perteneciente a un género. Finalmente, el psicoanálisis puede estar al servicio de una concepción de los humanos como portadores de una humildad irreversible en su relación con otros y con sí mismos. Siempre hay una dimensión de nosotros mismos y de nuestra relación con otros que no podemos conocer; este no saber persiste en nosotros como una condición de la existencia y de nuestra capacidad de sobrevivir. Hasta cierto punto, nos impulsa lo que no conocemos y no podemos conocer, y esta «pulsión» (*Trieb*) es precisamente lo que no es ni exclusivamente biológico ni cultural, sino siempre el lugar de su densa convergencia.[6] Si siempre soy constituido por normas que no están hechas por mí, entonces tengo que comprender las maneras en que dicha constitución tiene lugar. Está claro que la escenificación y la estructuración del afecto y del deseo son una manera mediante la cual las normas labran lo que siento como más apropiado para mí. El hecho de que yo sea otra para mí misma precisamente en el lugar donde espero ser yo misma es consecuencia del hecho de que la socialidad de las normas excede mi principio y mi final, y que sostiene un campo de operaciones temporal y espacial que sobrepasa mi autoconocimiento. Las normas no ejercen un control definitivo o fatalista, al menos, no siempre. El hecho de que el deseo no esté totalmente determinado se corresponde con la idea psicoanalítica de que la sexualidad no puede llegar a ser nunca totalmente capturada por ninguna regla. Más bien se caracteriza por su desplazamiento, puede exceder la regulación, tomar nuevas formas en respuesta a su regulación, incluso darle la vuelta y convertirla en sexy. En este sentido la sexualidad nunca puede reducirse totalmente a un «efecto» de esta o aquella operación de poder. Esto no es lo mismo que decir que la sexualidad es, por naturaleza, libre y salvaje. Al contrario, precisamente emerge como una posibilidad improvisatoria dentro de un campo de restricciones. Pero la sexualidad no se encuentra «en» aquellas restricciones como algo que puede estar «en» un contenedor: se extingue por las restricciones, pero también es movilizada e incitada por las restricciones, incluso a veces requiere que estas sean producidas una y otra vez.

Se podría decir, entonces, que, en cierto sentido, la sexualidad nos traslada fuera de nosotros mismos; estamos motivados por algo que se halla en otra parte y cuyo sentido y propósito no podemos capturar plenamente.[7] Esto sucede porque la sexualidad es una manera de transportar significados culturales tanto a través de la operación de las normas como de los modos periféricos mediante los cuales son deshechas. La sexualidad no es consecuencia del género, así que el género que tú «eres» determina el tipo de sexualidad que «tendrás». Tratamos de hablar de manera llana acerca de estas cuestiones, afirmando nuestro género, revelando nuestra sexualidad, pero, sin darnos mucha cuenta, estamos atrapados en las espesuras ontológicas y las dudas epistemológicas. ¿Soy yo un género después de todo? ¿«Tengo» una sexualidad?

¿O resulta que el «yo» que debería soportar su género se deshace al estar siendo un género, que el género siempre proviene de una fuente que está en otra parte y que está dirigida hacia algo que está más allá de mí, constituido en una socialidad cuya autoría no es totalmente mía? Si este es el caso, entonces el género deshace el «yo» que se supone que es o que lleva el género, y este deshacer es parte del mismo significado y de la comprensibilidad de este «yo». Si yo afirmo que «tengo» una sexualidad, entonces parece que la sexualidad está ahí, de manera que yo la puedo llamar mía, que se puede poseer como un atributo. Pero ¿y si la sexualidad es el medio por el cual se me desposee? ¿Qué pasa si es investida y animada desde otro lugar aunque sea mía precisamente? ¿No se puede concluir, entonces, que el «yo» que «tiene» su sexualidad se deshace mediante la sexualidad que afirma tener, y que esta misma afirmación ya no puede ser hecha exclusivamente en su propio nombre? Si otros me reclaman cuando me afirmo, entonces el género es para otro y proviene de otro antes de convertirse en el mío; si la sexualidad conlleva cierta desposesión del «yo», esto no implica el final de mis afirmaciones políticas. Solo significa que cuando se hacen estas afirmaciones, su alcance es muy superior al del sujeto que las formula.

Al lado de uno mismo: en los límites de la autonomía sexual

Qué es lo que constituye un mundo habitable no es una cuestión baladí. No es una cuestión solo para filósofos. Constantemente se la plantean en diversos lenguajes personas de diferentes procedencias, y yo aceptaría gustosamente la conclusión de que esto las convierte en filósofas. Creo que se convierte en una cuestión de ética no solo cuando nos hacemos una pregunta personal como ¿qué hace llevadera mi propia vida?, sino también cuando nos preguntamos desde una posición de poder y desde el punto de vista de la justicia distributiva qué hace, o debería hacer, la vida de los demás soportable. En alguna parte de la respuesta nos comprometemos no solo con un cierto punto de vista sobre lo que es la vida y lo que debería ser, sino también con una idea sobre qué constituye lo humano, la vida propiamente humana, y qué no. Aquí se corre siempre el riesgo del antropocentrismo si se asume que la vida propiamente humana es valiosa —o más valiosa— o que esta es la única vía para pensar sobre el problema del valor. Pero quizá para contrarrestar dicha tendencia es necesario plantearse a la vez la cuestión de la vida y la cuestión de lo humano, y no dejar que se fundan totalmente la una en la otra.

Me gustaría comenzar, y finalizar, con la cuestión de lo humano y de quién se considera como humano, y con la cuestión relacionada de qué vidas se consideran como tales y con una cuestión que nos ha ocupado durante años: ¿qué vidas pueden llorarse? Creo que cualesquiera que sean las diferencias que existan dentro de la comunidad internacional gay y lesbiana, y hay muchas, todos tenemos una noción de lo que es haber perdido a alguien. Y si hemos perdido es que hemos tenido, que hemos deseado y amado, y luchado para encontrar las condiciones de nuestro deseo. En las últimas décadas todos hemos perdido a alguien a causa del sida, pero hay otras pérdidas que nos afligen, otras enfermedades; además, como comunidad, estamos sujetos a la violencia, aunque algunos de nosotros no hayamos sido agredidos personalmente. Y esto indica que en parte estamos constituidos políticamente en virtud de la vulnerabilidad social de nuestros cuerpos; estamos constituidos por los campos del deseo y de la vulnerabilidad física, somos a la vez públicamente asertivos y vulnerables.

No estoy segura de saber cuándo un luto llega a su resolución, o cuándo se completa el luto por otro ser humano. Sin embargo, estoy segura de que no significa que se haya olvidado a la persona o que alguien haya tomado su lugar. No creo que funcione de esta manera. Creo que sentimos pesar cuando aceptamos el hecho de que la pérdida que sufrimos nos cambiará, posiblemente para siempre, y que este luto está relacionado con la aceptación de sufrir una transformación cuyo resultado no puede ser totalmente conocido de antemano. Así que se da una pérdida y se da el efecto transformador de dicha pérdida, y esto último no puede ser trazado o planeado. Por ejemplo, no creo que pueda invocarse una ética protestante cuando se trata del luto. No se puede decir: «Si llevo el duelo de tal manera, el resultado será tal, así que me aplicaré a ello, y me esforzaré para lograr la resolución del luto que tengo ante mí». Creo que nos golpean las olas y que empezamos el día con un objetivo, un proyecto, un plan, pero nos frustramos. Nos damos cuenta de que hemos caído. Estamos exhaustos pero no sabemos por qué. Hay algo más grande que nuestro proyecto o plan deliberado, mayor que nuestro propio saber. Algo toma las riendas, pero ¿es algo que viene del yo, del exterior o de alguna región donde la diferencia entre los dos no se puede determinar? ¿Qué es lo que nos reclama en esos momentos, cuando no somos dueños de nosotros mismos? ¿A qué estamos atados? ¿Y qué se apodera de nosotros?

Puede parecernos que sufrimos algo temporal, pero puede ser que en esta experiencia nos sea revelado algo sobre nosotros mismos, algo que delinea los lazos que tenemos con los otros, que nos muestra que estas relaciones constituyen nuestro sentido del yo, que componen quiénes somos y que, cuando las perdemos, perdemos nuestro ser en un sentido fundamental: no sabemos quiénes somos ni lo que hacemos. Mucha gente cree que el duelo es privado, que nos retorna a una situación solitaria, pero yo creo que nos expone a la relación constitutiva de la socialidad del yo, a la base para pensar una comunidad política de orden complejo.

No se trata tan solo de que se pueda decir que «mantenemos» relaciones con ciertas personas o que podamos detenernos y observarlas desde la distancia, enumerarlas, explicar cuál es el significado de la amistad o qué significa o significó tal amante para nosotros. Por el contrario, el duelo muestra que no siempre podemos examinar o explicar la forma en que estamos sujetos a nuestras relaciones con otros, lo cual a menudo interrumpe la narración consciente de nosotros mismos que podríamos tratar de procurarnos de formas que retan nuestra propia noción como seres autónomos y autocontrolados. Podríamos intentar contar una historia sobre cuáles son nuestros sentimientos, pero tendría que ser una historia en la cual el mismo «yo» que trata de contarla es interrumpido a mitad de la narración. El propio «yo» es puesto en cuestión por su relación con aquel o aquella al que se dirige. Esta relación con el Otro no llega a destruir mi historia o a reducirme al silencio, pero sin duda obstruye mi habla con los signos de su deshacer.

Afrontémoslo. Nos deshacemos unos a otros. Y si no, nos estamos perdiendo algo. Si esto se ve tan claro en el caso del duelo, es tan solo porque este ya es el caso del deseo. No siempre nos quedamos intactos. Puede ser que lo queramos, o que lo estemos, pero también puede ser que, a pesar de nuestros mejores esfuerzos, seamos deshechos frente al otro, por el tacto, por el olor, por el sentir, por la esperanza del contacto, por el recuerdo del sentir. Así, cuando hablamos de *mi* sexualidad o de *mi* género, tal como lo hacemos (y tal como debemos hacerlo), queremos decir algo complicado. Ni mi sexualidad ni mi género son precisamente una posesión, sino que ambos deben ser entendidos como *maneras de ser desposeído*, maneras de ser para otro o, de hecho, en virtud de otro. No basta con decir que estoy promocionando una visión relacional del «yo» por encima de una visión autónoma del «yo», o que estoy tratando de redescribir la autonomía en términos de relacionalidad. El término «relacionalidad» sutura la ruptura en la relación que tratamos de describir, una ruptura que es constitutiva de la identidad misma. Esto implica que tendremos que acercarnos al problema del concepto de la desposesión con circunspección. Una manera de hacerlo es a través de la noción de éxtasis.

La forma en la que tendemos a narrar la historia del amplio movimiento de liberación sexual hace que el éxtasis aparezca en los años sesenta y setenta, y que perdure hasta mitad de los ochenta. Pero quizá la persistencia histórica del éxtasis es mayor, quizá ha estado siempre con nosotros. Ser extático significa, literalmente, estar fuera de uno mismo y esto puede tener diversos significados: ser transportado más allá de uno mismo por una pasión, pero también estar *al lado* de uno mismo con rabia o en duelo. Creo que, si todavía se puede hablar a un «nosotros» e incluirme a mí misma dentro de este término, estoy hablando a aquellos de nosotros que viven en cierta forma *al lado de nosotros mismos*, tanto si es en la pasión sexual como en el luto emocional o en el furor político. En cierto sentido, lo más difícil es comprender qué tipo de comunidad componen aquellos que están al lado de sí mismos.

Tenemos ante nosotros una interesante dificultad política, ya que la mayor parte del tiempo cuando oímos hablar de nuestros «derechos» los entendemos como pertenecientes a individuos, o cuando requerimos protección frente a la discriminación la requerimos como grupo o clase. Y en ese lenguaje y en ese contexto tenemos que presentarnos a nosotros mismos como seres limitados, distintos, reconocibles, delineados, sujetos ante la ley, una comunidad definida por la heterogeneidad. De hecho, si queremos procurarnos protección legal y derechos es mejor que tengamos la capacidad de hablar ese lenguaje. Pero quizá cometemos un error cuando tomamos las definiciones de quienes somos legalmente como descripciones fidedignas de lo que somos. Aunque puede que ese lenguaje establezca nuestra legitimidad dentro de un marco legal donde se esconden versiones liberales de la ontología humana, en él no se hace justicia a la pasión y al duelo y al furor, todo lo cual nos saca de nosotros mismos, nos vincula a los otros, nos transporta, nos deshace y nos implica en vidas que no son las nuestras, a veces de forma fatal e irreversible.

No es fácil entender cómo se forja una comunidad política desde estos vínculos. Se habla, y se habla por otro, a otro, y aún así no hay manera de fusionar la distinción entre el otro y yo mismo. Cuando decimos «nosotros» no hacemos otra cosa que designar este pronombre como algo muy problemático. No lo resolvemos. Y quizá es, y debería ser, irresoluble. Por ejemplo, pedimos que el Estado no legisle sobre nuestros cuerpos y apelamos para que los principios de autodefensa corporal e integridad corporal sean aceptados como bienes políticos. Pero es a través del cuerpo que el género y la sexualidad se exponen a otros, que se implican en los procesos sociales, que son inscritos por las normas culturales y aprehendidos en sus significados sociales. En cierto sentido, ser un cuerpo es ser entregado a otros aunque como cuerpo sea, de forma profunda, «el mío propio», aquello sobre lo cual debemos reclamar derechos o autonomía. Esto es cierto tanto para los llamamientos hechos por lesbianas, gays y bisexuales a favor de la libertad sexual, como para las reivindicaciones de transexuales y transgéneros a favor de su autodeterminación; como lo es para las demandas de los intersexuados de ser liberados de las intervenciones médicas, quirúrgicas y psiquiátricas coercitivas; así como también para todas aquellas reivindicaciones que exigen la liberación de ataques racistas, físicos y verbales; y para la demanda feminista de la libertad reproductiva. Es difícil, si no imposible, realizar estas demandas sin recurrir a la autonomía y, específicamente, a un sentido de la autonomía corporal. La autonomía corporal, sin embargo, es una vivaz paradoja. Aun así, no estoy sugiriendo que dejemos de reivindicar. Tenemos que hacerlo, debemos hacerlo. Y no estoy diciendo que tengamos que plantear estas demandas de mala gana o estratégicamente. Son parte de las aspiraciones normativas de cualquier movimiento que busca maximizar la protección y las libertades de las minorías sexuales y de género, de las mujeres, definidas de la manera más amplia, de las minorías raciales o étnicas en particular, dado que interseccionan con todas las otras categorías. Pero ¿hay otra aspiración normativa que debamos también articular y defender? ¿Hay una manera por la cual el lugar que ocupa el cuerpo en todas estas luchas inicia una concepción diferente de la política?

El cuerpo implica mortalidad, vulnerabilidad, agencia: la piel y la carne nos exponen a la mirada de los otros, pero también al contacto y a la violencia. El cuerpo también puede ser la agencia y el instrumento de todo esto, o el lugar donde «el hacer» y «el ser hecho» se tornan equívocos. Aunque luchemos por los derechos sobre nuestros propios cuerpos, los mismos cuerpos por los que luchamos no son nunca del todo nuestros. El cuerpo tiene invariablemente una dimensión pública; constituido como fenómeno social en la esfera pública, mi cuerpo es y no es mío. Desde el principio es dado al mundo de los otros, lleva su impronta, es formado en el crisol de la vida social; solo posteriormente el cuerpo es, con una innegable incertidumbre, aquello que reclamo como mío. Pero si busco negar el hecho de que mi cuerpo me relaciona —contra mi voluntad y desde el principio— con otros a los cuales no he escogido para que estén próximos a mí (el metro es un ejemplo excelente de esta dimensión de la socialidad), y si construyo una noción de «autonomía» basándome en la negación de esta esfera o de una primaria e indeseada proximidad física con otros, ¿estoy entonces precisamente negando las condiciones sociales y políticas de mi encarnación en nombre de la autonomía? Si lucho *a favor de* la autonomía, ¿no debo luchar también por algo más, por un concepto de mí misma como ser que vive invariablemente en comunidad, bajo la impronta de otros, y que deja también una impronta en ellos de formas que no siempre son claramente delineables, de formas que no son totalmente predecibles?

¿Existe alguna manera mediante la cual podamos luchar por la autonomía en muchas esferas pero considerar también las demandas que nos son impuestas por vivir en un mundo de seres que son, por definición, físicamente dependientes unos de otros, físicamente vulnerables entre ellos? ¿No es esta otra manera de imaginar una comunidad de forma que nos incumbe considerar muy cuidadosamente cuándo y dónde nos involucramos con la violencia, puesto que la violencia siempre es una explotación de ese lazo primario, de esa forma primaria en la que estamos, como cuerpos, fuera de nosotros, unos para otros?

Si volvemos al problema del duelo, a los momentos en los cuales nos acontece algo fuera de nuestro control y nos damos cuenta de que estamos al lado de nosotros, no en unidad con nosotros mismos, podemos decir que el duelo contiene dentro de sí la posibilidad de aprehender la socialidad fundamental de la vida encarnada, las formas por las cuales estamos desde el principio, y en virtud de ser seres encarnados, ya entregados, más allá de nosotros mismos, implicados en vidas que no son las nuestras. ¿Es posible que esta situación, tan dramática para las minorías sexuales, sea la que establezca una perspectiva política específica para cualquiera que trabaje en el campo de la política sexual o de género, la que proporcione una perspectiva a partir de la cual se pueda empezar a aprehender la situación global contemporánea?

Luto, miedo, ansiedad, rabia... En Estados Unidos después del 11 de septiembre de 2001 hemos estado rodeados por todas partes de violencia, por haberla perpetrado, por haberla sufrido, por vivir en el miedo de la violencia, haciendo planes para sembrar más violencia. La violencia es, sin duda, un rasgo de nuestro peor orden, una manera por la cual se expone la vulnerabilidad humana hacia otros humanos de la forma más terrorífica, una manera por la cual somos entregados, sin control, a la voluntad de otro, la manera por la cual la vida misma puede ser borrada por la voluntad de otro. En la medida en que cometemos actos de violencia, estamos actuando unos sobre otros, arriesgando a otros, causando daño a otros. En cierta manera, todos vivimos con esta vulnerabilidad particular, una vulnerabilidad hacia el otro que es parte de la vida del cuerpo, pero esta vulnerabilidad se exacerba muchísimo bajo ciertas condiciones sociales y políticas. En Estados Unidos se han reforzado la soberanía y la seguridad para minimizar o, incluso, impedir nuestra vulnerabilidad; sin embargo, esta puede tener otra función y otro ideal. El hecho de que nuestras vidas dependan de otros puede ser la base para reclamar soluciones políticas no militares, una reclamación que no se puede desechar, que se debe escuchar e, incluso, atenerse a ella, mientras se empieza a pensar qué política se puede derivar de mantener el pensamiento de la propia vulnerabilidad corpórea en sí misma.

¿Hay algo que ganar del proceso del duelo, que aguardar con el luto, exponiéndonos a su aparente tolerabilidad y sin tratar de buscar una resolución del duelo a través de la violencia? ¿Se puede ganar algo en la esfera política manteniendo el luto como parte del marco a través del cual cavilamos sobre nuestros lazos internacionales? Si persistimos en este sentido de pérdida, ¿nos sentimos solamente pasivos e impotentes, como algunos temen? ¿O, más bien, volvemos a un sentido de la vulnerabilidad humana, a nuestra responsabilidad colectiva por las vidas materiales de cada uno de nosotros? Intentar eludir esta vulnerabilidad, desterrarla, sentirnos seguros a expensas de cualquier otra consideración humana es también erradicar uno de los recursos más importantes de los cuales debemos tomar fuerzas para sostenernos y encontrar nuestro camino.

Dolerse y convertir la aflicción en un recurso político no es resignarse a una simple pasividad o impotencia. Más bien nos permite extrapolar esta experiencia de vulnerabilidad a la vulnerabilidad que otros sufren a través de incursiones militares, ocupaciones, guerras declaradas súbitamente y brutalidad policial. Que nuestra propia supervivencia pueda ser determinada por aquellos a los que no conocemos y a los cuales no podemos controlar de forma terminante indica que la vida es precaria y que la política debe tomar en consideración qué formas de organización social y política sostienen mejor las vidas precarias a través del globo.

Hay una concepción más general del ser humano que está operando aquí, una concepción según la cual somos entregados al otro de entrada, según la cual desde el principio, incluso con anterioridad a la individuación misma y por virtud de nuestra existencia corporal, somos entregados a otro: esto nos hace vulnerables a la violencia pero también a otra serie de contactos, contactos que van desde la erradicación de nuestro ser en un extremo, hasta el sostén físico de nuestras vidas en el otro extremo.

No podemos «rectificar» esta situación. Y no podemos recuperar la fuente de esta vulnerabilidad puesto que precede a la formación del «yo». No podemos contender de una forma precisa con esta condición de estar al descubierto desde el principio, dependientes de aquellos a los que no conocemos. Venimos al mundo ignorantes y dependientes y, hasta cierto punto, permanecemos así. Desde el punto de vista de la autonomía podemos intentar contender con esta situación, pero al hacerlo quizá estaremos siendo imprudentes, poniéndonos en peligro. Está claro que para algunos esta situación primaria es extraordinaria, llena de amor y receptiva, un cálido tejido de relaciones que sostienen y alimentan a la vida en su infancia. Sin embargo, otros se encuentran en circunstancias de abandono o violencia o hambre; son cuerpos entregados a la nada, o a la brutalidad o a la falta de sostén. No obstante, no importa en qué punto se materialice esta situación, el hecho es que la infancia constituye una dependencia necesaria que nunca dejamos totalmente atrás. Los cuerpos deben todavía ser aprehendidos como algo que se entrega para ser cuidado. Comprender la opresión vital es precisamente entender que no hay manera de deshacerse de esta condición de vulnerabilidad primaria, de ser entregado al contacto con el otro, incluso cuando —o precisamente cuando— no hay otro y no hay sostén para nuestras vidas. Para luchar contra la opresión se necesita comprender que nuestras vidas se sostienen y se mantienen de forma diferencial, ya que existen formas radicalmente diferentes de distribución de la vulnerabilidad física de lo humano en el mundo. Algunas vidas estarán muy protegidas y sus exigencias de inviolabilidad bastarán para movilizar a las fuerzas de la guerra. Otras vidas no tendrán un amparo tan rápido ni tan furioso, y ni tan solo serán consideradas como merecedoras del duelo.

¿Qué parámetros culturales de la noción de lo humano están actuando aquí? ¿Y de qué modo estos parámetros que aceptamos como el marco cultural de lo humano limitan la magnitud de nuestro reconocimiento de una pérdida? Sin duda, esta es una pregunta que los estudios lesbianos, gays y bisexuales se han formulado en relación con la violencia contra las minorías sexuales, y que las personas transgénero se han planteado tras haber sido señaladas para el acoso y, a veces, el asesinato, y que se han planteado también las personas intersexuadas, cuyos años formativos tan a menudo han sido marcados por la indeseada violencia contra sus cuerpos en nombre de una noción normativa de la morfología humana. Sin duda, esta es también la base de una afinidad profunda entre movimientos centrados en el género y la sexualidad, y los esfuerzos para contrarrestar las capacidades y las morfologías humanas normativas que condenan o borran a aquellos que tienen una minusvalía. Debe también ser parte de la afinidad con las luchas antirraciales, dado que el diferencial racial subyace a las nociones culturalmente viables de lo humano, aquellas que vemos en la actualidad representadas en la arena global de manera tan impactante y aterrorizadora.

¿Cuál es así la relación existente entre la violencia y lo que es «irreal», entre la violencia y la irrealidad que espera a aquellos que son víctimas de la violencia, y cómo aparece la noción de vida merecedora de duelo? A nivel del discurso algunas vidas no se consideran en absoluto vidas, no pueden ser humanizadas; no encajan en el marco dominante de lo humano, y su deshumanización ocurre primero en este nivel. Este nivel luego da lugar a la violencia física, que, en cierto sentido, transmite el mensaje de la deshumanización que ya está funcionando en nuestra cultura.

Así pues, no se trata solo de que exista un discurso en el cual no hay marco ni historia ni nombre para tal vida, o que pueda decirse que la violencia lleve a cabo o aplique dicho discurso. La violencia contra aquellos cuyas vidas no están del todo consideradas como tales, que viven en un estado de privación entre la vida y la muerte, deja una marca que no es una marca. Si hay un discurso, es la silenciosa y melancólica escritura en la cual no hay vidas, ni pérdidas, donde no ha habido condición física común, ni vulnerabilidad que sirva como base para nuestra aprehensión de lo común, ni separación de dicha comunalidad. Nada de esto tiene lugar en el orden factual. Nada de esto tiene lugar. ¿Acaso sabemos cuántas vidas ha sesgado el sida en África en los últimos años? ¿Dónde están las representaciones mediáticas de esta pérdida, las elaboraciones discursivas de lo que estas pérdidas significaron para las comunidades locales?

Empecé este capítulo sugiriendo que los movimientos y los modos de investigación interrelacionados que aquí recojo necesitan quizá considerar la autonomía como una dimensión de sus aspiraciones normativas, un valor que debe reconocerse cuando nos preguntamos hacia dónde deberíamos dirignos y qué tipos de valores deberíamos llevar a cabo. He sugerido también que la manera como aparece el cuerpo en los estudios de género y sexualidad, y en las luchas por un mundo social menos opresivo para los que tienen un género diferente y para las minorías sexuales de todo tipo, subraya precisamente el valor de estar al lado de uno mismo, de ser un límite poroso, entregado a los otros, situado en una trayectoria de deseo en la cual uno es sacado fuera de sí y resituado irreversiblemente en el campo de otros, donde uno no es el centro que se presume. La socialidad especial a la que pertenece la vida corporal, la vida sexual y el ser en el género (que es siempre, hasta cierto punto, ser en el género *para los otros*) establece un campo de saturación ética con otros, y un sentido de la desorientación de la primera persona, es decir, de la perspectiva del ego. Como cuerpos siempre somos algo más que nosotros mismos y algo diferente de nosotros mismos. Articular esto como un derecho no siempre es fácil, pero quizá no es imposible. Se apunta, por ejemplo, que la «asociación» no es un lujo, sino una de las condiciones y prerrogativas de la libertad. De hecho, los tipos de asociaciones que mantenemos significativamente toman muchas formas. Ya no sirve alabar la norma matrimonial como el nuevo ideal para este movimiento, como ha hecho erróneamente la *Human Rights Campaign* [Campaña por los Derechos Humanos].[1] Sin duda, el matrimonio y las alianzas familiares del mismo sexo deberían ser opciones disponibles, pero convertirlas en modelo para la legitimidad sexual es precisamente constreñir la socialidad del cuerpo de una forma aceptable. A la luz de las decisiones gravemente perjudiciales tomadas recientemente en contra de la adopción por parte de segundos padres o madres, es crucial expandir nuestra noción de parentesco más allá del marco heterosexual. Sería un error, sin embargo, reducir el parentesco a la familia o asumir que toda comunidad de soporte y los lazos de amistad son extrapolaciones de las relaciones de parentesco.

En el capítulo titulado «¿El parentesco es siempre heterosexual de antemano?» mantengo que los lazos de parentesco que ligan a unas personas con otras puede que no sean más que la intensificación de los vínculos comunales, que pueden estar basados en relaciones sexuales duraderas o exclusivas, o bien pueden consistir en examantes, no amantes, amigos o miembros de la comunidad. Las relaciones de parentesco atraviesan los límites entre la comunidad y la familia, y a veces también redefinen el significado de la amistad. Cuando estos modos de asociación íntima producen redes de relaciones sostenibles constituyen una «ruptura» del parentesco tradicional que desplaza la suposición que asume que la estructura de la sociedad se centra en las relaciones biológicas y sexuales. Además, el tabú del incesto que rige los lazos del parentesco y produce una necesaria exogamia no opera necesariamente de la misma forma entre amigos o, para el caso, en redes de comunidades. Dentro de estos marcos, la sexualidad ya no está exclusivamente regulada por las leyes del parentesco y los lazos duraderos pueden estar situados fuera del marco conyugal. La sexualidad se abre a un número de articulaciones sociales que no siempre implican relaciones obligatorias o lazos conyugales. Que no todas nuestras relaciones duren o que deban hacerlo no significa, sin embargo, que seamos inmunes al duelo. Por el contrario, la sexualidad fuera del campo de la monogamia puede muy bien abrirnos a un sentido diferente de la comunidad, intensificar la cuestión de dónde se encuentran los lazos duraderos y convertirse así en la condición para afinar las pérdidas que sobrepasan el ámbito privado.

No obstante, a aquellos que viven fuera del marco conyugal o que mantienen modos de organización social para la sexualidad que no son ni monógamos ni cuasimaritales se les considera crecientemente como irreales, y sus amores y pérdidas, como menos amores «de verdad» y menos pérdidas «de verdad». La desrealización de este dominio de la intimidad humana y de la socialidad opera negando la realidad y la verdad de estas relaciones.

La cuestión de quién y qué se considera real y verdadero es aparentemente una cuestión de saber. Pero es también, como Mi-

chel Foucault aclara, una cuestión de poder. Tener o mostrar la
«verdad» y la «realidad» es una prerrogativa enormemente poderosa dentro del mundo social, una manera mediante la cual el
poder se disimula como ontología. Según Foucault, una de las
primeras tareas de la crítica radical es discernir la relación «entre
los mecanismos de coerción y los elementos del saber».[2] Nos confrontamos aquí con los límites de lo que es cognoscible, límites
que ejercen una cierta fuerza pero que no están enraizados en
ninguna necesidad, límites que pueden ser solo hollados o cuestionados arriesgando una cierta seguridad al abandonar una ontología establecida: «Nada puede existir como un elemento para
el saber si, por una parte, [...] no está conforme con una serie de
reglas y restricciones características, por ejemplo, de un cierto
tipo de discurso científico de un período particular, o si, por otra
parte, no posee los efectos coercitivos o simplemente los incentivos característicos relativos a lo que está científicamente validado, a lo sencillamente racional, o simplemente a lo aceptado de
forma general».[3] En último término, el saber y el poder no pueden separarse ya que operan conjuntamente para establecer una
serie de criterios sutiles y explícitos para pensar el mundo: «Por
lo tanto, no se trata de describir qué es saber y qué es poder y
cómo uno reprime al otro o cómo el otro abusa del primero, sino
que, más bien, debemos describir el nexo saber/poder de manera
que podamos comprender qué convierte un sistema en aceptable».[4]

Esto significa que se observan *tanto* las *condiciones* por las
cuales se constituye el campo del objeto como los *límites* de dichas condiciones. Los límites se hallan donde la reproducibilidad
de las condiciones no es segura, en el lugar donde las condiciones
son contingentes, transformables. En términos de Foucault, «hablando esquemáticamente, tenemos la movilidad perpetua, la fragilidad esencial o, más bien, la compleja interacción entre aquello
que replica el mismo proceso y lo que lo transforma».[5] Intervenir
en nombre de la transformación implica precisamente desbaratar

lo que se ha convertido en un saber establecido y en una realidad cognoscible, y utilizar, por así decirlo, la propia irrealidad para posibilitar una demanda que de otra forma sería imposible o ilegible. Creo que cuando lo irreal requiere realidad o entra en su dominio, tiene lugar algo más que una simple asimilación a las normas predominantes. Las normas mismas pueden desconcertarse, mostrar su inestabilidad y abrirse a la resignificación.

En años recientes la Nueva Política de Género ha planteado múltiples desafíos a los marcos feministas y gays que han establecido las personas transgénero y transexuales, y el movimiento intersex ha hecho más complejos los contenidos y las reivindicaciones de los que abogan por los derechos sexuales. Algunos izquierdistas que pensaban que estos asuntos no eran apropiados o no concernían a la política de una forma sustancial han sido presionados para repensar la esfera política en términos de sus presuposiciones sexuales y de género. Quienes sugieren que las vidas *butch*, *femme* y transgénero no son referentes esenciales para reformar la vida política y para una sociedad más justa y equitativa omiten la violencia que sufren en la vida pública aquellos que tienen un género diferente y omiten también que la incorporación (*embodiment*) denota la contestación a una serie de normas que rigen quién será considerado como un sujeto viable dentro de la esfera de la política. De hecho, si consideramos que los cuerpos humanos no se experimentan sin recurrir a una cierta idealización, a algún marco para la experiencia misma, y que esto es cierto tanto para la experiencia del propio cuerpo como para la experiencia de otro cuerpo, y si aceptamos que la idealización y el marco se articulan socialmente, podemos darnos cuenta de que no puede pensarse la incorporación (*embodiment*) sin relacionarla con una norma o con una serie de normas. Así pues, la lucha para rehacer las normas a través de las cuales se experimentan los cuerpos es crucial, no solo para las políticas concernientes a las minusvalías, sino también para los movimientos intersex y transgénero, ya que estos cuestionan los ideales que se imponen sobre cómo deberían ser los cuerpos. La relación encarnada en la norma ejercita un potencial transformador. Postular posibilidades más allá de la norma o, incluso, postular un futuro diferente para la norma misma es parte del trabajo de la fantasía, entendiendo como fantasía el tomar el cuerpo como punto de partida para una articulación que no esté siempre constreñida por el cuerpo tal como es. Si aceptamos que la alteración de las normas que rigen la morfología humana normativa tiene como resultado otorgar una realidad diferencial a los diferentes tipos de humanos, entonces nos sentimos impulsados a afirmar que las vidas transgénero tienen un potencial y un impacto efectivo en la vida política a su nivel más fundamental, es decir, un impacto sobre quién se considera como humano y qué normas rigen la apariencia de la cualidad «real» del ser humano.

Además, la fantasía es parte de la articulación de lo posible: nos lleva más allá de lo que es meramente actual o presente hacia el reino de la posibilidad, lo que no está todavía actualizado o lo que no es actualizable. La lucha por la supervivencia no puede realmente separarse de la vida cultural o de la fantasía, y la supresión de la fantasía —a través de la censura, la degradación u otros medios— es una estrategia para procurar la muerte social de las personas. La fantasía no es lo opuesto de la realidad; es lo que la realidad impide realizarse y, como resultado, es lo que define los límites de la realidad, constituyendo así su exterior constitutivo. La promesa crucial de la fantasía, donde y cuando existe, es retar los límites contingentes de lo que será y no será designado como realidad. La fantasía es lo que nos permite imaginarnos a nosotros mismos y a otros de manera diferente; es lo que establece lo posible excediendo lo real; la fantasía apunta a otro lugar y, cuando lo incorpora, convierte en familiar ese otro lugar.

¿Cómo entran en el campo de lo político las personas *drag*, *butch*, *femme*, transgénero y transexuales? No solo nos cuestionan lo que es real y lo que «debe» serlo, sino que también nos muestran cómo pueden ser cuestionadas las normas que rigen las nociones contemporáneas de realidad y cómo se constituyen estos nuevos modos de realidad. Estas prácticas de instituir nuevos modos de realidad tienen lugar, en parte, en la escena de la incorporación, entendiendo el cuerpo no como un hecho estático y ya realizado, sino como un proceso de envejecimiento, un devenir en el que el cuerpo, al convertirse en algo diferente, excede la norma y nos hace ver cómo las realidades a las cuales creíamos estar confinados no están escritas en piedra. Algunas personas me han preguntado para qué sirve incrementar las posibilidades del género. Generalmente contesto que la posibilidad no es un lujo; es tan crucial como el pan.

Creo que no deberíamos subestimar el efecto que tiene pensar lo posible en aquellos que ven amenazada su propia supervivencia. Si la respuesta a la pregunta: ¿es la vida posible? es que sí, esto es algo sin duda significativo. Pero no siempre es así. Esta es una pregunta cuya respuesta a veces es «no», o una pregunta para la cual no hay una respuesta preparada, o una pregunta que conlleva una agonía incesante. Para muchos de aquellos que pueden contestar y contestan la pregunta afirmativamente, este es un logro difícil de obtener, si es que se obtiene; un logro que está condicionado fundamentalmente por la realidad que se estructura o reestructura de tal manera que posibilita la afirmación.

Una de las tareas principales de los derechos internacionales de gays y lesbianas es afirmar en términos claros y públicos la realidad de la homosexualidad, no como una verdad interna, ni como una práctica sexual, sino como uno de los rasgos definitorios de la inteligibilidad del mundo social. Dicho en otras palabras, una cosa es afirmar la realidad de las vidas lesbianas y gays como realidad e insistir en que dichas vidas merecen ser protegidas en su especificidad y por el hecho de ser frecuentes; y otra cosa es insistir en que la misma afirmación pública de la homosexualidad pone en tela de juicio lo que se considera como una realidad y lo que se considera como una vida humana. Efectivamente, la tarea de la política internacional de gays y lesbianas es nada menos que rehacer la realidad, reconstituir lo humano y negociar los términos de lo que se considera habitable y lo que no. ¿Cuál es la injusticia a la que se enfrenta este tipo de labor? Se podría enunciar así: ser llamado irreal y, de alguna manera, institucionalizar este término como una forma de tratamiento diferencial es convertirse en el otro contra quien (o contra el cual) se hace lo humano. Es lo inhumano, lo que está más allá de lo humano, lo que es menos que humano, la frontera que afianza a lo humano en su ostensible realidad. Ser llamado una copia, ser llamado irreal, es una forma de opresión, aunque hay algo más fundamental. Ser oprimido implica algún tipo de existencia previa como sujeto, que se está allí como el otro visible y oprimido por el sujeto amo, como un sujeto posible o potencial, pero ser irreal es, repito, otra cosa. Para ser oprimido se debe ser, en primer lugar, inteligible. Darse cuenta de que se es fundamentalmente ininteligible (que incluso las leyes de la cultura y del lenguaje te estimen como una imposibilidad) es darse cuenta de que todavía no se ha logrado el acceso a lo humano, sorprenderse a uno mismo hablando solo y siempre *como si fuera humano*, pero con la sensación de que no se es humano; darse cuenta de que el lenguaje de uno está vacío, que no te llega ningún reconocimiento porque las normas por las cuales se concede el reconocimiento no están a tu favor. Podemos pensar que la cuestión de cómo se hace el género propio es una cuestión meramente cultural o algo en lo que pueden entretenerse aquellos que insisten en ejercer la libertad burguesa de una forma excesiva. Sin embargo, decir que el género es performativo no es simplemente insistir en el derecho a producir un espectáculo placentero y subversivo, sino alegorizar las formas consecuentes y espectaculares en las que la realidad a la vez se reproduce y se contesta. Esto tiene consecuencias en el modo en que las presentaciones de género son criminalizadas y patologizadas, en el modo en que los sujetos que cambian de género se arriesgan a ser internados y sufrir prisión, explica por qué la violencia contra tales sujetos no es reconocida como tal, y por qué la violencia es a veces infligida por los mismos Estados que deberían ofrecer a estos sujetos protección frente a la violencia.

¿Qué sucedería si se admitieran nuevas formas de género? ¿Cómo afectaría esto a nuestra manera de vivir y a las necesidades concretas de la comunidad humana? Y ¿cómo podríamos distinguir entre las formas de géneros posibles que tienen algún valor y las que no lo tienen? Yo diría que no se trata de una mera cuestión de producir un nuevo futuro para los géneros que todavía no existen. Los géneros que tengo en mente han existido desde hace mucho tiempo, pero no han sido admitidos entre los términos que gobiernan la realidad. Así pues, se trata de desarrollar un nuevo léxico que legitime la complejidad del género con la que hemos estado viviendo desde hace tiempo en el derecho, la psiquiatría, la teoría literaria y la social. Y, dado que las normas que rigen la realidad no han admitido estas formas como reales, por necesidad tendremos que llamarlas «nuevas».

¿Qué lugar ocupa el pensamiento de lo posible dentro de la teoría política? ¿El problema es que no tenemos normas para distinguir entre los tipos de posibilidad o es que esto solo se convierte en un problema cuando no podemos comprehender la «posibilidad» como una norma en sí misma? La posibilidad es una aspiración, algo que esperamos que se distribuirá de forma más equitativa, algo que pueda ser garantizado socialmente, algo que no pueda ser dado por hecho, especialmente si es aprehendido fenomenológicamente. La cuestión no es prescribir nuevas normas de género, como si tuviéramos la obligación de proporcionar una medida, un indicador o una pauta para la adjudicación de competencias en las presentaciones de género. La aspiración normativa que funciona aquí está relacionada con la habilidad de vivir y respirar y moverse, y sin duda pertenece en cierto sentido a lo que se llama filosofía de la libertad. El pensamiento sobre una vida posible solo puede ser un entretenimiento para quienes ya saben que ellos mismos son posibles. Para aquellos que todavía están tratando de convertirse en posibles, la posibilidad es una necesidad.

Fue Spinoza quien afirmó que cada ser humano busca persistir en su propio ser y convirtió este principio de autopersistencia, el *conatus*, en la base de su ética e, incluso, de su política. Cuando Hegel afirmó que el deseo es siempre un deseo de reconocimiento, estaba en cierta manera extrapolando el principio de Spinoza: solo podemos mantener nuestro propio ser —nos dice Hegel—, si nos comprometemos a recibir y a ofrecer reconocimiento. Si no somos reconocibles, entonces no es posible mantener nuestro propio ser y no somos seres posibles; se nos ha anulado esta posibilidad. Pensamos en las normas del reconocimiento como algo que quizá se halla ya en el mundo cultural en el cual nacemos, pero estas normas cambian y con los cambios de estas normas llegan cambios sobre lo que se considera y lo que no se considera reconocible como humano. Para conducir el argumento hegeliano en una dirección foucaultiana: las normas del reconocimiento tienen como función producir y deproducir la noción de lo humano. Esto adquiere una dimensión particularmente específica en el contexto de los derechos humanos de gays y lesbianas, especialmente porque insisten en que ciertos tipos de violencia no pueden permitirse, que ciertas vidas son vulnerables y merecedoras de protección, que ciertas muertes son merecedoras de duelo y de reconocimiento público.

Decir que el deseo de persistir en el propio ser depende de las normas de reconocimiento equivale a decir que la base de la propia autonomía, de la propia persistencia como «yo» a través del tiempo, depende fundamentalmente de la norma social que excede a este «yo», que posiciona este «yo» extáticamente, fuera de sí mismo en un mundo de normas complejas e históricamente variables. Efectivamente, nuestras vidas, nuestra propia persistencia, dependen de dichas normas o, al menos, de la posibilidad de que seamos capaces de negociar dentro de ellas, de derivar nuestra agencia del campo de su operación. En nuestra propia capacidad de persistencia dependemos de lo que está fuera de nosotros, de una socialidad más amplia, y esta dependencia es la base de nuestra resistencia y de nuestra capacidad de supervivencia. Cuando afirmamos nuestro «derecho», tal como hacemos y debemos hacerlo, no estamos abriendo un espacio para nuestra autonomía —si por autonomía nos referimos a un estado de individuación, tomado como algo que persiste de forma previa y aparte de cualquier relación de dependencia del mundo de los otros—. No negociamos con normas o con Otros subsecuentes a nuestra llegada al mundo. Venimos al mundo con la condición de que el mundo social ya está ahí, preparando el terreno para nosotros. Esto implica que no podemos persistir sin normas de reconocimiento que sostengan nuestra persistencia: el sentido de la posibilidad que me pertenece debe primero ser imaginado desde algún otro lugar antes de que yo pueda empezar a imaginarme a mí misma. Mi reflexividad no está solo mediada socialmente, sino que también está constituida socialmente. No puedo ser quien soy sin recurrir a la socialidad de normas que me preceden y me exceden. En este sentido, estoy fuera de mí misma desde el inicio, y así debe ser para poder sobrevivir y para poder entrar en el reino de lo posible.

Entonces, vista sobre este telón de fondo, la afirmación de los derechos sexuales toma un significado especial. Por ejemplo, indica que cuando luchamos por nuestros derechos no estamos sencillamente luchando por derechos sujetos a mi persona, sino que estamos luchando *para ser concebidos como personas*. Y hay una gran diferencia entre lo primero y lo último. Si estamos luchando por derechos que están sujetos, o deberían estar sujetos, a mi persona, entonces asumimos que la idea de persona ya está constituida. Pero si luchamos no solo para ser concebidos como personas, sino para crear una transformación social del significado mismo de persona, entonces la afirmación de los derechos se convierte en una manera de intervenir en el proceso político y social por el cual se articula lo humano. Los derechos humanos internacionales están siempre en el proceso de someter lo humano a redefinición y renegociación. Se moviliza lo humano al servicio de los derechos, pero también se reescribe y se rearticula lo humano cuando este topa contra los límites culturales de un concepto de lo humano, tal como es y debe ser.

En cierto sentido, los derechos humanos de gays y lesbianas se centran en la sexualidad. La sexualidad no es simplemente un atributo que uno tiene, o una disposición o una serie de inclinaciones predeterminadas. Es un modo de disposición hacia los otros, incluyendo el modo de la fantasía, y a veces solo en el modo de la fantasía. Si estamos fuera de nosotros mismos como seres sexuales, entregados desde el principio, labrados en parte a través de relaciones primarias de dependencia y apego, entonces podría parecer que nuestro ser al lado de nosotros mismos, fuera de nosotros mismos, es una función de la sexualidad misma, donde la sexualidad no es esta o aquella dimensión de nuestra existencia, ni la llave, ni la base de nuestra existencia, sino más bien coextensiva con la existencia, como Merleau-Ponty acertadamente sugirió.[6]

He intentado aquí argumentar que nuestro propio sentido de persona está ligado al deseo de reconocimiento, y que el deseo nos posiciona fuera de nosotros mismos, en un reino de normas sociales que no escogemos totalmente, pero que proveen los horizontes y los recursos para cualquier tipo de sentido de la elección que tengamos. *Esto indica que el carácter extático de nuestra existencia es esencial para la posibilidad de persistir como humanos.* En este sentido, podemos ver como los derechos sexuales unen dos dominios relacionados de extasis, dos formas conectadas de estar fuera de nosotros mismos. Como sexuales, dependemos del mundo de los otros, somos vulnerables a la necesidad, a la violencia, a la traición, a la compulsión, a la fantasía; proyectamos deseo y nos lo proyectan. Ser parte de una minoría sexual implica, de forma profunda, que también dependemos de la protección de los espacios públicos y privados, de las sanciones legales que nos protegen de la violencia, de las garantías institucionales de varios tipos contra la agresión no deseada que se nos impone y de los actos violentos que a veces sufrimos. En este sentido, nuestras propias vidas y la persistencia de nuestro deseo dependen de que haya normas de reconocimiento que produzcan y sostengan nuestra viabilidad como humanos. Así pues, cuando hablamos de derechos sexuales no estamos simplemente hablando de derechos relacionados con nuestros deseos individuales, sino de las normas de las que depende nuestra propia individualidad. Esto significa que el discurso de los derechos afirma nuestra dependencia, nuestro modo de ser en las manos de los otros, el modo de ser con otros y para otros sin los cuales no podemos ser.

Yo formé parte de la junta de la *International Gay and Lesbian Human Rights Commission* [Comisión para los Derechos Humanos de Gays y Lesbianas], un grupo que trabaja en San Francisco. Forma parte de una amplia coalición de grupos e individuos que luchan para establecer la igualdad y la justicia para las minorías sexuales, incluidos los individuos transgénero e intersexuados, así como las personas seropositivas o con sida.[7] Una y otra vez me sorprendía la frecuencia con la que se pedía a la organización que respondiera a los actos de violencia que se cometían contra minorías sexuales en diferentes partes del mundo, particularmente cuando la policía o el gobierno local no reparaban la violencia de ninguna manera. Tuve que reflexionar sobre qué tipo de ansiedad provoca la aparición pública de alguien que es abiertamente gay, o que presume de ser gay, alguien cuyo género no está conforme con las normas, alguien cuya sexualidad desafía las prohibiciones públicas, alguien cuyo cuerpo no puede conformarse con ciertos ideales de morfología. ¿Qué motiva a aquellos que se sienten impulsados a matar a alguien porque es gay, o a amenazar con matar a alguien por ser intersexuado, o a aquellos que serían capaces de matar a alguien que ha reconocido públicamente su condición transgénero?

El deseo de matar a alguien, o el hecho de hacerlo, por no ajustarse a las normas de género por las cuales una persona se «supone» que vive sugiere que la vida misma requiere una serie de normas bajo las que ampararse, y que estar fuera de ellas, o vivir fuera de ellas, equivale a cortejar a la muerte. La persona que amenaza con la violencia procede desde una creencia ansiosa y rígida que mantiene que un sentido del mundo y del «yo» será radicalmente socavado si se permite a tal persona no categorizable vivir en el mundo social. La negación a través de la violencia de tal cuerpo es un vano y violento esfuerzo de restaurar el orden, de renovar el mundo social sobre la base de un género inteligible y de rehusar el reto de repensar el mundo como algo distinto de lo natural o lo necesario. Esto no está alejado de la amenaza de muerte o del asesinato mismo de transexuales en diversos países, y de hombres gay que se identifican como «femeninos» o de mujeres gay que se identifican como «masculinas». Estos crímenes no son siempre inmediatamente reconocidos como actos criminales. A veces los denuncian gobiernos y organismos internacionales; a veces no se incluyen entre los crímenes identificados o reales contra la humanidad por estas mismas instituciones.

Si nos oponemos a esta violencia, entonces ¿en nombre de qué nos oponemos? ¿Cuál es la alternativa a esta violencia y cuál es la transformación del mundo social que reclamo? Esta violencia emerge de un profundo deseo de mantener el orden del género binario natural o necesario, de convertirlo en una estructura, ya sea natural, cultural o ambas, contra la cual ningún humano pueda oponerse y seguir siendo humano. Si una persona se opone a las normas del género binario no solo mediante la adopción de un punto de vista crítico sobre ellas, sino incorporando dichas normas de una forma crítica de manera que dicha oposición estilizada sea reconocible, entonces parece que la violencia emerge precisamente como una demanda de deshacer dicho reconocimiento, de cuestionar su posibilidad, de convertirlo en irreal e imposible frente a cualquier apariencia de lo contrario. Entonces, esto no es una simple diferencia de puntos de vista. Contrarrestar dicha oposición incorporada a la violencia equivale, de hecho, a decir que este cuerpo, este desafío a una versión aceptada del mundo es y será impensable. El esfuerzo para imponer los límites de lo que se considerará como real requiere eliminar lo que sea contingente, frágil, abierto a transformaciones fundamentales en el orden genérico de las cosas.

A la luz de este análisis surge un interrogante de carácter ético: ¿cómo podemos ir al encuentro de la diferencia que cuestiona nuestras redes de inteligibilidad sin intentar anular el desafío que nos trae la diferencia? ¿Qué puede significar aprender a vivir en la ansiedad de este desafío, sentir que se retira la seguridad de la áncora epistemológica y ontológica, pero estar dispuestos, en el nombre de lo humano, a permitir que lo humano se convierta en algo diferente de lo que tradicionalmente se asume que es? Esto implica que debemos aprender a vivir y a abrazar la destrucción y la rearticulación de lo humano en aras de un mundo más amplio y, en último término, menos violento, sin saber de antemano cuál será la forma precisa que toma y tomará nuestra humanidad. Implica que debemos estar abiertos a sus permutaciones en el nombre de la no violencia. Como indica Adriana Cavarero, parafraseando a Arendt, la pregunta que presentamos al Otro es sencilla e incontestable: «¿quién eres?».[8] La respuesta violenta es aquella que no inquiere y no trata de conocer. Quiere reforzar lo que sabe, expurgar lo que lo amenaza con no saber, lo que la fuerza a reconsiderar las presuposiciones de su mundo, su contingencia, su maleabilidad. La respuesta no violenta vive con su desconocimiento del Otro frente al Otro, ya que mantener el vínculo que plantea la pregunta resulta en último término más valioso que conocer de antemano lo que tenemos en común, como si ya tuviéramos todos los recursos que necesitamos para saber qué define al humano y cuál puede ser su vida futura.

Que no podamos predecir o controlar las permutaciones de lo humano que pueden darse no significa que debamos valorar todas las posibles permutaciones de lo humano; no implica que no podamos luchar para la realización de ciertos valores, democráticos y no violentos, internacionales y antirracistas. Pero luchar por esos valores es precisamente reconocer que la posición de uno no es suficiente para elaborar la gama de lo humano, que se debe entrar en el trabajo colectivo en el cual el propio estatus como sujeto debe, por razones democráticas, ser desorientado, expuesto a lo que no conoce.

No se trata de aplicar normas sociales a ejemplos sociales reales con el fin de ordenarlos y definirlos (como Foucault ha criticado), y tampoco se trata de encontrar mecanismos legitimadores extrasociales para basar las normas sociales (aunque operen bajo el nombre de lo social). Hay momentos en los que ambas actividades tienen y deben tener lugar: se emiten juicios contra criminales por actos ilegales y se les somete a procedimientos normalizadores; tomamos como base para nuestra acción los contextos colectivos y tratamos de encontrar los modos de deliberación y reflexión sobre los cuales podamos estar de acuerdo. Pero esto no es todo lo que hacemos con las normas. La esfera de lo humanamente inteligible se circunscribe mediante normas, y esta circunscripción tiene consecuencias para cualquier ética y para cualquier concepción de la transformación social. Para poder preservar y promover la vida humana tal como la conocemos, podemos plantear que *primero* es necesario conocer los fundamentos de lo humano. Pero ¿y si las mismas categorías de lo humano excluyen a quienes deben ser descritos y protegidos dentro de sus términos? ¿Por qué aquellos que deberían estar incluidos en lo humano no actúan dentro de los modos de razonamiento, ni de las peticiones legitimadoras de validez proferidas por formas occidentales de racionalidad? ¿Acaso hemos llegado alguna vez a conocer lo humano? Y, entonces, ¿cómo podemos aproximarnos a este conocimiento? ¿Deberíamos recelar de conocerlo demasiado pronto o de una manera final o definitiva? Si damos el campo de lo humano por conocido, entonces no pensaremos crítica y éticamente sobre las formas en las que el humano está siendo producido, reproducido y deproducido, ni en sus consecuencias. Esta última indagación no agota el campo de la ética, pero no puedo imaginarme una ética responsable o una teoría de la transformación social que funcione al margen de ella.

La necesidad de mantener nuestra noción de lo humano abierta a futuras articulaciones es esencial para el proyecto internacional del discurso y la política de los derechos humanos. Una y otra vez vemos como se presupone la misma noción de lo humano: lo humano está definido de antemano, en términos que son claramente occidentales, a menudo norteamericanos y, por lo tanto, parciales y de miras estrechas. Cuando partimos de lo humano como una base fundamental, entonces el concepto de lo humano del que se trata en los derechos humanos ya se conoce, ya está definido. Sin embargo, lo humano es la base para una serie de derechos y obligaciones que son de ámbito global. Cómo nos movemos de lo local a lo internacional (entendiendo este como lo global, con el fin de evitar que recircule la presunción de que todos los humanos pertenecen a naciones Estado establecidas), esta es una cuestión de gran importancia para la política internacional, pero particularmente para las luchas internacionales de lesbianas, gays, bisexuales, trans e intersexuales, así como para el feminismo. Una concepción antiimperialista o, mínimamente, no imperialista de los derechos humanos internacionales debe poner en tela de juicio el fundamento de lo humano, y aprender de las diversas maneras y medios a través de los cuales se define en diferentes ámbitos culturales. De ahí que las concepciones locales de lo humano, así como sus condiciones básicas y sus necesidades, deben ser sometidas a reinterpretación, ya que hay circunstancias históricas y culturales en las que lo humano se define de forma diferente. Sus necesidades básicas y, por lo tanto, sus derechos básicos se dan a conocer a través de varios medios, a través de diversos tipos de prácticas, habladas y performadas.

Un relativismo reductivo diría que no podemos hablar de lo humano o de los derechos humanos internacionales dado que solo existen conceptos que son siempre locales y provisionales, y que las mismas generalizaciones violentan la especificidad de los significados en cuestión. Este no es mi punto de vista. No estoy dispuesta a pararme aquí. De hecho, creo que estamos obligados a hablar de lo humano y de lo internacional y a descubrir cómo los derechos humanos funcionan y no funcionan, por ejemplo, a favor de las mujeres, a hablar de lo que son las mujeres y de lo que no son. Pero para pronunciarse de esta manera y para exigir transformaciones sociales en nombre de las mujeres debemos también formar parte de un proyecto democrático crítico. Además, la categoría mujer ha sido utilizada de forma diferencial y con ánimos de exclusión, y no todas las mujeres han sido incluidas en estos términos; las mujeres no han sido totalmente incorporadas en lo humano. Ambas categorías están todavía en proceso, en desarrollo, insatisfechas; así pues, todavía no sabemos y no podemos saber de una forma definitiva en qué consiste finalmente lo humano. Esto implica que debemos seguir un doble camino en política: debemos utilizar este lenguaje para afirmar el derecho a condiciones de vida aceptables de manera que se afirme el rol constitutivo de la sexualidad y el género en la vida política, y debemos también someter nuestras propias categorías a la exploración crítica. Debemos encontrar los límites de su inclusividad y la posibilidad de su traducción, las presuposiciones que incluyen, las formas en las que deben ser expandidas, destruidas o rehechas para abarcar y abrir a la vez lo que es ser humano y genderizado. Hace unos años, cuando se celebró la Conferencia de las Naciones Unidas en Pekín, se hablaba de los «derechos humanos de las mujeres», e incluso ahora oímos hablar de ellos a la International Gay and Lesbian Human Rights Comission. A mucha gente le parece una paradoja. ¿Derechos humanos de las mujeres? ¿Derechos humanos de gays y lesbianas? Pero pensemos sobre lo que este aparejamiento realmente efectúa. Performa lo humano como contingente, como una categoría que en el pasado y también en el presente define una población variable y restringida que puede o no incluir lesbianas y gays, que puede o no incluir mujeres, que tiene varios diferenciales raciales y étnicos funcionando en sus operaciones. Proclama que dichos grupos tienen su propia serie de derechos humanos, que lo que puede significar lo humano cuando pensamos acerca de la humanidad de las mujeres es quizá diferente de lo que ha significado lo humano cuando ha funcionado como aquello que se presume masculino. También implica que estos términos son definidos de forma variable en relación con otros. Y, ciertamente, podríamos presentar un argumento similar en lo que respecta a la raza. ¿Qué poblaciones han sido calificadas como humanas y cuáles no? ¿Cuál es la historia de esta categoría? ¿En qué momento de su historia estamos ahora?

Quisiera sugerir que en este último proceso solo podemos rearticular o resignificar las categorías básicas de la ontología, del ser humano, del ser de un género, de ser reconocible sexualmente, en la medida en que nos sometemos a un proceso de traducción cultural. No se trata de asimilar nociones de género foráneas o distantes como si fuera simplemente una cuestión de incorporar lo ajeno a un léxico establecido. La traducción cultural es también un proceso de ceder nuestras categorías más fundamentales, es decir, de observar cómo y por qué se disuelven, cómo requieren la resignificación cuando se encuentran con los límites de la episteme disponible: lo que se desconoce o lo que todavía no se conoce. Es crucial reconocer que la noción de lo humano solo se construirá con tiempo, en y a través del proceso de traducción cultural, ya que no se trata de una traducción entre dos lenguajes que se mantienen cerrados en sí mismos, distintos, compactos. Más bien, *la traducción obligará a cada lenguaje a cambiar con el fin de aprehender al otro*, y este aprehender en el límite de lo que es familiar, estrecho de miras y ya conocido, proporcionará la ocasión para una transformación ética y social. Constituirá una pérdida, una desorientación, pero en la cual lo humano hallará una oportunidad para ser de nuevo.

Cuando nos preguntamos qué convierte una vida en habitable, estamos preguntándonos acerca de ciertas condiciones normativas que deben ser cumplidas para que la vida sea vida. Así pues, hay al menos dos sentidos de vida: uno se refiere a la mínima forma biológica de vida, y el otro interviene al principio y establece las condiciones mínimas para una vida habitable con respecto a la vida humana.[9] Esto no implica que podamos desestimar lo meramente vivo a favor de una vida habitable, sino que debemos preguntar, como preguntamos sobre la violencia de género, qué necesitan los humanos para mantener y reproducir las condiciones de su propia habitabilidad. Y debemos preguntarnos también cuál es la política que permite conceptualizar, de todas las maneras posibles, la posibilidad de la vida habitable y a la vez organizar su base institucional. Siempre habrá desacuerdo acerca de lo que esto significa, pero aquellos que, en virtud de su compromiso, reclaman una sola dirección política se equivocan. Vivir es vivir una vida políticamente, en relación con el poder, en relación con los otros, en el acto de asumir la responsabilidad del futuro; sin embargo, no es conocer de antemano la dirección que va a tomar, ya que el futuro, especialmente el futuro con y por los otros, requiere una cierta capacidad de apertura y de desconocimiento; implica ser parte de un proceso cuyo resultado ningún sujeto puede predecir con seguridad. También implica que habrá y deberá estar en juego cierta combatividad y discusión sobre el rumbo. Debe haber discusión para que la política sea democrática. La democracia no habla al unísono; sus aires son disonantes y son necesariamente así. No es un proceso predecible; hay que sufrirlo, como se debe sufrir una pasión. Puede ser también que la vida misma se extinga cuando el camino está decidido de antemano, cuando imponemos lo que es correcto para todos sin encontrar una manera de entrar en comunidad y descubrir allí lo «correcto», en medio de la traducción cultural. Puede ser que lo correcto y lo bueno consistan en mantenerse abiertos a las tensiones que acechan las categorías más fundamentales que requerimos, en conocer el desconocimiento que se halla en el núcleo de lo que sabemos y de lo que necesitamos, y en reconocer el signo de la vida en lo que soportamos sin tener ninguna certeza sobre lo que vendrá.

El reglamento del género

A primera vista, el término «reglamento» parece sugerir la institucionalización del proceso mediante el cual se regulan las personas. De hecho, referirse al reglamento ya es reconocer un conjunto de leyes, reglas y políticas concretas que constituyen los instrumentos legales a través de los cuales las personas se regularizan. Pero creo que sería un error entender todas las maneras por las cuales se regula el género en términos de casos legales, porque las normas que rigen estos reglamentos exceden los propios casos que las encarnan.* Por otra parte, sería igualmente problemático hablar de la reglamentación del género en abstracto, como si los casos empíricos ejemplificaran solo una operación del poder que tiene lugar de forma independiente de dichos casos.

De hecho, gran parte de la importante obra de los estudios gays y feministas se ha concentrado en los reglamentos mismos, ya sean legales, militares, psiquiátricos o de cualquier otro tipo. Las preguntas que se formulan en estos estudios tienden a examinar cómo se regula el género, cómo se imponen dichos reglamentos, cómo se incorporan y cómo se viven por parte de los sujetos sobre los cuales se imponen. Pero regular el género no consiste simple-

---

* El sistema legal anglosajón se basa en la casuística. *(N. de la t.).*

mente en someter el género a la fuerza exterior de un reglamento.[1]
Si el género preexistiera a la reglamentación, entonces podríamos
tratarlo como un tema y proceder a enumerar los diversos tipos de
reglamentos a los cuales estamos sujetos y las maneras en las que
se da la sujeción. Sin embargo, el problema es más complejo. Después de todo, ¿hay un género que preexista a su regulación?, o el
caso es más bien que, al estar sometido a la regulación, ¿el sujeto
del género emerge al ser producido en, y a través de, esta forma
específica de sujeción? Al tratar de la sujeción y de la regulación
es importante tener en cuenta al menos dos advertencias derivadas del pensamiento de Foucault: 1) el poder regulador no solo
actúa sobre un sujeto preexistente, sino que también labra y forma al sujeto; además, cada forma jurídica de poder tiene su efecto
productivo; y 2) estar sujeto a un reglamento es también estar
subjetivado por él, es decir, devenir como sujeto precisamente a
través de la reglamentación. Este segundo punto se desprende del
primero en la medida en que los discursos reguladores que forman al sujeto del género son precisamente aquellos que requieren
e inducen al sujeto en cuestión.

   Los tipos de reglamentos pueden entenderse como casos específicos de un poder regulador más general, que está especifica-
do como la reglamentación del género. Aquí contravengo a Foucault en algunos aspectos porque, si la concepción foucaultiana se
centra en la idea de que el poder regulador tiene algunas características históricas y que opera sobre el género, así como también
sobre otros tipos de normas sociales y culturales, entonces el género no es más que el ejemplo de una operación de poder más
amplia. En contra de esta subordinación del género al poder regulador yo diría que el aparato regulador que rige al género está
especialmente adaptado al género. No quiero sugerir que la regulación del género sea paradigmática del poder regulador en sí mismo, sino más bien que el género requiere e instituye su propio y
distinto régimen regulador y disciplinador.

   La idea de que el género es una norma requiere una mayor

elaboración. Una norma no es lo mismo que una regla, y tampoco es lo mismo que una ley.[2] Una norma opera dentro de las prácticas sociales como el estándar implícito de la *normalización*. Aunque una norma pueda separarse analíticamente de las prácticas de las que está impregnada, también puede que demuestre ser recalcitrante a cualquier esfuerzo para descontextualizar su operación. Las normas pueden ser explícitas; sin embargo, cuando funcionan como el principio normalizador de la práctica social a menudo permanecen implícitas, son difíciles de leer; los efectos que producen son la forma más clara y dramática mediante la cual se pueden discernir.

Que el género sea una norma sugiere que está siempre tenuemente incorporado en cualquier actor social. La norma rige la inteligibilidad social de la acción, pero no es lo mismo que la acción que gobierna. La norma parece ser indiferente a las acciones que rige, con lo cual solo quiero decir que la norma parece tener un estatus y un efecto que son independientes de las acciones gobernadas por la norma. La norma rige la inteligibilidad, permite que ciertos tipos de prácticas y acciones sean reconocibles como tales imponiendo una red de legibilidad sobre lo social y definiendo los parámetros de lo que aparecerá y lo que no aparecerá dentro de la esfera de lo social. La cuestión de qué significa estar fuera de la norma plantea una paradoja al pensamiento, porque si la norma convierte el campo social en inteligible y normaliza este campo, entonces estar fuera de la norma es, en cierto sentido, estar definido todavía en relación con ella. No ser lo bastante masculino o lo bastante femenino es todavía ser entendido exclusivamente en términos de la relación de uno mismo con lo «bastante masculino» o lo «bastante femenino».

Afirmar que el género es una norma no es lo mismo que decir que hay visiones normativas de la feminidad y de la masculinidad, aunque claramente existan dichas visiones normativas. El género no es exactamente lo que uno es ni tampoco precisamente lo que uno «tiene». El género es el aparato a través del cual tiene lugar la producción y la normalización de lo masculino y lo femenino junto con las formas intersticiales hormonales, cromosómicas, psíquicas y performativas que el género asume. Asumir que el género implica única y exclusivamente la matriz de lo «masculino» y lo «femenino» es precisamente no comprender que la producción de la coherencia binaria es contingente, que tiene un coste, y que aquellas permutaciones del género que no cuadran con el binario forman parte del género tanto como su ejemplo más normativo. Fusionar la definición de género con su expresión normativa es reconsolidar, sin advertirlo, el poder que tiene la norma para limitar la definición del género. El género es el mecanismo a través del cual se producen y se naturalizan las nociones de lo masculino y lo femenino, pero el género bien podría ser el aparato a través del cual dichos términos se deconstruyen y se desnaturalizan. De hecho, puede ser que el mismo aparato que trata de instaurar la norma funcione también para socavar esa misma instauración, que esta sea, por así decirlo, incompleta por definición. Mantener el término «género» aparte de la masculinidad y de la feminidad es salvaguardar una perspectiva teórica en la cual se pueden rendir cuentas de cómo el binario masculino y femenino agota el campo semántico del género. Cuando nos referimos a «el género en disputa o problematización del género» (*gender trouble*) o a la «mezcla de géneros» (*gender blending*), ya sea el «transgénero» (*transgender*) o el «cruce de géneros» (*crossgender*), estamos ya sugiriendo que el género tiene una forma de desplazarse más allá del binario naturalizado. La fusión del género con lo masculino/femenino, hombre/mujer, macho/hembra, performa así la misma naturalización que se espera que prevenga la noción de género.

Así pues, un discurso restrictivo de género que insista en el binario del hombre y la mujer como la forma exclusiva para entender el campo del género performa una operación *reguladora* de poder que naturaliza el caso hegemónico y reduce la posibilidad de pensar en su alteración.

Una tendencia dentro de los estudios de género ha sido asumir que la alternativa al sistema binario del género consiste en multiplicar los géneros. Este punto de vista invariablemente provoca la pregunta: ¿cuántos géneros puede haber y cómo se llamarán?[3] Pero la alteración del sistema binario no debería necesariamente conducirnos a una cuantificación del género igualmente problemática. Luce Irigaray, siguiendo la línea lacaniana, se pregunta si el sexo masculino es «el» sexo, es decir, no solo «el único e incomparable sexo», sino también el que inaugura una aproximación cuantitativa al sexo. Desde su punto de vista, el «sexo» no es ni una categoría biológica ni una categoría social (así pues, es distinta del «género»), sino una categoría lingüística que existe, por decirlo así, en la división entre lo social y lo biológico. Por tanto, «el sexo que no es uno» es la feminidad entendida precisamente como aquello que no puede ser expresado mediante un número.[4] Otros enfoques insisten en que el «transgénero» no es exactamente un tercer género, sino un modo de paso entre géneros, una figura de género intersticial y transicional que no puede reducirse a las normas que establecen uno o dos géneros.[5]

POSICIONES SIMBÓLICAS Y NORMAS SOCIALES

Aunque algunos teóricos sostienen que las normas son siempre sociales, los teóricos lacanianos, en la línea del estructuralismo de Claude Lévi-Strauss, insisten en que las normas simbólicas no son lo mismo que las sociales, y que cierta «regulación» del género tiene lugar a través de la demanda simbólica que se les plantea a las psiques desde su origen.

Lo «simbólico» se convierte en un término técnico para Jacques Lacan en 1953 y se convierte en su forma de componer usos matemáticos (formales) y antropológicos del vocablo. En un diccionario de lenguaje lacaniano, lo simbólico está explícitamente ligado al problema de la regulación: «Lo simbólico es el reino de la Ley que *regula* el deseo en el complejo de Edipo».[6] Ese complejo se entiende como derivado de una prohibición primaria o simbólica contra el incesto, una prohibición que solo tiene sentido en términos de las relaciones de parentesco por la cuales se establecen diversas «posiciones» en la familia según un mandato exogámico. En otras palabras, la madre es alguien con quien un hijo y una hija no tienen relaciones sexuales, y un padre es alguien con quien un hijo y una hija no tienen relaciones sexuales, una madre es alguien que solo tiene relaciones sexuales con el padre, y así sucesivamente. Estas relaciones de prohibición están codificadas en la «posición» que ocupa cada uno de estos miembros de la familia. Así pues, ocupar dicha posición es estar en dicha correspondencia sexual entrecruzada, al menos de acuerdo con el concepto simbólico o normativo de lo que aquella «posición» es.

Está claro que las consecuencias de dicha visión son enormes. El legado estructuralista dentro del pensamiento psicoanalítico ha tenido un efecto colosal sobre las teorías fílmicas y literarias feministas, y sobre las interpretaciones feministas del psicoanálisis desde diversas disciplinas. También abrió el camino para la crítica queer del feminismo, que ha tenido, y continúa teniendo, efectos divisorios dentro de los estudios de la sexualidad y del género. A continuación, espero mostrar cómo la noción de cultura que se ha transmutado en lo «simbólico» en el psicoanálisis lacaniano es muy diferente de la noción de cultura todavía vigente en los estudios culturales, de forma que, a menudo, estos dos proyectos se entienden como irremisiblemente opuestos. También me propongo argumentar que cualquier tentativa para establecer las reglas que «regulan el deseo» en un reino inalterable y eterno tienen un uso muy limitado para una teoría que busca comprender las condiciones bajo las cuales sería posible la transformación del género. Otro asunto concerniente a lo simbólico es que la prohibición del incesto puede ser uno de los motivos para su propia transgresión, lo que sugiere que las posiciones simbólicas del parentesco son, de diversas maneras, derrotadas por la misma sexualidad que tratan de producir a través de la regulación.[7] Finalmente, espero mostrar que la distinción entre la ley simbólica y la social no puede sostenerse en último término, que lo simbólico mismo es una sedimentación de las prácticas sociales y que las alteraciones radicales del parentesco reclaman una rearticulación de las presuposiciones estructuralistas del psicoanálisis, desplazándonos, por así decirlo, hacia un estructuralismo queer de la psique.

Para volver al tabú del incesto, la cuestión que se plantea es: ¿cuál es el estatus de dichas prohibiciones y de dichas posiciones? Lévi-Strauss aclara en *Las estructuras elementales del parentesco* que la biología no necesita del tabú del incesto, que es un fenómeno puramente cultural. Por «cultural», Lévi-Strauss no entiende «variable culturalmente» o «contingente», sino más bien de acuerdo con las leyes «universales» de la cultura. Así pues, para Lévi-Strauss, las reglas culturales no se pueden alterar (tal como Gayle Rubin argumentó posteriormente), sino que son invariables y universales. El dominio de una regla cultural universal y eterna —lo que Juliet Mitchell llama «la ley universal y primordial»—[8] se convierte en la base de la noción lacaniana de lo simbólico y en los subsiguientes esfuerzos para separar lo simbólico tanto del dominio de lo biológico como de lo social. En Lacan aquello que es universal en la cultura reside en sus reglas simbólicas o culturales, y se entiende que estas sostienen las relaciones de parentesco. La propia posibilidad de referencia pronominal de un «yo», un «tú», un «nosotros», un «ellos», parece apoyarse en este modo de parentesco que opera en el lenguaje y como un lenguaje. Hay un deslizamiento de lo cultural a lo lingüístico, un deslizamiento que el propio Lévi-Strauss apunta hacia el final de *Las estructuras elementales del parentesco*. En Lacan, lo simbólico se define en términos de una concepción de las estructuras lingüísticas que son irreducibles a las formas sociales que toma el lenguaje. De acuerdo con los términos estructuralistas, lo simbólico establece las condiciones universales bajo las cuales se posibilita la socialidad, es decir, la comunicabilidad de toda utilización del lenguaje. Este movimiento allana el camino para la consiguiente distinción entre las explicaciones simbólicas y sociales del parentesco.

Así pues, una norma no es exactamente lo mismo que una «posición simbólica» en el sentido lacaniano, la cual parece disfrutar de un carácter casi atemporal, a pesar de las modificaciones que aparecen en las notas a pie de página de varios de los seminarios de Lacan. Los lacanianos casi siempre insisten en que una posición simbólica no es lo mismo que una social, que sería un error tomar, por ejemplo, la posición simbólica del padre, la cual es después de todo la posición simbólica paradigmática, y confundirla con una posición socialmente constituida y alterable que los padres han asumido a lo largo del tiempo. El punto de vista lacaniano insiste en que hay un ideal y una demanda inconsciente que se hace a la vida social que permanece irreducible a causas y efectos atribuibles socialmente. El lugar simbólico del padre no cede a las demandas de una reorganización social de la paternidad. En cambio, lo simbólico es precisamente aquello que marca los límites de cualquier esfuerzo utópico de reconfigurar y de revivir las relaciones de parentesco a cierta distancia de la escena edípica.[9]

Uno de los problemas que surgió cuando el estudio del parentesco se combinó con el estudio de la lingüística estructural es que las posiciones de parentesco fueron elevadas al estatus de estructuras lingüísticas fundamentales. Estas son posiciones que hacen posible la entrada en el lenguaje y que, por lo tanto, mantienen un estatus esencial con respecto al lenguaje. Son, en otras palabras, posiciones sin las cuales no podría darse ningún significado o, dicho de otra manera, sin las cuales no se podría procurar ninguna inteligibilidad cultural. Pero ¿cuáles son las consecuencias de convertir ciertas nociones del parentesco en eternas y elevarlas después al estatus de las estructuras elementales de la inteligibilidad?

Aunque Lévi-Strauss da a entender que considera una variedad de sistemas de parentesco, en realidad solo delimita aquellos principios del parentesco que son interculturales. Lo que el estructuralismo ofrece como una «posición» en el lenguaje o en el parentesco no se puede identificar con una «norma», ya que esta última es producida socialmente y es un marco variable. Y recordemos que una norma no es lo mismo que una posición simbólica. Además, si es más apropiado considerar una posición simbólica como una norma, entonces una posición simbólica no es lo mismo como tal, sino más bien una norma contingente cuya contingencia ha sido encubierta por una reificación teórica que potencialmente conlleva consecuencias duras para la vida del género. Dentro de la presunción estructuralista se podría reaccionar afirmando: «Pero ¡esa es la ley!». Ahora bien, ¿cuál es el estatus de dicha afirmación? «¡Es la ley!», que se convierte en la declaración que atribuye performativamente la misma fuerza a la ley que la ley misma dice ejercer. Tal afirmación es, por tanto, un signo de lealtad a la ley, una señal del deseo de que la ley no pueda ser disputada, un impulso teológico dentro de la teoría del psicoanálisis que trata de detener cualquier crítica al padre simbólico, a la ley misma del psicoanálisis. Así pues, no es sorprendente que el estatus que se da a la ley sea precisamente el estatus que se da al falo, el cual no es un mero «significante» privilegiado dentro del esquema lacaniano, sino que se convierte en el rasgo característico del aparato teórico en el cual se introduce dicho significante. En otras palabras, la fuerza autorizada que refuerza la incontestabilidad de la ley simbólica es en sí misma un ejercicio de aquella ley simbólica, un caso más del lugar del padre, por decirlo así, al que no se puede refutar ni contestar. Aunque, como nos recuerdan los lacanianos, únicamente hay contestaciones de lo simbólico, finalmente estas no logran ejercer ninguna fuerza para desmontar lo simbólico mismo o para forzar una reconfiguración radical de sus términos.

La autoridad de la teoría expone su propia defensa tautológica en el hecho de que lo simbólico sobrevive a todas y cada una de las contestaciones a su autoridad. Es decir, no es solo una teoría que subraya lo masculino y lo femenino como posiciones simbólicas que finalmente trascienden cualquier contestación y que marcan los límites a cualquier impugnación, sino que reposa sobre la misma autoridad que describe para reforzar la autoridad de sus propias demandas descriptivas.

Separar lo simbólico de la esfera social facilita la distinción entre la Ley y las leyes variables. En lugar de una práctica crítica que no anticipa una autoridad definitiva y que abre un campo de posibilidades de género que produce ansiedad, aparece lo simbólico para terminar con dicha ansiedad. Si hay una ley que no podemos desplazar pero que tratamos de desplazar una y otra vez a través de procedimientos imaginarios, entonces sabemos de antemano que nuestros esfuerzos de cambio serán controlados, y que nuestra lucha contra las explicaciones autorizadas del género será frustrada y que tendremos que rendirnos ante la autoridad insoslayable. Algunos creen que pensar que lo simbólico puede ser cambiado por la práctica humana es puro voluntarismo. Pero ¿lo es? Ciertamente, se puede conceder que el deseo está radicalmente condicionado sin afirmar que está radicalmente determinado, y se puede reconocer que hay estructuras que posibilitan el deseo sin afirmar que estas estructuras son eternas y recalcitrantes, insensibles a la reiterada repetición y al desplazamiento. Contestar a la autoridad simbólica no es necesariamente un retorno al «ego» o a las clásicas nociones liberales de la libertad, sino que es más bien insistir en que la norma en su necesaria temporalidad se abre al desplazamiento y a la subversión desde dentro.

Lo simbólico se entiende como la esfera que regula la asunción del sexo, cuando se entiende el sexo como una serie diferencial de posiciones masculinas y femeninas. Así pues, el concepto de género, derivándose del discurso sociológico como lo hace, es ajeno al discurso de la diferencia sexual que emerge en el marco lacaniano y postlacaniano. Lacan estuvo claramente influenciado por *Las estructuras elementales del parentesco* de Lévi-Strauss, ensayo que se publicó por primera vez en 1947, aproximadamente seis años después de que Lacan utilizara el término «simbólico».[10]

En el modelo de Lévi-Strauss, la posición del hombre y la mujer es la que posibilita ciertas formas de lazos sexuales reproductivos y la que prohíbe otras formas. Desde este punto de vista, el género es un indicador de las relaciones sexuales proscritas y prescritas por las que un sujeto es socialmente regulado y producido.

Según Lévi-Strauss, las reglas que rigen el intercambio sexual y las cuales, por consiguiente, producen posiciones viables para el sujeto sobre la base de dicha regulación de la sexualidad son ajenas a los individuos que se atienen a dichas reglas y que ocupan dichas posiciones. Que las acciones humanas estén reguladas por dichas leyes, pero que no tengan el poder de transformar la sustancia y la intención de sus leyes, parece ser la consecuencia de una concepción de la ley que es indiferente al contenido que regula. Pero ¿cómo el cambio de una concepción del género regulado por leyes simbólicas a un concepto del género regulado por normas sociales contiende con esta indiferencia de la ley hacia lo que regula? ¿Y cómo puede dicho cambio inaugurar la posibilidad de una contestación más radical de la ley misma?

Si el género es una norma, no podemos decir que es un modelo al que los individuos tratan de aproximarse. Por el contrario, es una forma de poder social que produce el campo inteligible de los sujetos, y un aparato que instituye el género binario. Como norma que aparece independientemente de las prácticas que rige, su idealidad es el efecto reinstituido de aquellas mismas prácticas. Esto no solo sugiere que la relación entre las prácticas y las idealizaciones bajo las cuales trabaja es contingente, sino también que la misma idealización puede ser puesta en cuestión y en crisis, sometiéndola potencialmente a una desidealización y a la desposesión.

La distancia entre el género y sus casos naturalizados es precisamente la distancia entre una norma y sus incorporaciones. He sugerido más arriba que la norma es analíticamente independiente de sus incorporaciones, pero quiero enfatizar que esto es solo una heurística intelectual que ayuda a garantizar la perpetuación de la norma misma como un ideal eterno e inalterable. De hecho, la norma solo persiste como norma en la medida en que se representa en la práctica social y se reidealiza y reinstituye en y a través de los rituales sociales diarios de la vida corporal. La norma no tiene un estatus ontológico independiente; sin embargo, no puede ser fácilmente reducida a sus casos: ella misma es (re)producida a través de su incorporación, a través de los actos que tratan de aproximarla, a través de las idealizaciones reproducidas en y por esos actos.

Foucault difundió el discurso de la norma argumentando, en el primer volumen de su *Historia de la sexualidad*, que el siglo XIX fue testigo de la aparición de la norma como método de control social no idéntico a las operaciones de la ley. Influenciado por Foucault, el sociólogo François Ewald ha ampliado esta observación en diferentes ensayos.[11] Ewald defiende que la acción de la norma se realiza a expensas del sistema jurídico de la ley, y que, aunque la normalización conlleve un incremento de legislación, no se opone necesariamente a ella, sino que permanece independiente de formas significativas («Norms», pág. 138). Foucault observa que las normas aparecen a menudo bajo una forma legal, que lo normativo sale típicamente a la luz pública en las constituciones, los códigos legales y en la actividad constante y clamorosa de la legislatura (Foucault, «Right of Death and Power Over Life»). Foucault afirma, además, que las normas pertenecen a las artes del juicio y que, aunque estén claramente relacionadas con el poder, se caracterizan menos por el uso de la fuerza o la violencia que por, como dice Ewald, «una lógica implícita que permite al poder reflexionar sobre sus propias estrategias y definir claramente los objetos a los que se dirige. Esta lógica es tanto la fuerza que nos permite imaginar la vida y lo vivo como los objetos del poder, como el poder que puede tomar la "vida" en sus manos y crear la esfera de lo biopolítico» («Norms», pág. 138).

Para Ewald esto suscita al menos dos temas: si la modernidad participa en la lógica de la norma y cuál sería la relación entre las

normas y la ley.[12] Aunque el término «norma» se utiliza a veces
como sinónimo de «regla», está claro que las normas son también
lo que dan a las reglas cierta coherencia local. Ewald afirma que a
principios del siglo XIX se establece un cambio radical en la relación entre la regla y la norma («Norms», pág. 140) y que la norma
emerge conceptualmente no solo como *una variedad particular de
reglas*, sino también como *una manera de producirlas* y como *un
principio de valoración*.

En francés el término *normalité* aparece en 1834, y *normatif*
en 1868; a finales del siglo XIX hallamos en Alemania las ciencias
normativas (las cuales, según tengo entendido, quedan reflejadas
en el nombre del grupo de las reuniones de la American Political
Science Association [Asociación Americana de Ciencia Política]
contemporánea llamado «teoría política normativa»); el término
«normalización» aparece en 1920. Para Foucault, así como para
Ewald, corresponde a la operación normalizadora de los poderes
burocráticos y disciplinarios.

Según Ewald, la norma transforma las restricciones en un mecanismo y marca así el movimiento por el cual, en términos fou-
caultianos, el poder jurídico se vuelve productivo; es decir, transforma las restricciones negativas de lo jurídico en controles más
positivos de normalización; así pues, la norma performa su función transformadora. De este modo, la norma marca y efectúa el
desplazamiento de una concepción del poder como una restricción jurídica a la concepción del poder como: a) una serie organi-
zada de restricciones, y b) un mecanismo regulador.

LAS NORMAS Y EL PROBLEMA DE LA ABSTRACCIÓN

Esto nos remite no solo a la cuestión de cómo puede decirse que el
discurso «produce» un sujeto (algo que se asume en todos los estudios culturales pero que rara vez se investiga apropiadamente) sino,
de forma más precisa, a qué es lo que efectúa en el discurso dicha

producción. Cuando Foucault afirma que la disciplina «produce» individuos, no solo quiere decir que el discurso disciplinario los *dirige* y los *utiliza*, sino también que *activamente los constituye.*

La norma es una medida y una forma de producir un estándar común, pero convertirse en un ejemplo de la norma no es agotarla totalmente, sino más bien estar sujeto a la abstracción de la comunalidad. Aunque Foucault y Ewald tienden a concentrar sus análisis en los siglos XIX y XX, en *Making a Social Body,* Mary Poovey fecha a finales del siglo XVIII la historia de la abstracción en la esfera social. Ella sostiene que en el Reino Unido «las últimas décadas del siglo XVIII fueron testigo de los primeros esfuerzos modernos de representar todas las partes significativas de la población del Reino Unido como agregadas y de distinguir la esfera social de los dominios políticos y sociales» (pág. 8). Desde su punto de vista, lo que caracteriza a esta esfera social es la llegada de las medidas cuantitativas: «Por supuesto, dichas comparaciones y mediciones producen algunos fenómenos como normativos, de forma ostensible porque son numerosos, porque representan a un promedio o porque constituyen un ideal hacia el cual todos los otros fenómenos se desplazan» (pág. 9).

Ewald busca una definición más ajustada de la norma con el fin de abarcar tanto su capacidad de regular todos los fenómenos sociales como los límites internos que acotan cualquier reglamento de este tipo («Power», págs. 170-171). Ewald declara:

> ¿Qué es exactamente una norma? Es la medida que simultáneamente individualiza, posibilita la individualización incesante y hace posible las comparaciones. La norma es lo que hace posible la indefinida localización de espacios que se distancian y reducen cada vez más, y al mismo tiempo asegura que estos espacios nunca encierren a nadie de tal forma que se cree una naturaleza específica para él, ya que estos espacios individualizadores *no son más que la expresión de una relación*, relación que tiene que ser vista de forma indefinida en el contexto de otras relaciones. ¿Qué es entonces una norma? Un

principio para la comparación, una medida común que se instituye como mera referencia del grupo consigo mismo, cuando el grupo solo tiene relación consigo mismo, sin una referencia externa y sin verticalidad («Norms», pág. 173; la cursiva es mía).

Según Ewald, Foucault añade lo siguiente al pensamiento sobre la normalización: «La individualización normativa no es exterior. La naturaleza de lo anormal no es diferente de la de lo normal. La norma, o el espacio normativo, no tiene un exterior. La norma integra cualquier cosa que pueda intentar ir más allá de ella; nada, nadie, cualquier diferencia que pueda mostrar, pueden nunca afirmar ser externos o que poseen una alteridad que de hecho les convertiría en otro» («Norms», pág. 173).

Este punto de vista sugiere que cualquier oposición a la norma ya está contenida en la norma y que aquella es crucial para su funcionamiento. De hecho, en este punto de nuestro análisis parece que el desplazamiento de una noción lacaniana de lo simbólico a una noción más foucaultiana de la «norma social» no aumenta las posibilidades de un desplazamiento efectivo de la resignificación de la norma misma.

En la obra de Pierre Macheray, sin embargo, se empieza a observar que las normas no son entidades independientes y autosostenidas, o abstracciones que deban entenderse como formas de acción. En «Towards a Natural History of Norms», Macheray clarifica que el tipo de causalidad que las normas imponen no es transitiva sino inmanente, y recurre a Spinoza y a Foucault para basar su afirmación:

Pensar en términos de la inmanencia de la norma es, efectivamente, abstenerse de considerar la acción de la norma de una forma restrictiva, y de contemplarla como una forma de «represión» formulada en términos de prohibiciones que se ejercen sobre un sujeto dado antes de que ejecute su acción, de lo cual se deriva que este sujeto podría, por sí solo, liberarse o ser liberado de este tipo de control: la historia de la locura, igual que la de la sexualidad, muestra que, lejos de suprimir la acción de las normas, dicha «liberación» las refuerza. Pero uno puede también preguntarse si es suficiente con denunciar las ilusiones de este discurso antirrepresivo con el fin de huir de él: ¿no se corre el riesgo de reproducirlas a otro nivel, donde cesan de ser ingenuas y donde, a través de una naturaleza más educada, todavía permanecen desacompasadas en relación con el contexto al cual parecen estar dirigidas? (pág. 185).

Al sostener que la norma solo subsiste en y a través de sus acciones, Macheray sitúa la acción en el centro de la intervención social: «Desde mi punto de vista ya no es posible pensar la norma misma de forma adelantada a las consecuencias de su acción, como si de alguna manera fuera independiente y estuviera por detrás de ellas: *la norma debe ser considerada como si actuara precisamente mediante sus efectos*; por tanto, no trata de limitar la realidad a través del simple condicionamiento, sino de conferirle la máxima cantidad de realidad de la que es capaz» (pág. 186; la cursiva es mía).

Anteriormente he mencionado que la norma no puede ser reducida a cualquiera de sus casos, pero ahora añadiría que la norma tampoco puede ser completamente liberada de su representación casuística. La norma no es externa al campo de su aplicación. La norma no solo es responsable de producir el campo de su aplicación, según Macheray (pág. 187), sino que *la norma se produce a ella misma en la producción de aquel campo*. La norma confiere realidad activamente; de hecho, la norma se constituye como tal solo en virtud de la repetición de su poder para conferir realidad.

Las normas del género

Según la noción de norma que acabamos de exponer, se puede decir que el campo de la realidad que crean las normas de género constituye el telón de fondo sobre el cual aparece el género en sus dimensiones idealizadas. Pero ¿cómo debemos entender la formación histórica de dichos ideales, su persistencia a través del tiempo y su lugar como una compleja convergencia de significados sociales que no parecen tratar del género directamente? En la medida en que las normas del género son *reproducidas*, estas son invocadas y citadas por prácticas corporales que tienen también la capacidad de alterar las normas en el transcurso de su citación. No se puede ofrecer una explicación narrativa completa de la historia citacional de la norma: aunque la narratividad no esconde completamente su historia, tampoco revela un único origen.

Entonces, un sentido importante de la reglamentación es que las personas son reguladas por el género y que este tipo de reglamentación funciona como una condición de inteligibilidad cultural para cualquier persona. Desviarse de la norma del género es producir el ejemplo aberrante que los poderes reguladores (médico, psiquiátrico y legal, por nombrar algunos) pueden rápidamente explotar con el fin de reforzar las razones fundamentales para la continuidad de su propio celo regulador. Por tanto, la cuestión fundamental sigue siendo qué desviaciones de la norma interrumpen el proceso regulador mismo.

La «corrección» quirúrgica de los niños intersexuados es un caso relevante. En este caso se argumenta que los niños nacidos con unas características sexuales primarias irregulares tienen que ser «corregidos» para encajar, para sentirse más cómodos y para conseguir la normalidad. La cirugía correctiva se realiza con el apoyo paterno y en aras de la normalización; sin embargo, se ha comprobado que los costes físicos y psíquicos de la cirugía son enormes para aquellas personas que se han sometido, por así decirlo, al bisturí de la norma.[13] Los cuerpos producidos a través de dicho forzado cumplimiento regulatorio del género son cuerpos que sufren, que llevan las marcas de la violencia y el dolor. Aquí la idealización de la morfología del género se hace incidir literalmente en la carne.

Así pues, el género es una norma reguladora, pero también una norma que se produce al servicio de otro tipo de reglamentos. Por ejemplo, en la regulación del acoso sexual se tiende a asumir, según Catharine MacKinnon, que este consiste en la subordinación sistemática de las mujeres en el lugar de trabajo, y que los hombres están generalmente en la posición del acosador y las mujeres en la de las acosadas. Para MacKinnon, esto implica una subordinación más fundamental de las mujeres. Aunque estos reglamentos buscan constreñir el comportamiento sexual humillante en el trabajo, también conllevan ciertas normas tácitas de género. En cierto sentido, la regulación implícita del género tiene lugar a través de la regulación explícita de la sexualidad.

Para MacKinnon, la estructura jerárquica de la heterosexualidad por la cual se entiende que los hombres subordinan a las mujeres es la que produce el género: «Una vez eliminada como atributo de la persona, la desigualdad sexual toma la forma del género; al desplazarse como una relación entre personas, toma la forma de la sexualidad. El género surge como la forma coagulada de la sexualización de la desigualdad entre hombres y mujeres» (*Feminism Unmodified*, págs. 6-7).

Si el género es la coagulación de la sexualización de la desigualdad, entonces la sexualización de la desigualdad precede al género y el género es su efecto. Pero ¿podemos llegar a conceptualizar la sexualización de la desigualdad sin un concepto previo del género? ¿Tiene sentido afirmar que los hombres subordinan sexualmente a las mujeres si no tenemos primero una idea de lo que son los hombres y las mujeres? MacKinnon sostiene que no existe ninguna constitución del género externa a la sexualidad y, por implicación, externa a esta forma de sexualidad subordinativa y explotadora.

Al proponer la regulación del acoso sexual recurriendo a este tipo de análisis del carácter sistemático de la subordinación sexual, MacKinnon instituye un reglamento de otro tipo: tener un género significa haber entrado en una relación heterosexual de subordinación; ya no hay personas con género que estén libres de tales relaciones, no hay relaciones heterosexuales que no sean de subordinación, no hay relaciones no heterosexuales y tampoco hay acoso entre personas del mismo sexo. Esta manera de reducir el género a la sexualidad ha dado lugar a dos movimientos diferenciados pero superpuestos dentro de la teoría queer contemporánea. El primero separa la sexualidad del género, de forma que tener un género no implica que se realice una cierta práctica sexual; el sexo anal, por ejemplo, no conlleva que uno tenga un género dado.[14] El segundo movimiento en la teoría queer está relacionado con el primero y sostiene que no puede reducirse el género a la heterosexualidad jerárquica, sino que asume formas diferentes cuando es contextualizado por las sexualidades queer; defiende, además, que su binarismo no puede darse por hecho fuera del marco heterosexual, que el género mismo es internamente inestable y que las vidas transgénero evidencian la ruptura de cualquier línea de determinismo causal entre la sexualidad y el género. La disonancia entre el género y la sexualidad se afirma, pues, desde dos perspectivas diferentes: la perspectiva que busca mostrar posibilidades para la sexualidad que no estén constreñidas por el género con el fin de desmontar el reductivismo causal de los argumentos que las ligan; y la perspectiva que trata de mostrar posibilidades de género que no estén predeterminadas por las formas de heterosexualidad hegemónicas.[15]

El problema que se deriva de los códigos de acoso sexual que se basan en una visión de la sexualidad en la que el género es el efecto oculto de la subordinación sexualizada dentro de la heterosexualidad es que se refuerzan ciertas visiones del género y ciertos puntos de vista sobre la sexualidad. En la teoría de MacKinnon, el género se produce en el escenario de la subordinación sexual y el acoso sexual es el momento explícito de la institución de la subordinación heterosexual. Esto implica que el acoso sexual se convierte en la alegoría para la producción del género. Desde mi punto de vista, los códigos mismos de acoso sexual se convierten en el instrumento a través del cual el género se reproduce.

Según la experta en Derecho Katherine Franke, en este enfoque no solo no se cuestiona la regulación del género, sino que se colabora con ella de forma inconsciente. Franke escribe:

> Lo que no funciona en el mundo que MacKinnon describe en su obra no se soluciona diciendo que los hombres dominan a las mujeres, aunque esta sea una descripción cierta en la mayoría de los casos. El problema es, más bien, una cuestión mucho más sistemática. Al reducir el sexismo solo a aquello que los hombres hacen a las mujeres, perdemos de vista la ideología subyacente que convierte el sexismo en algo tan poderoso. [...] La subordinación de las mujeres por parte de los hombres forma parte de una práctica social más amplia que crea cuerpos de género: mujeres femeninas y hombres masculinos («What's Wrong With Sexual Harassment?», págs. 761-762).

Los castigos sociales que siguen a las transgresiones de género incluyen la corrección quirúrgica de las personas intersexuales, la patologización psiquiátrica y la criminalización en diversos países —Estados Unidos entre ellos— de las personas con «disforia de género», el acoso a personas que problematizan el género en la calle o en el trabajo, la discriminación en el empleo y la violencia. La prohibición del acoso sexual de las mujeres por parte de los hombres está basada en un razonamiento que asume la subordinación heterosexual como el escenario exclusivo de la sexualidad y del género, y lo convierte así en un medio regulador para la producción y el mantenimiento de las normas de género dentro de la heterosexualidad.

Al principio de este ensayo he sugerido diversas formas para comprender el problema de la «regulación». Un reglamento es aquello que *regulariza*, pero también, siguiendo a Foucault, un modo de *disciplinar y vigilar* dentro de las formas modernas del poder; un reglamento no se limita a constreñir y negar y, por lo tanto, no es una mera forma jurídica de poder. En la medida en que los reglamentos operan a través de las normas, se convierten en momentos clave en los cuales se reconstituye la idealidad de la norma; su historicidad y su vulnerabilidad quedan temporalmente fuera de escena. Como operación de poder, la regulación puede tomar una forma legal, pero su dimensión legal no se agota en la esfera de su eficacia. Al igual que aquello que descansa sobre categorías que convierten a los individuos en socialmente intercambiables entre ellos, la regulación está ligada al proceso de la *normalización*. Los estatutos que definen quiénes serán los beneficiarios de la asistencia social actúan sobre la producción de la norma que rige quién será el receptor de la asistencia social. Aquellos que regulan el habla gay en el Ejército actúan sobre la producción y el mantenimiento de la norma que rige quién es un hombre o una mujer, qué es el habla y cuándo hay o no sexualidad. Los reglamentos estatales que regulan la adopción lesbiana y gay, así como las adopciones de familias monoparentales, no solo restringen dicha actividad, sino que se refieren a, y refuerzan, un ideal sobre cómo deben ser los padres, por ejemplo, si deben tener una pareja y qué se considera como una pareja legítima. Por lo tanto, los reglamentos que buscan simplemente refrenar ciertas actividades específicas (el acoso sexual, el fraude a la asistencia social, los términos sexuales) performan otra actividad que permanece, en su mayor parte, sin señalar: la producción de parámetros de persona, es decir, el hacer personas de acuerdo con normas abstractas que a la vez condicionan y exceden las vidas que hacen —y rompen.

Hacerle justicia a alguien
La reasignación de sexo y las alegorías de la transexualidad

Quisiera tomar como punto de partida una cuestión relacionada con el poder, con el poder de regular, un poder que determina, más o menos, lo que somos y lo que podemos ser.[1] No me refiero solo al poder en un sentido positivo o jurídico, sino al funcionamiento de cierto régimen regulador, un régimen que informa la ley y que también la excede. Cuando se pregunta cuáles son las condiciones de inteligibilidad mediante las cuales surge lo humano y se reconoce como tal, mediante las cuales algún sujeto se convierte en el sujeto del amor humano, se pregunta acerca de las condiciones de inteligibilidad que componen las normas, las prácticas, las condiciones que se han convertido en presuposiciones, y sin las cuales no podemos ni pensar sobre lo humano. Así que propongo debatir la relación entre los órdenes variables de inteligibilidad y la génesis y la posibilidad de conocer lo humano. Y no solo porque hay leyes que rigen nuestra inteligibilidad, sino porque tenemos modos de conocimiento, modos de verdad que definen la inteligibilidad a la fuerza.

Esto es lo que Foucault denomina la política de la verdad, una política que pertenece a esas relaciones de poder que circunscriben de antemano lo que contará y lo que no contará como verdad, que ordenan el mundo de formas regulares y regulables, y

que se llegan a aceptar como un campo específico de conocimiento. Se puede comprender lo destacado que es este punto
cuando se empieza a formular la pregunta: ¿qué es lo que se considera como persona? ¿Qué es lo que se considera un género coherente? ¿Qué es lo que se califica como ciudadano? ¿El mundo
de quién se legitima como real? O formulado en clave subjetiva:
¿en quién puedo convertirme en un mundo donde los significados y los límites del sujeto están definidos para mí de antemano?
¿Qué normas me constriñen cuando empiezo a preguntarme en
qué me puedo convertir? ¿Y qué pasa cuando empiezo a convertirme en alguien para el que no hay espacio dentro de un régimen
de verdad dado? Esto es lo que Foucault describe como «la dessubyugación del sujeto en el juego de [...] la política de la verdad»
(«What is Critique?», pág 39).

Otra manera de contemplar esto es la siguiente: «dado el orden contemporáneo del ser, ¿qué puedo ser?». Esta pregunta no
abre completamente al debate la cuestión de qué significa no ser,
o qué implica ocupar el lugar del no ser dentro del campo del ser;
es decir, qué significa vivir, respirar, intentar amar como un ser
que no es ni totalmente negado ni totalmente reconocido como
tal. Esta relación entre la inteligibilidad y lo humano es ineludible;
exige ciertos planteamientos teóricos precisamente en relación
con aquellos puntos donde lo humano afronta los límites de la
inteligibilidad misma. Quisiera sugerir que esa interrogación está
relacionada con la justicia de una forma importante. La justicia no
es solo o exclusivamente una cuestión de cómo se trata a las personas o de cómo se constituyen las sociedades. También atañe a
las decisiones, y a sus consecuencias: qué es una persona y qué
normas sociales debe respetar y expresar para que se le asigne tal
cualidad, cómo reconocemos o no a los otros seres vivientes como
personas dependiendo si reconocemos o no la manifestación de
una cierta norma en y a través del cuerpo del otro. El criterio mismo mediante el cual juzgamos a una persona como un ser con un
género, un criterio que postula la coherencia de género como una

presuposición de humanidad, no es solo el que, con o sin justicia, rige la reconocibilidad de lo humano, sino también el que informa las formas por las cuales nos reconocemos o no en cuanto a sentimientos, deseos y cuerpo, cuando nos vemos en el espejo, cuando nos paramos ante la ventana, cuando acudimos a los psicólogos, a los psiquiatras, a los profesionales médicos y legales para negociar lo que bien puede sentirse como la no reconocibilidad del propio género y, por lo tanto, la no reconocibilidad de uno mismo como persona.

Quisiera considerar a continuación el caso legal y psiquiátrico de una persona a quien se designó sin dificultad como niño en el momento de su nacimiento, a quien se designó de nuevo al cabo de unos meses como una niña, y quien decidió en sus años de adolescencia convertirse en hombre. Esta es la historia de David Reimer, cuya situación a menudo es referida como «el caso de Joan/John» y que fue dada a conocer públicamente por la cadena BBC y por varias revistas populares, psicológicas y médicas. Baso mi análisis en diversos documentos: un artículo escrito por el doctor Milton Diamond, endocrinólogo, y el conocido libro *As Nature Made Him* [Tal como la naturaleza le hizo], escrito por John Colapinto, periodista de la revista *Rolling Stone*, así como diversas publicaciones de John Money y los comentarios críticos ofrecidos por Anne Fausto-Sterling y Suzanne Kessler en sus libros más recientes.[2] David Reimer ha hablado abiertamente con los medios de comunicación y ha escogido vivir sin el pseudónimo que le reservaron Milton Diamond y sus colegas. David se volvió «Brenda» en cierto momento de su infancia que trataré más adelante; así pues, en lugar de referirme a él como Joan y John, que no son su nombre, usaré el nombre que él utiliza.

David nació con los cromosomas XY y, a la edad de ocho meses, su pene fue quemado y mutilado accidentalmente durante una operación quirúrgica para rectificar la fimosis, enfermedad en la que el prepucio impide orinar. Este es un procedimiento prácticamente sin riesgos, pero el doctor que intervino quirúrgicamente a David estaba utilizando una nueva máquina que, al parecer, no había utilizado antes y que sus colegas habían considerado innecesaria para realizar la operación. Tuvo problemas con el funcionamiento de la máquina, así que incrementó su fuerza hasta tal punto que acabó cauterizando una gran parte del pene. Por supuesto, los padres se quedaron espantados y conmocionados y, según sus propias declaraciones, no tenían muy claro cómo reaccionar. Entonces una noche, cerca de un año después de este suceso, estaban mirando la televisión y se encontraron con John Money hablando sobre cirugía transexual e intersexual y presentando el punto de vista de que si un infante se somete a cirugía y se le socializa en un género diferente del que fue originalmente asignado al nacer, el infante podría desarrollarse normalmente, adaptarse perfectamente bien al nuevo género y vivir una vida feliz. Los padres escribieron a Money, y este les invitó a Baltimore; David fue reconocido por el equipo médico de la John Hopkins University y el doctor Money recomendó enérgicamente que David fuera criado como una chica. Los padres estuvieron de acuerdo; los doctores le extirparon los testículos y le hicieron una preparación preliminar para el implante de una vagina, pero decidieron esperar a completar la operación hasta que Brenda —este era el nuevo nombre del niño— fuera más mayor. Así pues, Brenda creció como una chica; se la controlaba a menudo y se la trasladaba periódicamente al Gender Identity Institute [Instituto de la Identidad de Género] de John Money para vigilar su adaptación como chica. Más tarde, cuando contaba ocho o nueve años, Brenda manifestó su deseo de comprar una pistola de juguete. Esta idea parece coincidir con el deseo de comprar cierto tipo de juguetes: aparentemente más pistolas y algunos camiones. Aunque no tenía pene, a Brenda le gustaba orinar de pie. La sorprendieron en esta posición una vez en el colegio y las chicas amenazaron con «matarla» si continuaba.

En ese momento, los equipos psiquiátricos que habían estado controlando intermitentemente la adaptación de Brenda le ofrecieron estrógeno, pero ella rehusó tomarlo. Money intentó hablar con ella acerca de la obtención de una vagina real, pero Brenda se negó, de hecho, salió gritando de la habitación. Money le enseñó fotografías sexualmente explícitas. Incluso llegó a mostrarle fotografías de mujeres dando a luz, y le prometió que podría dar a luz si se procuraba una vagina. Y en una ocasión que podría haber sido inspirada por una escena del reciente film *But I'm a Cheerleader!*,[3] se les pidió a ella y a su hermano que representaran falsos ejercicios coitales entre ellos según las órdenes que iban recibiendo. Más tarde explicaron que se sintieron muy asustados y desorientados por esta orden y que en aquel momento no se lo dijeron a sus padres. Brenda prefería las actividades masculinas y no le gustó que se desarrollaran sus pechos. Todas estas atribuciones a Brenda son hechas por otra serie de doctores, esta vez un equipo de psiquiatras en el hospital de la localidad donde Brenda vivía. Los psiquiatras locales y los profesionales médicos que intervinieron en el caso creyeron que se había cometido un error en la reasignación de sexo, y finalmente el caso fue examinado por Milton Diamond, un investigador de la sexualidad que cree en la base hormonal de la identidad y que ha estado luchando contra Money durante varias décadas. Este nuevo grupo de psiquiatras y doctores ofrecieron a Brenda la posibilidad de cambiar de ruta y ella aceptó. Empezó a vivir como un chico, llamado David, a la edad de catorce años. Entonces David empezó a solicitar y a recibir inyecciones de hormonas masculinas y también se le extirparon los pechos. Se le implantó un falo —así lo llamaba Diamond— entre los quince y los dieciséis años. Según los informes, David no eyacula, aunque siente cierto placer sexual, y orina por la base de su falo. Es un falo que tan solo se aproxima a algunas de las funciones que se esperan de él y que, como veremos, hace entrar a David en la norma pero solo de una forma ambivalente.

Durante el tiempo en que David fue Brenda, Money continuó publicando artículos en los que ensalzaba el éxito de este caso de reasignación de sexo. El caso tuvo enormes consecuencias porque

Brenda tenía un hermano gemelo, así que Money pudo seguir el desarrollo de ambos hermanos y asumir un mapa genético idéntico para ambos. Insistió en que ambos se estaban desarrollando normal y felizmente en sus diferentes géneros. Pero las grabaciones de sus propias entrevistas, en su mayor parte no publicadas, y la investigación ulterior han puesto en duda su honestidad. Difícilmente puede decirse que Brenda fuera feliz: ella rehusó adaptarse a muchos de los así llamados comportamientos de chica y la asustaban e irritaban los constantes e intrusivos interrogatorios de Money. Sin embargo, en los archivos de la Johns Hopkins University la adaptación de Brenda a la feminidad consta como un «éxito» y de él se derivaban ciertas conclusiones ideológicas. El Gender Identity Institute de John Money, que controlaba periódicamente a Brenda, concluyó que el éxito del desarrollo de Brenda como chica «ofrece una evidencia convincente de que la puerta de la identidad de género está abierta en el nacimiento de la vida de un niño o niña normal de una forma no menor que para uno nacido con órganos sexuales no acabados o para uno que haya estado sobreexpuesto al andrógeno o al que le haya faltado el andrógeno, y que permanece abierta durante al menos más de un año después de nacer» (Money y Green, pág. 299). De hecho, el caso fue utilizado por los medios de comunicación para demostrar que lo que es femenino y lo que es masculino puede ser alterado y que estos términos culturales no tienen un significado fijo o un destino intrínseco, y que son más maleables de lo que previamente se pensaba. Incluso Kate Millett citó el caso para argumentar que la biología no es el destino. Y Suzanne Kessler escribió junto con Money ensayos a favor de la tesis del construccionismo social. Más tarde Kessler desautorizó esta alianza con Money y escribió uno de sus más importantes libros sobre las dimensiones éticas y médicas de la asignación de sexo, *Lessons from the Intersexed,* que incluye una dura crítica del propio Money.

Money trató a Brenda mediante charlas con transexuales de hombre a mujer, para que le hablaran sobre las ventajas de ser una chica. Brenda fue sometida a una multitud de entrevistas: se le preguntó una y otra vez si se sentía como una chica, cuáles eran sus deseos, cuál era su imagen del futuro, si incluía el matrimonio con un hombre. A Brenda se le pidió también que se quitara la ropa y que mostrara sus genitales a médicos en prácticas interesados en el caso o a aquellos que estaban controlando el caso para procurar el éxito de su adaptación.

Tanto los medios de comunicación como los psiquiatras y médicos que han estudiado el caso han criticado el papel que jugó el instituto de John Money, en particular, lo rápidamente que el instituto trató de utilizar a Brenda como ejemplo de sus propias creencias teóricas sobre la neutralidad del género en la primera infancia, sobre la maleabilidad del género o sobre el papel primario de la socialización en la producción de la identidad de género. En realidad, esto no es exactamente todo lo que Money cree, pero no voy a investigar esta cuestión ahora. Los que critican el caso creen que nos muestra algo muy diferente. Argumentan que cuando consideramos que David se sintió profundamente impulsado a ser un chico y le pareció insoportable continuar viviendo como una chica, debemos considerar también que hay un sentido del género con una base profunda que David experimentó, un sentido ligado a sus genitales iniciales que parece estar ahí, como una verdad interna y una necesidad, y el cual no puede ser invertido, no importa qué cantidad de socialización se emplee. Esta es la perspectiva de Colapinto y también la de Milton Diamond. Así que ahora el caso Brenda/David está siendo utilizado para revisar e invertir la teoría del desarrollo del género, esta vez como evidencia para la inversión de las tesis de Money, sosteniendo la noción de un núcleo esencial de género (*gender core*) que está ligado de alguna forma irreversible a la anatomía y a un sentido determinado por la biología. Colapinto asocia la crueldad de Money hacia Brenda a la «crueldad» del construccionismo social como teoría, aunque señala que la negativa de Money a identificar una base biológica o anatómica para la diferencia de género a principios de los años setenta «no se echó a perder en el entonces floreciente movimiento feminista que durante décadas había estado argumentando en contra de una base biológica de la diferencia sexual». Sostiene que los ensayos que publicó Money «ya habían sido utilizados como uno de los principales fundamentos del feminismo moderno» (pág. 69). Cita la *Time Magazine* como ejemplo de una apropiación indebida similar de las tesis de Money al mantener que este caso «provee de un fuerte apoyo a uno de los principales argumentos de la liberación de las mujeres: que los patrones convencionales de comportamiento masculino y femenino pueden ser alterados» (pág. 69). Luego habla del fracaso de aquellos individuos que han sido reasignados quirúrgicamente para vivir como mujeres y hombres «normales» y «típicos»; Colapinto argumenta que nunca se logra la normalidad y que, por lo tanto, siempre asume el valor incontestable de la normalidad misma.

Cuando Natalie Angier informó acerca de la refutación de la teoría de Money en *The New York Times* (14 de marzo de 1997) afirmó que la historia de David tenía «la fuerza de la alegoría». Pero ¿qué fuerza era aquella? Y ¿se trata de una alegoría con un final? En aquel artículo Angier señalaba que Diamond utilizó el caso para defender la cirugía intersexual y, por asociación, el éxito relativo de la cirugía transexual. Por ejemplo, Diamond argumentaba que los niños intersexuados, es decir, aquellos nacidos con atributos genitales mixtos, generalmente tienen un cromosoma Y, y que la posesión de Y es la base apropiada para concluir que el niño debería ser criado como un chico. Resulta que a la mayoría de niños intersexuados se les somete a la cirugía que trata de asignarles un sexo femenino ya que, como Cheryl Chase indica, simplemente se considera más fácil producir un conducto vaginal provisional que construir un falo. Diamond argumenta que debe asignarse a estos niños el sexo masculino, ya que la presencia del cromosoma Y es base suficiente para la presunción de la masculinidad social.

Cheryl Chase, la fundadora y directora de la Intersex Society of North America [Sociedad Intersexual de Norteamérica], expresó su escepticismo acerca de las recomendaciones de Diamond. Su punto de vista, defendido también por Anne Fausto-Sterling, es que, aunque es cierto que debe asignarse un sexo a los niños con el fin de establecer una identidad social estable, no se puede concluir de ello que la sociedad debe dedicarse a realizar cirugía coercitiva para rehacer el cuerpo según la imagen social del género escogido. Dichos esfuerzos para «corregir» no solo violan al niño, sino que apoyan la idea de que el género tiene que nacer de formas singulares y normativas en el nivel anatómico. El género es un tipo diferente de identidad y su relación con la anatomía es compleja. De acuerdo con Chase, al madurar, el niño puede escoger cambiar de género o, incluso, elegir la intervención hormonal o quirúrgica, pero dichas decisiones están justificadas porque están basadas en una elección informada. Sin embargo, la investigación ha mostrado que estas operaciones quirúrgicas han sido realizadas sin el conocimiento de los padres, sin que se les haya verdaderamente comunicado a los propios niños y sin esperar hasta que fueran suficientemente mayores como para dar su consentimiento. En cierta manera, todavía es más sorprendente el estado de mutilación en el que se deja a estos cuerpos, las mutilaciones que se realizan y que luego paradójicamente se racionalizan en nombre de una «apariencia normal», la razón utilizada por los médicos para justificar esas operaciones. A menudo dicen a los padres que el niño no tendrá una apariencia normal, que pasará vergüenza en el vestuario —ese lugar de ansiedad preadolescente sobre el próximo desarrollo del género— y que sería mejor para el niño parecer normal aunque dicha cirugía pueda privar permanentemente a la persona de la función sexual y del placer. Mientras algunos expertos, como Money, afirman que la ausencia de un falo completo es una razón suficiente para criar al niño como una chica, otros, como Diamond, defienden que la presencia del cromosoma Y es la evidencia más convincente y que no se puede deshacer a base de implantes.

Así pues, en uno de los casos la apariencia de la anatomía, su apariencia ante los otros y ante uno mismo, tal como vemos a otros mirándonos, forma la base de la identidad social como mujer u hombre. En el otro caso, la base es el modo en que la presencia genética del cromosoma Y funciona de una forma tácita para estructurar el sentimiento y la autocomprensión como persona sexuada. Así, Money razona sobre la facilidad con que un cuerpo femenino puede ser construido quirúrgicamente, como si la feminidad fuera siempre poco menos que una construcción quirúrgica, una eliminación, un cortar. Diamond argumenta que la invisible y necesaria persistencia de la masculinidad no necesita «aparecer» para funcionar como la característica clave de la identidad misma de género. Cuando Angier pregunta a Chase si está de acuerdo con las recomendaciones de Diamond sobre la cirugía intersexual, Chase contesta: «No pueden concebir dejar a alguien tranquilo». De hecho, después de todo, ¿se realiza la cirugía para crear un cuerpo de «apariencia normal»? Las mutilaciones y las cicatrices resultantes difícilmente ofrecen una prueba convincente de que eso es lo que de hecho logran las cirugías. ¿O son estos cuerpos, precisamente porque son «inconcebibles», sometidos a la maquinaria médica, lo que les marca de por vida?

Aquí surge otra paradoja —sobre la cual espero escribir más en otra ocasión—, a saber: el lugar de las máquinas afiladas, de la tecnología del bisturí en los debates tanto sobre intersexualidad como sobre transexualidad. Si el caso de David/Brenda es una alegoría o tiene la fuerza de la alegoría, parece ser que es debido a que ocupa el lugar donde convergen los debates sobre la intersexualidad (David no es un intersexual) y la transexualidad (David no es un transexual). Este cuerpo se convierte en punto de referencia para una narrativa que no trata de este cuerpo, pero que se abalanza sobre el cuerpo, por así decirlo, con el fin de inaugurar una narrativa que interrogue los límites concebibles de lo humano. Lo que es inconcebible se concibe una y otra vez, a través de medios narrativos, pero algo permanece en el exterior de la narrativa, un momento de resistencia que señala la persistencia de la cualidad del ser inconcebible.

A pesar de las recomendaciones de Diamond, el movimiento intersex ha sido galvanizado por el caso Brenda/David, que actualmente es capaz de atraer la atención sobre la brutalidad, la coerción y el daño pertinaz causado por las cirugías no deseadas que se realizan sobre los niños intersexuados. Se trata de imaginar un mundo en el cual los individuos con atributos genitales mixtos puedan ser aceptados y amados sin tener que transformarlos en una versión socialmente más coherente o más normativa del género. En este sentido, el movimiento intersex ha cuestionado por qué la sociedad mantiene el ideal del dimorfismo de género cuando un porcentaje significativo de niños tienen cromosomas diversos, y cuando existe un *continuum* entre el varón y la hembra que sugiere la arbitrariedad y la falsedad del dimorfismo de género como prerrequisito del desarrollo humano. En otras palabras: hay humanos que viven y respiran en los intersticios de esa relación binaria; por tanto, esta ni es exhaustiva ni es necesaria. Aunque el movimiento transexual, que es internamente variado, haya solicitado los derechos a los medios quirúrgicos a través de los cuales puede transformarse el sexo, también está claro —y Chase es la primera en subrayar esto— que se está dando una crítica seria y cada vez más extendida del dimorfismo idealizado del género dentro del propio movimiento transexual. Se puede observar en la obra de Riki Wilchins, cuya teoría del género abre un espacio para la transexualidad como un ejercicio transformativo, pero puede advertirse quizá más dramáticamente en Kate Bornstein, que sostiene que ir de H a M o de M a H no exige mantenerse dentro del marco binario del género, sino afrontar la propia transformación como el significado del género. En cierto modo, Kate Bornstein carga con el legado de Simone de Beauvoir: si uno no nace mujer, sino que se convierte en mujer, entonces la acción de llegar a ser es el vehículo para el género mismo. Pero ¿cómo se ha convertido David en la ocasión para una reflexión sobre la transexualidad?

Aunque David llega a afirmar que preferiría ser un hombre, no está claro si cree en la fuerza causal primaria del cromosoma Y. Diamond encuentra apoyo para su teoría en David, pero no está claro que David esté de acuerdo con Diamond. No cabe duda de que David conoce el mundo de las hormonas, las ha solicitado y las toma. David ha estudiado la construcción fálica en contextos transexuales; quiere un falo, se lo hacen, y así alegoriza una cierta transformación transexual sin ejemplificarla en un caso concreto. Desde su punto de vista, es un hombre nacido hombre, castrado por la clase médica y feminizado por el mundo psiquiátrico, a quien se le permite volver a ser quien es. Pero para poder volver a ser quien es, necesita —quiere y obtiene— someterse a tratamiento hormonal y a intervenciones quirúrgicas. Él alegoriza la transexualidad con el fin de conseguir un sentido de naturalidad. Y esta transformación es apoyada por los endocrinólogos que trabajan en el caso, ya que entienden que su apariencia actual está de acuerdo con una verdad interior. Mientras que el instituto de Money consigue transexuales que aleccionen a Brenda en los modos femeninos *en nombre de la normalización*, los endocrinólogos prescriben a David el protocolo de cambio de sexo de la transexualidad con el fin de que reafirme su destino genético *en nombre de la naturaleza*.

Y aunque el instituto de Money selecciona transexuales para alegorizar la completa transformación de Brenda en una mujer, los endocrinólogos proponen aplicar la cirugía transexual para construir el falo que hará de David más reconocible como hombre. Es significativo que las normas que rigen la inteligibilidad de género para Money parece que son aquellas que pueden ser impuestas por la fuerza y que pueden ser integradas por la conducta, de forma que resulta que la maleabilidad de la construcción de género, la cual forma parte de esta tesis, requiere una aplicación forzosa. Y la «naturaleza» que los endocrinólogos defienden necesita también ser asistida a través de medios quirúrgicos y hormonales, en cuyo momento una cierta intervención no natural en la anatomía y la biología es precisamente lo que constituye un mandato de la naturaleza. Por tanto, en cada caso, la premisa fundamental es de alguna manera refutada por los medios por los cuales se implementa. *La maleabilidad es, por así decirlo, impuesta violentamente. Y la naturalidad se induce artificialmente.* Hay maneras de defender la construcción social que no tienen ninguna relación con el proyecto de Money, pero este no es ahora mi objetivo. Y sin duda hay formas de recurrir a los determinantes genéticos que no conducen al mismo tipo de conclusiones intervencionistas a las que llegan Diamond y Sigmundsen. Pero este tampoco es precisamente el tema que quiero tratar. Solo añadiré que las prescripciones a las que llegan estos proveedores del género natural y normativo de ninguna manera se deducen necesariamente de las premisas desde las cuales parten, y las premisas desde las cuales parten no necesitan al género. (Se podría desconectar la teoría de la construcción del género, por ejemplo, de la hipótesis de la normatividad de género y llegar a una explicación muy diferente de la construcción social que la que ofrece Money; se podrían aceptar los factores genéticos sin asumir que son el único aspecto de la «naturaleza» que puede consultarse para comprender las características sexuales de un humano: ¿por qué se considera al Y como el determinante exclusivo y primario de lo masculino, el que ejerce derechos preventivos sobre cualquier otro factor?).

Adónde trato de llegar contando esta historia y su apropiación en relación con la teoría de género es a sugerir que la historia como la conocemos no nos provee, de hecho, de evidencias para ninguna de las tesis y que puede haber otra forma de leer esta historia, una que ni confirma ni niega la teoría de la construcción social, una que ni afirma ni niega el esencialismo de género. Lo que espero señalar aquí es el marco disciplinario dentro del cual Brenda/David desarrolla un discurso de autoinformación y de autocompresión, ya que constituye la red de inteligibilidad mediante la cual su propia humanidad se cuestiona y se afirma a la vez. Cuando se considera qué se puede tener en cuenta como evidencia de la verdad del género, parece importante recordar que Brenda/David fue intensamente vigilado por equipos de psicólogos durante su niñez y su adolescencia, que varios equipos de doctores observaron su comportamiento, que algunos doctores les pidieron a ella y a su hermano que se desvistieran delante de ellos para comparar su desarrollo genital, que hubo un doctor que le pidió a Brenda que tomara parte en ejercicios coitales simulados con su hermano y que viera fotografías de órganos sexuales para que conociera y deseara la así llamada normalidad de los genitales no ambiguos. En definitiva, un dispositivo de saber se aplicó a la persona y al cuerpo de Brenda/David y raramente, si se ha hecho alguna vez, se toma en consideración como algo a lo que David estaba en parte reaccionando cuando informaba sobre lo que sentía como su verdadero género.

El acto de informar sobre uno mismo y el acto de la autoobservación tienen lugar en relación con una cierta audiencia, hay una cierta audiencia que es el destinatario imaginario; estos actos se dan ante una cierta audiencia, para la cual se produce una imagen verbal y visual del yo. Se dan actos verbales que a menudo se pronuncian ante aquellos que han estado durante años escudriñando brutalmente la verdad del género de Brenda. Y aunque Diamond y Sigmundsen e, incluso, Colapinto defiendan a David frente a las diversas intrusiones de Money, continúan preguntándole cómo se siente y quién es, con el fin de dilucidar la verdad de su sexo a través del discurso que él provee. Dado que Brenda estuvo sometida a dicho examen y, aún más importante, dado que estuvo constante y repetidamente sometida a una norma, a un ideal normalizador que se transmitía a través de una pluralidad de miradas, una norma aplicada al cuerpo, constantemente se formula las preguntas: ¿esta persona es suficientemente femenina?, ¿ha llegado a la feminidad?, ¿encarna apropiadamente la feminidad?, ¿ha funcionado la incorporación?, ¿qué evidencia puede ordenarse para saberlo? Y es indudable que aquí debe haber conocimiento. Debemos poder decir lo que sabemos y comunicarlo en las revistas profesionales y justificar nuestra decisión, nuestro acto. En otras palabras, estos ejercicios dilucidan si la norma de género que establece la coherencia de la calidad de persona (*personhood*) se ha logrado suficientemente. Las investigaciones y las inspecciones pueden entenderse en estos sentidos como el intento violento de implementar la norma y la institucionalización de aquel poder de realización.

Los pediatras y los psiquiatras que han revisado el caso recientemente se apoyan en una cita de la propia descripción de David. La narración de David sobre su sentimiento de ser un hombre es lo que apoya la teoría que sostiene que David es realmente un hombre y que ha sido siempre un hombre, incluso cuando era Brenda.

A sus entrevistadores David les dice sobre él mismo lo siguiente:

> Desde muy pronto noté pequeñas cosas. Empecé a ver cuán diferente me sentía y era de lo que se suponía que debía ser. Pero no sabía qué significaba. Pensé que era una persona anormal o algo así... Me miraba a mí mismo y me decía que no me gustaba ese tipo de ropa, no me gustaban los tipos de juguetes que siempre me daban. Me gustaba estar con los chicos y subirme a los árboles y cosas como esas, pero a las chicas no les gusta hacer ese tipo de cosas. Me miraba en el espejo y [veía] que mis hombros [eran] muy anchos, quiero decir, no [había] nada femenino en mí. [Era] delgado, pero aparte de eso, nada. Pero así [fue] como me di cuenta. [Me di cuenta de que era un chico] pero no quería admitirlo. Me di cuenta de que no quería abrir la caja de los truenos (Diamond y Sigmundsen, págs. 299-300).

Así que ahora hemos leído cómo David se describe a sí mismo. Ahora bien, si mi tarea consiste en parte en hacer justicia, no solo a mi tema sino a la persona que estoy bosquejando para ustedes, la persona sobre la cual se ha dicho tanto, la persona cuya autodescripción y cuyas decisiones se han convertido en la base para tanta teorización de género, debo ser cuidadosa al presentar sus palabras. Porque esas palabras pueden mostrar solo una parte de la persona que estoy tratando de comprender, una porción de sus manifestaciones verbales. Ya que no puedo comprender verdaderamente a esta persona, solo me resta ser una lectora de un número seleccionado de palabras, palabras que yo no seleccioné totalmente, que han sido seleccionadas para mí, grabadas en entrevistas y luego escogidas por aquellos que decidieron escribir artículos sobre esta persona para revistas tales como *Archives of Pediatric Adolescent Medicine* (volumen 151, marzo de 1997). Así que podemos decir que se me ofrecen fragmentos de la persona, fragmentos lingüísticos de algo que se llama una persona. ¿Qué puede significar hacerle justicia a alguien bajo estas circunstancias? ¿Se puede hacer?

Por una parte, tenemos una autodescripción que debemos respetar. Esas son las palabras a través de las cuales este individuo se ofrece para que se le comprenda. Por otra parte, tenemos una descripción de un «yo» que se da en un lenguaje preexistente, un lenguaje que ya está saturado de normas, que nos predispone mientras tratamos de hablar de nosotros. Hacerle justicia a David es, ciertamente, creer en sus palabras, llamarle por el nombre que ha elegido, pero ¿cómo se deben entender sus palabras y su nombre? ¿Son palabras que él mismo crea o son más bien las que recibe? ¿Son esas las palabras que circulaban antes de su emerger como un «yo», que solo puede obtener cierta autorización para iniciar una autodescripción dentro de las normas de ese lenguaje? Cuando se habla, se habla en un lenguaje que ya está comunicando, aunque se hable de una forma que no sea precisamente como se ha hablado anteriormente. Por tanto, qué y quién está hablando cuando David informa: «Desde muy pronto noté pequeñas cosas. Empecé a ver cuán diferente me sentía y era de lo que se suponía que debía ser».

Esta declaración nos dice al menos que David entiende que hay una norma, una norma de cómo se supone que debe ser, y que él no está a la altura de la norma. Aquí la declaración implícita es que la norma es la feminidad y que él no está a la altura de esa norma. Pero la norma está ahí y se impone externamente, se comunica a través de la serie de expectativas que tienen los otros; y además está el mundo del sentimiento y del ser, y estos reinos son, para él, diferentes. Lo que siente no es de ninguna manera producido por la norma, y la norma es otra, está en otra parte, no parte de lo que él es, ni de en quién se ha convertido, ni de lo que siente.

Pero dado lo que sabemos sobre cómo David ha sido tratado, en un esfuerzo por hacerle justicia a David, yo quisiera preguntar qué vio Brenda cuando se miraba a sí misma, cuando se sintió a él mismo, y, disculpen la mezcla de pronombres, pero las cuestiones se están volviendo variables. Cuando Brenda mira en el espejo y ve algo innombrable, anormal, algo que no tiene cabida dentro de las normas, ¿no está ella en ese momento siendo cuestionada como humana, no es el espectro de lo anormal contra el cual y a través del cual la norma se instaura a sí misma? ¿Cuál es el problema con Brenda, a la que la gente está siempre pidiendo ver desnuda, haciéndole preguntas sobre quién es, cómo se siente, si esto es o no lo mismo que la verdad normativa? ¿Es ese verse a sí mismo diferente de la manera en que él/ella es vista? Él parece tener claro que las normas son externas, pero ¿y si las normas se han convertido en su propia manera de ver, en el marco de su propia mirada, su manera de verse a sí mismo? Tal vez la acción de la norma se encuentra no solo en el ideal que postula, sino también en el sentido de aberración y de anormalidad que transmite. Si se considera precisamente la norma que funciona cuando David afirma: «Me miraba a mí mismo y me decía que no me gustaba ese tipo de ropa», ¿a quién se dirige David? ¿Y en qué mundo, bajo qué condiciones, no gustar de ese tipo de ropa se considera evidencia de ser del género equivocado? ¿Para quién sería eso cierto? ¿Y bajo qué condiciones?

Cuando Brenda dice que no le gustaban los tipos de juguetes

que siempre le daban, está hablando como alguien que entiende que esa «aversión» puede ser una prueba. Y parece razonable asumir que la razón por la que Brenda entiende tal «aversión» como una prueba de la distopía de género, para usar el término técnico, es que una vez tras otra Brenda ha sido tratada por aquellos que utilizan la misma elocución que ella para describir su experiencia como prueba a favor o en contra de su verdadero género. Que a Brenda no le gusten ciertos juguetes, ciertas muñecas, ciertos juegos, puede ser significativo en relación con la cuestión de cómo y con qué le gusta jugar.

Pero ¿en qué mundo se consideran estas aversiones como prueba inequívoca a favor o en contra de ser de un determinado género? ¿Acaso los padres acuden a clínicas de identidad de género cuando sus niños juegan con muñecas o cuando sus hijas juegan con camiones? ¿O es que ya está en juego una gran ansiedad, una ansiedad sobre la verdad del género que se apodera de este o de aquel juguete, de esta o de aquella inclinación sartorial, del tamaño del hombro, de la delgadez del cuerpo, para concluir que algo como una identidad clara de género puede o no puede ser construida sobre estos deseos dispersos, sobre estas características variables e invariables del cuerpo, sobre la estructura ósea, sobre la inclinación, sobre la vestimenta?

Así pues, ¿qué implica mi análisis? ¿Nos dice si el género es aquí verdadero o falso? No. Y ¿tiene esto consecuencias sobre si David debería haber sido quirúrgicamente transformado en Brenda o Brenda quirúrgicamente transformada en David? No, no las tiene. No sé cómo juzgar la cuestión y, de hecho, no estoy segura de que deba juzgarla. ¿La justicia exige que decida? ¿O la justicia exige que espere, que practique una cierta dilación en vista de una situación en la que demasiados se han apresurado a juzgar? Puede que no sea útil, importante o, incluso, justo considerar solo unas pocas cuestiones antes de decidir, antes de resolver si esta es, de hecho, una decisión que nos atañe.

Desde este ánimo se considera, entonces, que la mayoría de

las veces es la posición esencialista de género la que debe expresarse para que la cirugía transexual tenga lugar, y que alguien que llega con un sentido del género tan variable lo tendrá más difícil para convencer a psiquiatras y doctores de que realicen la cirugía. En San Francisco, los candidatos a cirugía de mujer a hombre actualmente practican la narrativa del esencialismo de género que se les exige que performen antes de visitar a los doctores, y para ello cuentan con preparadores, dramaturgos de la transexualidad que les ayudan a presentar su caso sin cobrar. De hecho, podemos decir que juntos Brenda/David soportaron dos cirugías transexuales: la primera basada en un argumento hipotético sobre lo que debería ser el género dada la naturaleza amputada del pene; la segunda basada en lo que debería ser el género a tenor de las indicaciones verbales y de conducta de la persona en cuestión. En ambos casos, se hacen ciertas inferencias que sugieren que un cuerpo debe ser de cierta manera para que el género funcione. Claramente David llegó a perder el respeto y a abominar de los puntos de vista del primer grupo de doctores y se podría decir que desarrolló una crítica lega del falo para defender su oposición:

El doctor me dijo: «Será duro, te van a molestar, estarás muy solo, no encontrarás a nadie (a menos que te hagas la cirugía vaginal y que vivas como una mujer)». Yo no era muy mayor en aquel momento, pero me di cuenta de que esas personas debían de ser bastante superficiales si eso es lo único que piensan que tengo; si creen que la única razón por la que la gente se casa y tiene niños y una vida productiva es a causa de lo que tienen entre sus piernas... Si eso es lo que piensan de mí, si se me valora por lo que tengo entre mis piernas, entonces debo de ser un absoluto perdedor (Diamond y Sigmundsen, pág. 301).

En este párrafo David marca una distinción entre el «yo» que él es, la persona que él es, y la valoración que se confiere a su persona en virtud de lo que se halla o no entre sus piernas. Él apuesta a que será querido por algo diferente de esto o, al menos, que su pene no será la razón por la que se le amará. Implícitamente sostenía algo llamado «profundidad» por encima y en contra de la «superficialidad» de los doctores. Y así, aunque David pidió y recibió su nuevo estatus como hombre, aunque pidió y recibió su nuevo falo, él también es algo más que lo que ahora tiene, y aunque se ha sometido a esa transformación, se niega a ser reducido a la parte del cuerpo que ha adquirido.

«Si eso es lo que piensan de mí...», inicia su frase ofreciendo una réplica cómplice y crítica del funcionamiento de la norma. Hay algo de mí que excede esa parte aunque quiero esa parte, aunque sea parte de mí. Él no quiere «ser valorado» por lo que tiene entre las piernas y esto implica que tiene otro sentido de cómo puede justificarse la valoración de una persona. Así que podemos decir que está viviendo su deseo, adquiriendo la anatomía que él quiere para vivir su deseo, pero su deseo es complejo y su valoración también es compleja. Y esto es porque, sin duda, en respuesta a muchas de las preguntas que Money le hizo (por ejemplo: ¿quieres tener un pene? o ¿quieres casarte con una chica?), a menudo David rehusó contestar, rehusó estar en la misma habitación que Money y después de un tiempo se negó en redondo a visitar Baltimore.

Lo que hace David no es exactamente canjear una norma de género por otra. Sería tan equivocado decir que simplemente ha internalizado una norma de género (desde una posición crítica) como decir que no ha logrado estar a la altura de una norma de género (desde una posición médica normalizadora), ya que él ya ha establecido que lo que justificará su valoración será la invocación de un «yo» que puede reducirse a la compatibilidad de su anatomía con la norma. Él se tiene en más estima que los otros, David no justifica su propia valoración recurriendo solo a lo que tiene entre sus piernas y no se cree un completo perdedor. Hay algo que excede la norma y él reconoce la imposibilidad de reco-

nocerlo. En este sentido, es su distancia de lo humanamente conocido lo que funciona como una condición para el habla crítica,
como la fuente de su valoración, como la justificación de su valoración. Dice que, si lo que esos doctores creen fuera verdad, él
sería un completo perdedor, y él indica que no es un completo
perdedor, que hay algo en él que está ganando.

Pero también está diciendo algo más: nos está advirtiendo del
absolutismo de la distinción misma, dado que su falo no constituye
su valoración en su totalidad. Hay una inconmensurabilidad entre
quién es él y lo que tiene, una inconmensurabilidad entre el falo
que tiene y lo que se espera que sea (en este sentido él no es diferente de cualquiera que tenga un falo), lo que implica que él no
está totalmente de acuerdo con la norma pero que, a pesar de ello,
todavía es alguien, una persona que habla, que insiste, que incluso
se refiere a sí misma. Y es desde esta distancia, desde esta inconmensurabilidad entre la norma que se supone que inaugura su humanidad y la insistencia verbal sobre sí mismo, que él performa,
que él se valora, que él habla de su valoración. Y no se puede dar
contenido de una forma precisa a la persona en el momento mismo
en que él habla de su valoración, lo que significa que su humanidad emerge precisamente en las maneras en que él no puede reconocerse totalmente, en que no es totalmente desechable, ni totalmente categorizable. Y esto es importante porque podemos
pedirle que entre en la inteligibilidad con el fin de hablar y de
darse a conocer, pero en lugar de eso lo que él hace a través de su
habla es ofrecer una perspectiva crítica sobre las normas que confieren la inteligibilidad misma. Podríamos decir que él muestra
que se puede obtener una comprensión que excede las normas
mismas de la inteligibilidad. Y podríamos especular que él logra
permanecer en el «exterior» rechazando las interrogaciones con
que le asedian, invirtiendo sus términos y aprendiendo a escapar
de ellas. Si resulta ininteligible para aquellos que quieren conocer
y capturar su identidad, entonces es que algo de él es inteligible
fuera del marco de la inteligibilidad aceptable. Podríamos sentir-

nos tentados a decir que hay algún núcleo de la persona y así también alguna presunción de humanismo que surge aquí, que sobreviene a los discursos particulares sobre la inteligibilidad de sexo y de género que le constriñen. Pero esto únicamente significaría que él está siendo denunciado por un discurso solo para ser conducido por otro discurso: el discurso del humanismo. O podríamos decir que hay algún núcleo del sujeto que habla, que habla más allá de lo que puede decirse, y que esta es la inefabilidad que marca el habla de David, la inefabilidad del otro que no se revela a través del habla, pero que deja un significativo pedazo de sí mismo en su habla, un «yo» que está más allá del discurso mismo.

Pero yo preferiría prestar atención al hecho de que, cuando David invoca el «yo» de esta manera bastante esperanzadora e inesperada, está hablando sobre una cierta convicción que tiene acerca de su propia capacidad de ser amado: dice que «ellos» deben de pensar que es un verdadero perdedor si la única razón por la cual alguien va a amarlo es por lo que tiene entre sus piernas. El «ellos» está diciéndole que no será amado, o que no será amado a menos que acepte lo que ellos tienen para él, y que ellos tienen lo que necesita para obtener amor, que no tendrá amor sin lo que ellos tienen. Pero David rehúsa aceptar que lo que le están ofreciendo en su discurso es amor. Rehúsa su oferta de amor, entiende que es un soborno, un intento de seducirlo para que se someta. Él es y será amado por otra razón, una razón que ellos no entienden, una razón que no explicita. Está claro que se trata de una razón que se encuentra más allá del régimen de verdad establecido por las normas de la sexología misma. Solo sabemos que David se resiste por otra razón, pero no sabemos qué tipo de razón es, de qué razón se trata; él establece los límites de lo que ellos saben alterando la política de la verdad, utilizando su dessubyugación dentro de ese orden de ser para establecer la posibilidad del amor más allá de la comprensión de la norma. Se posiciona a sí mismo, con conocimiento de causa, en relación a la norma, pero no cumple sus requisitos. Incluso se arriesga a una cierta «dessubyugación»: ¿es realmente un sujeto?; ¿cómo lo sabemos? Y, en este sentido, el discurso de David pone en funcionamiento la operación de la crítica misma, crítica que, tal como la define Foucault, es precisamente la dessubyugación del sujeto dentro de la política de la verdad. Esto no implica que David se vuelva ininteligible y, por lo tanto, sin valor para la política; más bien él surge en los límites de la inteligibilidad, y de este modo nos presenta una perspectiva sobre los diversos modos mediante los que las normas circunscriben lo humano. Es precisamente porque entendemos, sin comprender del todo, que él tiene otra razón, que él *es*, por así decirlo, otra razón, que vemos los límites del discurso de la inteligibilidad que decidirán su destino. David no ocupa un nuevo mundo porque, aun dentro de la sintaxis que posibilita su «yo», sigue posicionándose en algún lugar entre la norma y su fracaso. Y, por ello, no es ni humano ni no humano: él es lo humano en su anonimato, aquello a lo que todavía no sabemos cómo nombrar, aquello que marca los límites a toda acción de nombrar. Y, en este sentido, David representa la anónima —y grave— condición de lo humano que se interpela a sí misma desde los límites de lo que creemos saber.

Post scriptum: Cuando este libro iba a ser impreso, en junio de 2004, me entristeció enterarme de que David Reimer se suicidó a la edad de 38 años. La nota necrológica de *The New York Times* (5/12/04) menciona que su hermano había muerto hacía dos años y que él estaba separado de su mujer. Es difícil saber qué fue lo que, al final, convirtió su vida en inhabitable o por qué sintió que era el momento de finalizarla. Sin embargo, parece claro que siempre se le planteó una pregunta, una pregunta que él mismo se hacía: ¿podría sobrevivir en su género? No está claro si su género fue el problema o si fue el «tratamiento» lo que le provocó un sufrimiento pertinaz. Evidentemente, las normas que rigen lo que es una vida humana respetable, reconocible y sostenible no apoyaron su existencia de una forma continuada y sólida. La vida para él fue siempre una apuesta y un riesgo, un logro frágil que exigía valentía.

Desdiagnosticar el género

En los últimos años se ha debatido acerca del estatus del diagnóstico del trastorno de identidad de género en el *DSM-IV: manual diagnóstico y estadístico de los trastornos mentales*; en concreto, se ha discutido sobre si hay buenas razones para mantener la diagnosis en los manuales o si ya no quedan muy buenas razones para conservarla. Por una parte, aquellos miembros de la comunidad GLBQTI (Gay Lesbian Bisexual Queer Transsexual Intersex) que desean conservar la diagnosis argumentan que certifica una condición y que facilita el acceso a una diversidad de medios médicos y técnicos para la transición de sexo. Por otra, algunas compañías de seguros solo cubren una parte de los altos costes del cambio de sexo si pueden determinar con anterioridad que el cambio es «médicamente necesario». Por estas razones es importante no entender la cirugía de cambio de sexo como una «cirugía electiva». Aunque se quiera decir que es una elección, aunque sea una elección dramática y profunda, para poder cobrar del seguro debe tratarse de una elección condicionada médicamente. Sin duda se puede reflexionar mucho sobre qué es, de hecho, una elección condicionada médicamente, pero, a efectos de este debate, es importante distinguir entre una elección condicionada por una diagnosis y una que no lo es. En el segundo caso, la elección de la transición puede conllevar todos o algunos de los siguientes factores: la elección de vivir como otro género, someterse a cirugía hormonal, encontrar un nombre y declararlo, procurarse un nuevo estatus legal para el propio género y someterse a cirugía. Si la condición debe ser establecida por profesionales psicológicos o médicos para ser neceseria, es decir, si se estipula que no someterse a la transición de sexo produce angustia, falta de adaptación y otras formas de sufrimiento, entonces podría deducirse que escoger la transición se concibe como una elección que aprueban y ratifican los profesionales médicos que procuran el bienestar de la persona. El «diagnóstico» puede funcionar de diversas formas, pero una de las formas en las que puede y, de hecho, funciona, especialmente entre aquellos que son transfóbicos, es como instrumento de patologización. Recibir el diagnóstico de *Gender Identity Disorder* (GID) [trastorno de identidad de género] es ser considerado malo, enfermo, descompuesto, anormal y sufrir cierta estigmatización como consecuencia del diagnóstico. Por ello, algunos psiquiatras y activistas trans han argumentado que la diagnosis debería ser completamente eliminada, que la transexualidad no es un trastorno y que no debería ser concebida como tal, y que debería entenderse a los trans como personas comprometidas con una práctica de autodeterminación, personas que ejercen su autonomía. Así pues, por una parte, el diagnóstico continúa valorándose porque proporciona una forma económica de transicionar. Por otra, la oposición es firme porque el diagnóstico continúa considerando como un trastorno patológico lo que debería concebirse como una entre las muchas posibilidades humanas de determinar el propio género.

Puede observarse cómo en este debate se da un conflicto entre aquellos que están intentando conseguir el derecho a la asistencia financiera y aquellos que buscan basar la práctica de la transexualidad en la noción de autonomía. Bien podemos tener dudas y preguntar si estas dos perspectivas, de hecho, se oponen la una a la otra. Después de todo, se puede argumentar —y seguramente la gente lo hace— que la manera por la cual el diagnóstico facilita un cierto derecho a las pólizas del seguro,[1] al tratamiento médico y al estatus legal, está en realidad funcionando al servicio de lo que podríamos llamar la autonomía trans. Después de todo, si quiero transicionar necesitaré el diagnóstico para conseguir mi objetivo, y lograr mi objetivo es precisamente un ejercicio de mi autonomía. De hecho, podemos argumentar que nadie logra la autonomía sin la asistencia o el apoyo de una comunidad, especialmente si se hace una elección valiente y difícil como la transición. Pero entonces debemos cuestionar si el diagnóstico es, de una forma no ambigua, parte del «apoyo» que los individuos necesitan para ejercitar su autodeterminación con respecto al género. Después de todo, la diagnosis efectúa muchas presunciones que minan la autonomía trans. Aprueba ciertas formas de asesoramiento psicológico que asumen que la persona diagnosticada está afectada por fuerzas que él o ella no entienden. Asume que esta gente vive en un engaño o en una disforia. Asume que ciertas normas de género no han sido encarnadas apropiadamente y que han tomado su lugar el error y el fracaso. Realiza presunciones sobre los padres y las madres, y sobre lo que es y lo que debe ser una vida normal de familia. Asume el lenguaje de la corrección, de la adaptación y de la normalización. Busca apoyar las normas de género del mundo en su composición actual y tiende a patologizar cualquier intento de producir el género de formas que no se conformen con las normas existentes (o que no logren conformarse a cierta fantasía dominante sobre cuáles son, de hecho, las normas actuales). Es un diagnóstico que ha sido pronunciado sobre algunas personas en contra de su voluntad, y es un diagnóstico que efectivamente ha quebrado la voluntad de mucha gente, especialmente la juventud queer y trans.

Así pues, parece que el debate es complejo y que, en cierta manera, aquellos que desean mantener la diagnosis creen que esta les ayuda a conseguir sus objetivos y, en este sentido, a hacer realidad su autonomía. Y aquellos que quieren deshacerse de la diagnosis quieren hacerlo porque piensan que se puede crear un mundo en el cual se les considere y trate de formas no patológicas y que, por lo tanto, puedan así mejorar de forma considerable su autonomía. Creo que se pueden observar aquí los límites concretos de cualquier noción de autonomía que conciba al individuo solo, libre de condicionamientos sociales, sin dependencia de instrumentos sociales de varios tipos. La autonomía es una forma socialmente condicionada de vivir en el mundo. Aquellos instrumentos, tales como la diagnosis, pueden capacitar, pero también pueden ser restrictivos y a menudo pueden funcionar como ambas cosas al mismo tiempo.

En vista de ello, podemos decir que hay dos aproximaciones diferentes a la autonomía, pero es importante hacer notar que este no es un problema filosófico que podamos debatir en abstracto. Para entender la diferencia entre estas perspectivas, debemos preguntar cómo se vive en realidad la diagnosis: ¿qué implica vivir con ella?[2] ¿Ayuda a la gente a vivir, a conseguir una vida que sientan que merece la pena vivir? ¿Impide vivir a alguna gente, haciéndoles sentirse estigmatizados e incluso, en algunos casos, contribuyendo a su suicidio? Por una parte, no debemos subestimar los beneficios que ha traído la diagnosis, especialmente para los transexuales de medios económicos limitados, quienes, sin la asistencia del seguro médico, no podrían haber conseguido sus objetivos. Por otra parte, no debemos subestimar la fuerza de patologización de la diagnosis, especialmente sobre gente joven que puede que no tenga los recursos críticos para resistir esta fuerza. En estos casos, la diagnosis puede ser debilitadora, si no homicida: a veces asesina el alma y a veces se convierte en un factor que contribuye al suicidio. Así que el debate es muy controvertido dado que, en resumidas cuentas, parece una cuestión de vida o muerte; de hecho, para algunos la diagnosis implica la vida mientras que para otros significa la muerte. Otros la consideran una bendición ambivalente o, más bien, una maldición ambivalente.

Para entender cómo han emergido estas dos comprensibles

posiciones, consideremos en primer lugar en qué consiste la diagnosis en Estados Unidos y, en segundo lugar, su historia y sus
utilizaciones en el presente. Un diagnóstico de trastorno de género debe conformarse al dominio de la definición de disforia de
género del *DSM-IV*.[3] La última modificación que se hizo en esta
serie de definiciones fue instituida en 1994. Sin embargo, para
que un diagnóstico esté completo son necesarias pruebas psicológicas junto con «cartas» de terapeutas que ratifiquen ese diagnóstico y garanticen que el individuo en cuestión puede vivir y prosperar en su nueva identidad de sexo. La definición del año 1994
es el resultado de diversas modificaciones, y probablemente necesita también ser examinada a la luz de la decisión de 1973 de la
American Psychiatric Association (APA) [Asociación Psiquiátrica Americana], que resolvió dejar de diagnosticar la homosexualidad como un trastorno, y la decisión de 1987 de borrar la «homosexualidad del ego distónico», un vestigio que quedaba de la
definición anterior. Algunos han argumentado que el GID reem-
plazó algunas de las funciones que llevaba a cabo el diagnóstico
anterior de homosexualidad y que, así, se convirtió en una forma
indirecta de diagnosticar la homosexualidad como un problema
de identidad de género. De esta manera el GID continúa con la
tradición homofóbica de la APA pero de una forma menos explícita. De hecho, los grupos conservadores que buscan «corregir»
la homosexualidad, como la *National Association of Research and
Therapy of Homosexuality* [Asociación Nacional de Investigación
y Terapia de la Homosexualidad], argumentan que si se puede
identificar el GID en un niño, hay un 75 % de posibilidades de
que sea homosexual cuando se convierta en adulto, un resultado
que, para ellos, es claramente una anormalidad y una tragedia. Así
pues, el diagnóstico de GID es, en la mayoría de los casos, un diagnóstico de homosexualidad, y el trastorno que conlleva tal diagnóstico implica que la homosexualidad permanece también como un
trastorno.

La manera misma en la que grupos como estos conceptualizan

la relación entre el GID y la homosexualidad es muy problemática. Si debemos entender el GID como un diagnóstico basado en
la percepción de características duraderas del género opuesto, es
decir, chicos con atributos «femeninos» y chicas con atributos
«masculinos», entonces se sigue presuponiendo que las características de chico conducirán a desear a las mujeres y que las características de chica conducirán a desear a los hombres. En ambos
casos, se presume el deseo heterosexual, donde supuestos opuestos se atraen. Pero esto es, de hecho, argumentar que la homosexualidad debe ser comprendida como una inversión de género y
que la parte «sexual» sigue siendo heterosexual aunque invertida.
Es aparentemente raro, según esta conceptualización, que las características masculinas de un chico conduzcan a desear a otros
chicos, y que las características femeninas de una chica conduzcan a desear a otras chicas. Así pues, al 75 % de las personas diag-
nosticadas con GID se las considera homosexuales siempre que
entendamos la homosexualidad bajo el modelo de inversión de
género y la sexualidad según el modelo del deseo heterosexual.
Los chicos siguen deseando a las chicas, y estas siguen deseando a
los chicos. Si el 25 % restante de los diagnosticados con GID no
se vuelven homosexuales, parecería implicar que no quieren conformarse al modelo de inversión de género. Pero, dado que el
modelo de inversión de género solo puede entender la sexualidad
como heterosexualidad, ese 25 % restante es en realidad homosexual, es decir, disconforme con el modelo de homosexualidad
como heterosexualidad invertida. Por tanto, podríamos concluir,
de una forma un tanto jocosa, ¡que el 100 % de los diagnosticados
con GID son homosexuales!

Aunque no pueda resistir hacer este chiste, si bien solo sea
para alarmar a la National Association of Research and Therapy
of Homosexuality, es importante considerar, de forma más seria,
cómo el mapa de la sexualidad y el género está radicalmente falsi-
ficado por quienes piensan en estos términos. Las correlaciones
entre la identidad de género y la orientación sexual son turbias, en

el mejor de los casos: no podemos predecir sobre la base del género de una persona qué tipo de identidad de género tendrá y tampoco, en último término, en qué dirección (o direcciones) abrigará y buscará su deseo. Aunque los llamados transposicionalistas —John Money, entre ellos— crean que la orientación sexual tiende a seguir la identidad de género, sería un enorme error asumir que la identidad de género causa la orientación sexual o que la sexualidad se refiere necesariamente a la identidad de género. Como voy a tratar de mostrar, aunque se pudiera aceptar de una manera no problemática una clasificación de las características «femeninas» y de las «masculinas», no podría deducirse de ella que lo «femenino» es atraído por lo masculino y lo «masculino» por lo femenino. Esto solo se podría deducir si utilizáramos una matriz exclusivamente heterosexual para comprender el deseo. Y en realidad esa matriz falsificaría algunos de los cruces queer en la heterosexualidad, cuando por ejemplo un hombre heterosexual feminizado quiere a una mujer feminizada para poder ser «chicas juntas». O cuando mujeres masculinas heterosexuales quieren que sus chicos sean para ellas chicos y chicas a la vez. Los mismos cruces queer tienen lugar entre lesbianas y gays, por ejemplo, cuando dos *butchs* producen un modo lesbiano específico de homosexualidad masculina. Es más, como he dicho anteriormente, la bisexualidad no se puede reducir a dos deseos heterosexuales, con un lado femenino que quiere un objeto masculino y un lado masculino que quiere un objeto femenino. Estos cruces son tan complejos como cualquier cosa que pueda ocurrir dentro de la heterosexualidad o de la homosexualidad.

Estos tipos de cruces ocurren más a menudo de lo que en general se tiene en cuenta y ridiculizan la afirmación transposicionalista que sostiene que se puede predecir la orientación sexual a través de la identidad de género. De hecho, a veces es la misma disyuntiva entre la identidad de género y la orientación sexual —la desorientación del modelo transposicionalista mismo— lo que constituye para algunas personas lo más erótico y excitante. La forma en la que el trastorno ha sido recogido por investigadores con objetivos homofóbicos presupone tácitamente la tesis de que la homosexualidad es el daño que se deriva a un cambio de sexo, pero es importante subrayar que no es un trastorno y que engloba una serie de complejas relaciones de vida intergenérica (*crossgendered life*), algunas de las cuales pueden implicar vestirse con ropa del otro género, o pueden implicar vivir en otro género, o implicar hormonas y cirugía, y la mayoría de ellas implican una o más cosas de las mencionadas. A veces esto implica un cambio en la llamada elección de objeto, pero otras no. Uno puede convertirse en un hombre trans y desear chicos (y convertirse en un homosexual masculino), o uno puede convertirse en un hombre trans y desear chicas (y convertirse en un heterosexual), o uno puede convertirse en un hombre trans y sufrir una serie de cambios en la orientación sexual que constituyan una historia de vida específica y una narrativa. Dicha narrativa puede no ser capturable por una categoría o puede que solo sea capturable por una categoría para cada momento. Las historias de vida son historias del devenir y las categorías a veces pueden congelar ese proceso de devenir. Los cambios en la orientación sexual pueden darse como respuesta a parejas concretas, de manera que esas vidas, trans o no, no siempre emergen como coherentemente heterosexuales u homosexuales; y el mismo sentido y la experiencia vivida de la bisexualidad puede también alterarse temporalmente y formar una historia particular que refleja ciertos tipos de experiencias más que otras.

La diagnosis de la disforia de género requiere que la vida tome una forma más o menos definitiva a lo largo del tiempo; un género solo puede ser diagnosticado si supera la prueba del tiempo.[4] Se debe demostrar que durante largo tiempo se ha querido vivir la vida del otro género; también se debe demostrar que se tiene un plan práctico y viable para vivir la vida del otro género durante mucho tiempo. De esta forma la diagnosis quiere establecer que el género es un fenómeno relativamente permanente. No bastará, por ejemplo, con ingresar en una clínica y decir que fue justo después de leer un libro de Kate Bornstein que te diste cuenta de lo que querías hacer, pero que no fuiste realmente consciente hasta ese momento. No puede ser que la vida cultural haya cambiado, que las palabras se escribieran y se intercambiaran, que fueras a eventos y clubs y que vieras que algunas maneras de vivir eran realmente posibles y deseables, y que entendieras algo acerca de tus propias posibilidades de modos que no habías visto antes. Estarías mal aconsejado si dijeras que crees que las normas que rigen lo que es una vida reconocible y habitable son variables, y que durante tu vida se han renovado los esfuerzos culturales para ampliar dichas normas de manera que gente como tú pueda vivir como transexual en comunidades que te acojan, y que precisamente este cambio en las normas públicas, además de la presencia de una comunidad de apoyo, es lo que te ha permitido sentir que hacer la transición se ha convertido en algo posible y deseable. En este sentido, no puedes suscribir explícitamente la perspectiva que considera que los cambios en la experiencia de género se derivan de los cambios en las normas sociales, ya que esto no sería suficiente para satisfacer las reglas estándar de Harry Benjamin para el tratamiento de los trastornos de identidad de género. Estas reglas presumen, tal como lo hace la diagnosis del GID, que todo lo que necesitamos hacer es comprender si las normas están siendo incorporadas en este o en aquel caso. Pero ¿qué ocurre si estos términos ya no cumplen con la función descriptiva que necesitamos que realicen? ¿Qué ocurre si están solo funcionando como formas inmanejables para describir la experiencia del género que alguien tiene? Y si las normas para el tratamiento y las medidas para la diagnosis asumen que estamos permanentemente constituidos de una forma u otra, ¿qué ocurre con el género como forma de devenir? Cuando nos sometemos a las normas para lograr los derechos que necesitamos y el estatus que deseamos, ¿nos detenemos en el tiempo, nos convertimos en alguien más regular y coherente de lo que necesariamente queremos ser?

Aunque se puedan formular críticas muy duras a la diagnosis —y voy a detallar algunas de ellas más adelante, cuando examine su texto—, sería un error solicitar su erradicación sin haber establecido previamente una serie de estructuras que permitan pagar la transición y obtener estatus legal. En otras palabras: si ahora la diagnosis es el instrumento a través del cual se pueden obtener ayudas y estatus, no puede simplemente desecharse sin encontrar otras formas duraderas para lograr esos mismos resultados.

Una respuesta obvia a este dilema es argumentar que uno debería aproximarse a la diagnosis de una forma *estratégica*. Se puede entonces rechazar las afirmaciones sobre la verdad que realiza el diagnóstico, es decir, rechazar la descripción que ofrece de la transexualidad pero, no obstante, utilizar la diagnosis meramente como instrumento, como un vehículo para lograr los propios objetivos. Entonces, uno se debería someter al diagnóstico de una manera irónica o satírica o poco entusiasta, aunque internamente se sostenga que no hay nada «patológico» en el deseo de hacer la transición o de resolverse a realizar ese deseo. Pero debemos preguntarnos entonces si someterse al diagnóstico no implica, de una forma más o menos consciente, una cierta sujeción, de manera que se termina internalizando algún aspecto de dicho diagnóstico y uno se concibe a sí mismo como mentalmente enfermo o como un «fracasado» de la normalidad, o ambos, aunque se intente mantener una actitud puramente instrumental hacia estos términos.

El punto más importante sobre el que se apoya este último argumento está relacionado con los niños y con los adultos jóvenes, ya que cuando preguntamos quién sería capaz de sostener una relación meramente instrumental con la diagnosis, suelen ser adultos astutos y experimentados los que disponen de otros discursos para comprender quiénes son y qué quieren ser. Pero ¿los niños y los adolescentes son siempre capaces de tomar la distancia necesaria para mantener una aproximación meramente instrumental a la sujeción a un diagnóstico?

El doctor Richard Isay da como razón principal para desprenderse completamente de la diagnosis el efecto que tiene en los niños. Isay escribe que la propia diagnosis «puede causar daño emocional al lastimar la autoestima de un niño que no padece trastorno mental alguno».[5] Isay acepta que, de niños, muchos jóvenes gays prefieren el, así llamado, «comportamiento femenino», juegan con la ropa de sus madres y rehúsan participar en actividades toscas y violentas, pero argumenta que el problema no radica en las características, sino en las «amonestaciones de los padres [...] dirigidas a modificar su comportamiento [lo cual] va en detrimento de la visión que estos chicos tienen de sí mismo». Su solución es que los padres aprendan a apoyar lo que él llama «características atípicas de género». La contribución de Isay es importante en muchos aspectos, pero es destacable el hecho de que pida una reconceptualización del fenómeno que rehúse el lenguaje patologizante: Isay se niega a elevar los típicos atributos del género al estándar de la normalidad psicológica o a relegar los rasgos atípicos al estándar de la anormalidad. En vez de esto, sustituye el lenguaje de la tipicidad por el de la normalidad. Los médicos que combaten a Isay no solo insisten en que todo trastorno *es* un trastorno, y que la aparición de los rasgos de género atípicos y persistentes en los niños constituye una «psicopatología»,[6] sino que además combinan esta insistencia en la patologización con una preocupación paternalista por los afligidos, citando cómo la diagnosis es necesaria para las pólizas de seguro y para otros derechos. De hecho, explotan la necesidad clara e indiscutible del seguro médico y la ayuda legal de esos trans aspirantes pobres, de clase trabajadora y de clase media, para defender no solamente la persistencia de la diagnosis en los manuales, sino también para apoyar su opinión de que la transexualidad es una patología que debe corregirse. Así pues, incluso cuando se trata la diagnosis como un instrumento o un vehículo para lograr el objetivo final de la transición, la diagnosis puede todavía: a) inculcar un sentido de trastorno mental en aquellos a los que se les impone; b) fortalecer la conceptualización de la transexualidad como patología; y c) ser utilizada como razonamiento por aquellos que se encuentran en institutos bien financiados y cuyo fin es mantener la transexualidad dentro de la esfera de la patología mental.

Se han propuesto otras soluciones que tratan de paliar los efectos patológicos de la diagnosis a base de apartarla totalmente de las manos de los profesionales de la salud mental. Jacob Hale argumenta que en esta cuestión no deberían mediar psicólogos y psiquiatras; la cuestión de si se obtiene el acceso a los recursos médicos y tecnológicos y mediante qué vías debería ser un tema que traten el cliente y el médico exclusivamente.[7] Su punto de vista es que cuando se va al médico para otros tipos de cirugías reconstructivas, o en otras ocasiones en las cuales tomar hormonas puede resultar beneficioso, nadie plantea preguntas sobre nuestras primeras fantasías o sobre las prácticas de juego infantiles. No se requiere ninguna certificación de estabilidad mental para la reducción de pecho ni para la ingestión de estrógeno en la menopausia. Las intervenciones que se requieren de un profesional de la salud mental cuando se desea hacer la transición introducen una estructura paternalista en el proceso y minan la misma autonomía, que es la base desde la que se parte para afirmar el propio derecho. Se le pide a un terapeuta que se preocupe sobre si serás psicológicamente capaz de integrarte en un mundo social establecido caracterizado por una conformidad a gran escala a las normas aceptadas del género, pero no se le pide al terapeuta pronunciarse sobre si eres suficientemente valiente o tienes suficiente apoyo comunitario para vivir una vida de transgénero que implicará un aumento potencial de la violencia y de la discriminación contra ti. No se le pregunta al terapeuta si tu forma de vivir el género te ayudará a producir un mundo con menos constricciones sobre el género, o si estás preparado o preparada para esta importante tarea. Se le pide al terapeuta que determine si la elección conducirá al arrepentimiento postoperatorio y se examina así la persistencia y tenacidad de tu deseo, pero se presta poca atención a lo que ocurre a los propios deseos persistentes y tenaces cuando el mundo social, y la diagnosis misma, los rebaja como trastornos psíquicos.[8]

Inicié este ensayo sugiriendo que el punto de vista que se adopta con relación a la supresión o al mantenimiento de la diagnosis depende en parte de cómo se conciben las condiciones de autonomía. En los razonamientos de Isay, encontramos un argumento que afirma que la diagnosis no solo socava la autonomía de los niños, sino que confunde su autonomía con la patología. En el razonamiento que ofrece Hale vemos que la propia diagnosis tiene un significado diferente si los profesionales de la salud mental ya no la utilizan. Sin embargo, persiste la cuestión de si las decisiones tomadas por médicos sin formación específica sobre salud mental, pero que utilizan criterios de salud mental, podrían ser más favorables que las tomadas por médicos de salud mental. Si lo que Hale argumenta, pues, es que la decisión debería ser transferida a los médicos de medicina general como parte de un movimiento para redefinir la diagnosis de manera que ya no contenga criterios de salud mental, entonces está proponiendo también una nueva diagnosis o la supresión de la diagnosis, ya que la interpretación del *DSM-IV* no se puede desprender de sus criterios de salud mental. Para responder a la pregunta de si un cambio hacia doctores de medicina general sería propicio, deberíamos investigar si, en general, se puede confiar esta responsabilidad a las inclinaciones de los médicos de medicina general, o si el mundo de los terapeutas progresistas ofrece mejores posibilidades para conducir el proceso de diagnosis de una forma humana y que conduzca al éxito. Aunque no puedo dar una respuesta con una base sociológica, creo que se debería investigar antes de decidir si la recomendación de Hale es apropiada o no. La gran ventaja de este punto de vista es que trata al paciente como un cliente que está ejercitando su autonomía de consumidor en el dominio médico. Se asume dicha autonomía y también se postula como el objetivo final y significativo del proceso mismo de transición.

Pero esto plantea la cuestión de cómo debe concebirse la autonomía en este debate, y si las modificaciones de la propia diagnosis pueden ofrecer una forma de evitar la aparente distancia entre aquellos que quisieran borrar la diagnosis y aquellos que desean mantenerla a causa del valor instrumental que proporciona, especialmente a aquellas personas con necesidades financieras. Hay dos concepciones diferentes de autonomía funcionando en este debate. El punto de vista que se opone completamente a la diagnosis tiende a ser individualista, cuando no es libertario, mientras que quienes están a favor de mantener la diagnosis tienden a reconocer que hay condiciones materiales para el ejercicio de la libertad. El punto de vista que se preocupa por la internalización y por el daño causado por el diagnóstico sugiere que las condiciones psicológicas de la autonomía pueden ser minadas y que la juventud se arriesga más a comprometer y a dañar su propio sentido del yo.

Autonomía, libertad y libre albedrío son todos términos relacionados y también implican ciertos tipos de protecciones legales y de derechos. Después de todo, la Constitución de Estados Unidos garantiza la búsqueda de la libertad. Se podría argumentar que son discriminatorias las condiciones restrictivas que se imponen a los individuos transexuales y transgénero para ejercer la libertad que se ajusta a su identidad. Paradójicamente, las compañías de seguros rebajan la noción de libertad cuando distinguen entre, por ejemplo, mastectomías «médicamente necesarias» y operaciones de «cirugía electiva». El primer tipo de cirugía no se escoge de buena gana, sino que se impone a los individuos por circunstancias médicas, usualmente cáncer. Pero incluso esa conceptualización no representa adecuadamente los tipos de elecciones que los pacientes bien informados pueden hacer sobre el tratamiento del cáncer, dado que los tratamientos posibles incluyen la radiación, la quimioterapia, Arimidex, la extirpación del tumor y la mastectomía parcial o total. Las mujeres efectuarán diferentes elecciones sobre el tratamiento según cuales sean sus sentimientos con respecto a sus pechos y las posibilidades de futuros cánceres, así que la gama de elecciones que pueden realizar es considerablemente amplia. Algunas mujeres lucharán por conservar sus pechos, pero otras los dejarán ir sin mucha dificultad. Algunas escogerán reconstruirlos y efectuarán algunas elecciones con respecto a sus futuros pechos, pero otras escogerán no hacerlo. Recientemente una lesbiana bastante *butch* de San Francisco que padecía cáncer en uno de sus pechos decidió, tras consultarlo con su médico, someterse a una mastectomía total. Pensó que era una buena idea extirparse también el otro pecho puesto que quería minimizar la posibilidad de que el cáncer recurriera. Para ella esta elección fue simple porque no tenía un fuerte apego emocional a sus pechos: no formaban una parte importante de su autocompresión de género o sexual. Aunque su compañía de seguros aceptó costear la primera mastectomía, les preocupaba que la operación del segundo pecho fuera «cirugía electiva» y que, si la pagaban, estuvieran sentando un precedente para la cobertura de la cirugía transexual electiva. Así pues, la compañía de seguros quería limitar la autonomía del consumidor en la toma de decisiones médicas (entendiendo a la mujer como alguien que quería extirparse el segundo pecho por razones médicas) y rechazar también tal autonomía como base para la operación transexual (entendiendo a la mujer como una posible transicionadora). Al mismo tiempo, una amiga mía que se estaba recuperando de una mastectomía intentó averiguar qué posibilidades de cirugía reconstructiva tenía a su alcance. Su médico la refirió a algunos clientes transexuales que la informaron sobre las diversas tecnologías y los relativos méritos estéticos de cada opción. Aunque no me consta que existan asociaciones de supervivientes transexuales de cáncer de mama, puedo vislumbrar cómo podría darse un movimiento semejante, cuya demanda principal sería solicitar a las compañías de seguros que reconociesen el rol de la autonomía en la producción y el mantenimiento de las características sexuales primarias y secundarias. Sugiero que todo esto parecería menos extraño si comprendiéramos que la cirugía cosmética forma un continuo con todas las otras prácticas en las que se involucran los humanos con el fin de mantener y cultivar las características primarias y secundarias de sexo por razones culturales y sociales. Entiendo que a los hombres que quieren aumentar el tamaño de su pene o a las mujeres que quieren aumentar o disminuir el tamaño de sus pechos no se les manda al psiquiatra para que les emita un certificado. Por supuesto, es interesante considerar, a la luz de las actuales normas de género, por qué una mujer que quiere reducir sus pechos no necesita certificación psicológica, mientras que un hombre que desee reducir el tamaño de su pene probablemente la necesitará. No se presume ninguna disfunción mental en las mujeres que toman estrógeno o en los hombres que toman Viagra. Supongo que esto se debe a que están moviéndose dentro de la norma en la medida en que están buscando mejorar lo «natural», hacer reajustes dentro de las normas aceptables, a veces incluso mediante la confirmación y el refuerzo de las normas tradicionales de género.

La persona *butch*, casi trans, que quería extirparse su pecho canceroso y el no canceroso comprendió que la única manera en la que podría obtener los beneficios de una mastectomía era tener cáncer en su otro pecho o someter sus propios deseos de género al examen médico y psiquiátrico. Aunque ella misma no se consideraba transexual, comprendió que se podía presentar como tal con el fin de reunir los requisitos para el GID y el pago del seguro. A veces el seguro médico cubre la cirugía reconstructiva de pecho, aunque se haga por elección, pero la mastectomía no está incluida entre las cirugías electivas que cubre el seguro. Parece que en el mundo de los seguros tiene sentido que una mujer pueda querer tener menos pecho, pero no tiene sentido que no desee tener pechos. El deseo de no tener pechos arroja dudas sobre su voluntad de continuar siendo mujer. Es como si el deseo de la *butch* de extirparse el pecho no fuera del todo plausible como una opción saludable a menos que sea el signo de un trastorno de género o alguna otra urgencia médica.

Pero ¿por qué aceptamos estas otras elecciones como tales sin tener en cuenta el sentido social que les damos? La sociedad no se considera con derecho a detener a una mujer que quiere aumentar o disminuir sus pechos, y no consideramos el aumento de pene como un problema, a menos que se realice por un doctor carente de permiso que arruine el resultado. A nadie se le manda al psiquiatra por anunciar un plan para cortar o hacer crecer su cabello o para someterse a una dieta, a menos que exista un riesgo de anorexia. No obstante, estas prácticas forman parte de los hábitos diarios del cultivo de las características sexuales secundarias, si se entiende que la categoría comprende todos los diversos indicadores corporales del sexo. Si las características corporales «indican» el sexo, entonces el sexo no es exactamente lo mismo que los medios por los cuales este se indica. El sexo se convierte en inteligible a través de los signos que indican cómo debería ser leído o comprendido. Estos indicadores corporales son los medios culturales a través de los cuales se lee el cuerpo sexuado. Estos mismos indicadores son corporales y funcionan como signos, por lo tanto, no se puede distinguir de una manera simple entre lo que es «materialmente» cierto y lo que es «culturalmente» cierto acerca de un cuerpo sexuado. No trato de sugerir que los signos puramente culturales producen un cuerpo material, sino solo que el cuerpo no se convierte en descifrable sexualmente sin estos signos, y que dichos signos son culturales y materiales a la vez y de manera irreducible.

Entonces ¿qué versiones de la autonomía están funcionando en estas diversas perspectivas sobre la diagnosis del *DSM* sobre el GID? ¿Y cómo podemos concebir la autonomía de modo que podamos hallar una forma de pensar sobre los muy comprensibles desacuerdos que se han dado sobre si se debe preservar o eliminar tal diagnosis? Aunque es obvio que no todos los individuos a los que se diagnostica GID son o desean convertirse en transexuales, están sin embargo siendo afectados por la utilización de la diagnosis para impulsar los objetivos de los transexuales, ya que la utilización de la diagnosis equivale a reforzar el estatus de esta como un instrumento útil. Esto no es una razón para no usarla, pero implica un cierto riesgo y tiene ciertas consecuencias. Reforzar la diagnosis puede tener consecuencias no deseadas o no aprobadas por aquellos que la utilizan. Y, aunque pueda ser útil para las importantes necesidades de un individuo que desea conseguir el estatus y la financiación para su transición de sexo, puede también ser utilizada por la profesión médica y psiquiátrica para extender su influencia patologizadora sobre los jóvenes transexuales, pero también sobre las jóvenes lesbianas y sobre la juventud bisexual y gay. Desde el punto de vista del individuo, se puede considerar la diagnosis como un instrumento para promover su autoexpresión y su autodeterminación. De hecho, puede considerarse como uno de los instrumentos fundamentales para realizar una transición que convierta la vida en habitable y que proporcione las bases para florecer como un sujeto encarnado. Por otra parte, el instrumento toma una vida propia y puede funcionar para hacer la vida más difícil a aquellos que sufren siendo patologizados y a aquellos que pierden ciertos derechos y libertades, incluyendo la custodia de los niños, el empleo y la vivienda debido al estigma asociado a la diagnosis o, dicho de forma más precisa, a causa del estigma que la diagnosis refuerza y promueve. Mientras que, sin ningún tipo de duda, sería mejor vivir en un mundo donde no hubiera tal estigma y tal diagnosis, no podemos todavía vivir en dicho mundo. Además, la profunda sospecha acerca de la salud mental de aquellos que transgreden las normas de género estructura la mayoría de los discursos psicológicos, así como las instituciones que regulan el estatus legal y las posibilidades de asistencia financiera y de ayuda médica.

Sin embargo, contamos con un argumento importante que se plantea desde la perspectiva de la libertad. Es importante recordar que las formas específicas que toma la libertad dependen de las condiciones sociales que rigen las opciones humanas en un determinado momento. Aquellos que afirman que la transexualidad es, y debería ser, una cuestión de elección, un ejercicio de libertad, sin duda tienen razón; de hecho, los diversos obstáculos que plantean los psicólogos y psiquiatras profesionales son una forma paternalista de poder mediante la cual se suprime la libertad humana básica. Una aproximación libertaria a la transformación sexual subyace en alguna de esas posiciones. Richard Green, presidente de la Harry Benjamin International Gender Dysphoria Association [Asociación Internacional de la Disforia de Género de Harry Benjamin] y firme defensor de los derechos transexuales, incluido el derecho a ser padres, respalda este argumento como una cuestión de libertad personal y de intimidad. Cita a John Stuart Mill cuando escribe que él «defendió con tesón que los adultos pueden hacer con sus cuerpos lo que deseen, siempre que no causen daño a otros. Por lo tanto, si el tercer género, el transexual, o el futuro individuo amputado de alguna extremidad pueden continuar cumpliendo con sus responsabilidades sociales después de su cirugía, entonces las solicitudes de cirugía no son un asunto de la sociedad».[9] Aunque Green hace esta afirmación, que él llama filosófica, señala que entra en conflicto con la cuestión de quién pagará las operaciones quirúrgicas, y de si la sociedad tiene la obligación de pagar un tratamiento que está siendo defendido como una cuestión de libertad personal.

No conozco mucha gente que escriba sobre este tema, excepto los que escriben desde el discurso de la *Christian Right* [Derecha Cristiana], cuya respuesta al GID es acogerlo sin ambages y decir: «¡No me quitéis ese diagnóstico! Por favor, ¡patologizadme!». Sin duda hay muchos psiquiatras y psicólogos que insisten en considerar el trastorno de identidad de género como una patología. Uno de ellos es George Rekers, profesor de Neuropsiquiatría y Ciencias del Comportamiento en la Universidad de Carolina del Sur, que goza de una buena financiación y que es prolífico hasta alcanzar un nivel imposible; Rekers combina un polémico conservadurismo político con el esfuerzo por intensificar y extender el uso de esta diagnosis.[10] Su interés principal parecen ser los niños, que los niños se conviertan en hombres y que los hombres se conviertan en padres fuertes en el contexto del matrimonio heterosexual. También indica que el origen del GID se halla en la ruptura de la familia, en la pérdida de la figura del padre fuerte como modelo para los chicos y el subsiguiente «trastorno» que esto causa. Su manifiesta preocupación por la aparición de la homosexualidad en los chicos también queda clara en su estudio, donde cita la conclusión del *DSM* de 1994 en la que se afirma que el 75 % de los jóvenes que tienen GID se convierten en homosexuales cuando llegan a adultos. Rekers ha publicado muchos estudios sembrados de «datos» que se presentan en el contexto de los protocolos de investigación empírica. Aunque es muy polémico, él se define como un científico que trabaja con datos empíricos, y atribuye un prejuicio ideológico a sus oponentes. Escribe que «en una generación confundida por ideologías radicales sobre los roles de las mujeres y los hombres, necesitamos investigaciones sólidas sobre hombres y mujeres que sean ejemplos bien ajustados de una identidad masculina bien afianzada y de una identidad femenina bien afianzada».[11] Su «sólida investigación» debe mostrar las ventajas de distinguir claramente entre las normas de género y sus patologías «para la vida familiar y para la cultura en general». En esta línea, Rekers también apunta que «los primeros datos han sido publicados en la bibliografía que informa de los efectos terapéuticos positivos de la conversión religiosa para la cura de la transexualidad [...] y en el efecto terapéutico positivo que tiene un sacerdote sobre los homosexuales arrepentidos».[12] Parece que no le preocupan mucho las chicas, lo que me parece sintomático de su celo con la autoridad patriarcal y de su incapacidad para ver la amenaza que las mujeres de todo tipo pueden plantear a las presuposiciones que realiza sobre el poder masculino. El destino de la masculinidad absorbe su estudio porque la masculinidad, una construcción frágil y falible, necesita el apoyo social del matrimonio y una vida estable de familia para poder encontrar su camino. De hecho, en su opinión, la masculinidad por sí misma tiende a vacilar y necesita ser acogida y sostenida por varios apoyos sociales, con lo que sugiere que la masculinidad depende de esas organizaciones sociales y que no tiene un significado intrínseco fuera de ellas. En cualquier caso, hay personas como Rekers que plantean una defensa firme y muy polémica no solo a favor de la conservación de la diagnosis, sino también para reforzarla, y que presentan razones políticas muy conservadoras para fortalecer la diagnosis de forma que puedan reforzarse las estructuras en las que se apoya la normalidad.

Irónicamente, son estas mismas estructuras que apoyan a la normalidad las que, en primer lugar, convierten la necesidad de una diagnosis en forzosa, incluyendo las ventajas que presenta para aquellos que la necesitan para efectuar la transición de sexo.

Así pues, no es sin cierta ironía que aquellos que sufren bajo el diagnóstico del GID se dan cuenta de que no hay muchas esperanzas de transicionar sin él. El hecho es que, en las circunstancias actuales, una cierta cantidad de personas tiene razones para preocuparse sobre las consecuencias de que les arrebaten su diagnóstico o de que fracasen al intentar alcanzar su elegibilidad para la diagnosis. Quizá los más acaudalados puedan pagar las decenas de miles de dólares que cuesta una transformación de MaH, la cual incluye una mastectomía doble y una muy buena faloplastia, pero la mayoría de la gente, especialmente los transexuales pobres y de clase trabajadora, no puede permitirse semejante gasto. Al menos en Estados Unidos, donde la medicina socializada en general se entiende como un complot comunista, no será una opción que el Estado o las compañías de seguros paguen estas operaciones sin establecer primero que hay serias y duraderas razones médicas y psiquiátricas para hacerlas. Antes se debe dar un conflicto; debe haber mucho sufrimiento; debe haber una persistente concepción de uno mismo como perteneciente al otro género; debe haber un período de prueba durante el cual se vista con ropa del otro género durante todo el día para ver si se puede predecir la adaptación; y debe haber sesiones de terapia y certificados que documenten el equilibrio mental de la persona. En otras palabras: la persona debe someterse a cierto aparato regulador, como lo llamaría Foucault, para llegar a ejercer su libertad. Debe someterse a etiquetas y a nombres, a incursiones, a invasiones; debe ceñirse a pautas de normalidad; debe pasar la prueba. A veces esto implica que se necesita adquirir mucha experiencia sobre estos estándares y saber cómo presentarse de manera que uno sea un candidato o candidata plausible. A veces los terapeutas se hallan en un dilema: se les pide que proporcionen un certificado a alguien a quien quieren ayudar pero les agravia el hecho de tener que escribirlo en el lenguaje de la diagnosis para ayudar a producir la vida que su cliente quiere tener. En un cierto sentido, el discurso regulador que rodea a la diagnosis cobra vida propia: de hecho, puede que no describa al paciente que utiliza el lenguaje para obtener lo que él o ella quiere; puede que no refleje las creencias de la terapeuta, quien sin embargo firma en su nombre el diagnóstico y lo remite. Tratar la diagnosis de una forma estratégica implica que una serie de individuos que no creen del todo en lo que dicen asumen un lenguaje que no representa lo que la realidad es o debería ser. El precio de utilizar la diagnosis para conseguir lo que se quiere es que no se puede utilizar el lenguaje para decir lo que realmente se cree que es verdad. Por así decirlo, la propia libertad se paga sacrificando la exigencia de utilizar el lenguaje de una forma verdadera. En otras palabras, se compra una especie de libertad renunciando a otra.

Quizá esto nos posicione mejor para comprender las dudas sobre la autonomía que introduce la diagnosis y el problema específico de cómo debe entenderse la libertad como condicionada y articulada a través de medios sociales específicos. La única manera de procurar los medios con los que empezar esta transformación es aprendiendo a presentarse uno mismo utilizando un discurso que no es el propio, un discurso que borra a la persona en el acto de representarla, un discurso que niega el lenguaje que se quisiera utilizar para describir quién es uno, cómo llegó aquí y qué quiere de esta vida. Dicho discurso niega todo esto, pero al mismo tiempo mantiene la promesa, si no el chantaje, de que se tiene una posibilidad de conseguir la propia vida, el cuerpo y el género que se quiere, si uno accede a falsear su propia identidad y, al hacerlo, apoyar y ratificar el poder de esta diagnosis sobre mucha más gente en el futuro. Quienes están a favor de la elección pero en contra de la diagnosis, deben considerar las enormes consecuencias económicas que esta decisión tiene para aquellos que no pueden pagar las operaciones de cambio de sexo y cuyo seguro, si es que tienen un seguro, no cubre tal cambio porque lo incluyen dentro de los tratamientos electivos. Y deben considerar que, aunque se aprueben leyes municipales que ofrezcan seguros a los trabajadores de la ciudad que soliciten dichos tratamientos, como se ha hecho en San Francisco, todavía hay pruebas diagnósticas que deben aprobarse; así pues, siempre se paga un precio por la elección, y a veces ese precio es la verdad misma.

Tal como están las cosas en este asunto, si queremos ayudar a quienes disponen de menos recursos y a los que no tienen seguro, debemos apoyar aquellas iniciativas que tratan de extender la cobertura del seguro y trabajar dentro de las categorías de las diagnosis aceptadas por la AMA [American Medical Association, Asociación Médica Americana] y la APA, que han sido codificadas en el *DSM-IV*. Los llamamientos para la despatologización de las cuestiones de la identidad de género y para que la cirugía electiva y el tratamiento hormonal sean cubiertos como una serie de procedimientos electivos parecen condenados al fracaso simplemente porque la mayoría de los profesionales de la medicina, los seguros y las leyes solo se comprometen a apoyar el acceso a las tecnologías del cambio de sexo si se considera que la transexualidad es un trastorno. Los argumentos que alertan de la existencia de una demanda humana arrolladora y legítima están aquí condenados al fracaso. Algunos ejemplos de los tipos de justificaciones que idealmente tendrían sentido y que deberían ser asumidas por las compañías de seguros son que la transición permitirá a alguien llevar a cabo ciertas posibilidades humanas que le ayudarán a florecer en esta vida; esto permitirá a alguien salir del miedo, de la vergüenza y de la parálisis, y llegar a una situación en la que mejore su autoestima y su habilidad para formar lazos estrechos con otros; esta transición ayudará a aliviar un enorme sufrimiento y a hacer realidad un deseo humano fundamental de asumir una forma corporal que exprese un sentido fundamental del «yo». Algunas clínicas especializadas en identidad de género, como la de la Universidad de Minnesota, que dirige el doctor Walter Bockting, ya plantean dichos argumentos y proveen de contextos terapéuticos de apoyo para gente dispuesta a hacer una elección sobre el tema, tanto si es para vivir como transgénero o transexual, como para ser un tercer sexo o para considerar el proceso como un devenir cuyo final no está a la vista y que quizá nunca lo esté.[13] Pero incluso tales clínicas deben proporcionar a las compañías de seguros certificados que sigan las pautas del *DSM-IV*.[14]

El ejercicio de libertad que se performa a través de una aproximación estratégica a la diagnosis implica una cierta falta de libertad, ya que la diagnosis misma disminuye la capacidad de autodeterminación de aquellos a los que diagnostica pero cuya autodeterminación, paradójicamente, algunas veces promueve. Cuando la diagnosis puede ser utilizada estratégicamente y cuando socava su propia presunción de que el individuo diagnosticado se encuentra afligido por una condición sobre la cual no puede ejercer ninguna elección, la utilización de la diagnosis puede subvertir los objetivos del diagnóstico. Por otra parte, con el fin de pasar la prueba, uno debe someterse al lenguaje de la diagnosis. Aunque el objetivo declarado de la diagnosis es averiguar si un individuo puede adaptarse con éxito a la vida según las normas de otro género, parece que la verdadera prueba que plantea el GID es si uno puede definirse en el lenguaje de la diagnosis. En otras palabras: puede que no sea una cuestión de si puedes conformarte a las normas que rigen la vida del otro género, sino si puedes conformarte al *discurso psicológico* que estipula lo que son dichas normas.

Echemos una ojeada a dicho lenguaje. La sección del *DSM* en la que se define el GID empieza aclarando que hay dos partes en el diagnóstico. La primera es que «debe haber una identificación con el otro género de carácter fuerte y persistente». Esto sería difícil de averiguar puesto que las identificaciones no siempre aparecen como tales: pueden quedarse como aspectos de una fantasía oculta o como partes de sueños o como estructuras no desarrolladas de comportamiento. Pero el *DSM* nos exige que seamos un poco más positivistas en nuestra aproximación a la identificación y asume que partiendo del comportamiento se puede deducir qué identificaciones están funcionando en la vida psíquica de una persona concreta. La identificación con el otro género se define como «el deseo de ser» del otro sexo, «o la insistencia en que se es» del otro sexo. Este «o» en esta frase es significativo ya que implica que uno puede desear ser del otro sexo —tenemos que suspender por el momento lo que «el otro sexo» es y, por cierto, yo no lo tengo del todo claro— sin insistir necesariamente sobre ello. Estos son dos criterios separados. No tienen que surgir en un tándem. Así que si hay una forma de determinar que alguien tiene este «deseo de ser», aunque él o ella no insista sobre ello, entonces parece que esto constituye una base satisfactoria para concluir que la identificación con el otro género está ocurriendo. Y si se da «una insistencia en que se es» del otro sexo, entonces esto funcionará como un criterio separado que, en caso de que se cumpla, daría lugar a la conclusión de que la identificación con el otro género está ocurriendo. En segundo lugar, se requiere un acto del habla en el que alguien insista en que *es* del otro sexo; esta insistencia se entiende como una forma de reclamar el otro sexo en el habla propia y de atribuirse ese otro sexo a uno mismo. Ahora bien, ciertas expresiones de este «deseo de ser» y de «la insistencia en que se es» quedan excluidas como prueba de tal afirmación: «Esto no debe ser simplemente un deseo de cualquier ventaja cultural a la que se cree puede accederse por ser de otro sexo». Ahora es el momento de hacer una pausa, ya que la diagnosis asume que podemos experimentar el sexo sin considerar cuáles son las ventajas culturales de ser de un determinado sexo. Si el sexo se experimenta dentro de una matriz cultural de significados, si llega a tener un significado y un sentido en referencia al mundo social en un sentido amplio, ¿podemos entonces separar la experiencia del «sexo» de su significado social, incluyendo la manera en la cual el poder funciona a través de dichos significados? «Sexo» es un término que se aplica a gente de toda condición, de forma que es difícil referirse a mi «sexo» como si fuera radicalmente singular. Si, hablando en términos generales, nunca es solo «mi sexo» o «tu sexo» de lo que se trata, sino de la forma por la cual la categoría de «sexo» excede sus apropiaciones personales, entonces resulta imposible percibir el sexo fuera de esta matriz cultural y entender esta matriz cultural fuera de las posibles ventajas que pueda ofrecer. De hecho, cuando pensamos en las ventajas culturales, en si estamos haciendo algo —sea lo que sea— para obtener las ventajas culturales que se derivan de cierto sexo, estamos preguntándonos si lo que hacemos nos interesa, es decir, si eso promueve o satisface nuestros deseos y aspiraciones.

Hay análisis toscos que sugieren que la transición de MaH solo se da porque socialmente es más fácil ser un hombre que una mujer. Pero estos análisis no se preguntan si es más fácil ser trans que ser lo que se percibe como un biogénero, es decir, un género que parece «deducirse» del sexo de nacimiento. Si las ventajas sociales rigieran sobre todas estas decisiones de una forma unilateral, entonces las fuerzas a favor de la conformidad social probablemente ganarían. Por otra parte, se puede argumentar que tiene más ventajas ser una mujer si lo que quieres es llevar fabulosas estolas rojas y faldas ajustadas por la calle de noche. En algunos lugares del mundo, esto es obviamente cierto, aunque las biomujeres, las drags, los transgénero y las mujeres trans comparten todos ciertos riesgos en la calle, especialmente si se les percibe como prostitutas. De forma similar, se puede decir que generalmente tiene más ventajas culturales ser un hombre si lo que quieres es ser tomado en serio en un seminario de filosofía. Pero algunos hombres no tienen ningún tipo de ventaja porque no pueden hablar el lenguaje requerido; ser un hombre no es condición suficiente para ser capaz de dominar dicho lenguaje. Así que me pregunto si es posible considerar ser de un sexo o del otro sin considerar las ventajas culturales que eso pueda aportar, ya que dichas ventajas culturales serán las que obtendrá quien tiene cierto tipo de deseos y quiere estar en una posición que le permita aprovecharse de ciertas oportunidades culturales.

Si el GID insiste en que el deseo de ser otro sexo o la insistencia en que uno pertenece al otro sexo deben ser evaluados sin referencia a las ventajas culturales, puede ser que el GID malentienda algunas de las fuerzas culturales que se dan al hacer y sostener deseos de este tipo. Y entonces el GID tendría también que responder a la cuestión epistemológica de si es *alguna vez* posible percibir el sexo fuera de la matriz cultural de relaciones de poder en la cual la relativa ventaja y desventaja sería arte y parte de esta matriz.

La diagnosis también requiere que haya una «incomodidad persistente» o una «falta de adecuación» con respecto al sexo que ha sido asignado, y es aquí donde aparece el discurso de «no llevarlo bien». Se presupone que la gente siente su género como el apropiado para ellos. Y que hay una comodidad que yo tendría, que yo podría tener, y que se puede tener si la norma fuera la correcta. En un sentido importante, la diagnosis asume que las normas de género están relativamente fijadas y que el problema consiste en asegurarse de encontrar la adecuada, la que te permitirá sentirte de forma apropiada donde estés, cómodo o cómoda en el género que eres. En caso contrario, debe haber pruebas de «angustia», de una angustia manifiesta.

Y si no hay «angustia», entonces debe haber «discapacidad». Aquí tiene sentido preguntarse de dónde procede todo esto: la angustia y la discapacidad, el no ser capaz de funcionar bien en el trabajo o al llevar a cabo ciertas tareas diarias. La diagnosis presume que se siente angustia e incomodidad y una sensación de inadecuación porque uno se halla en el género equivocado, y que conformarse con una norma de género diferente, si es viable para la persona en concreto, le hará sentir mucho mejor. Pero la diagnosis no indaga si hay un problema con las normas de género que presupone como fijas e inmutables, ni si estas normas producen angustia e incomodidad, ni si impiden la propia capacidad de funcionar, ni si generan sufrimiento para alguna gente o para mucha gente. Tampoco indaga sobre cuáles son las condiciones que aportan un sentido de comodidad o de pertenencia, ni si se convierten en el lugar para la realización de ciertas posibilidades humanas que permitan a una persona sentir que tiene un futuro, una vida y un bienestar.

La diagnosis establece criterios para identificar a la persona intergenérica (*crossgendered person*), pero, al articularlos, expresa una versión muy rígida de las normas de género. En el *DSM* encontramos la siguiente definición de las normas de género, formulada en un lenguaje muy descriptivo: «En los chicos, la identificación con el otro género se manifiesta en una marcada inclinación hacia las actividades tradicionalmente femeninas. Pueden preferir vestirse con la ropa de niñas o mujeres o *pueden improvisar dichas prendas con otros materiales* cuando no disponen de las prendas originales. A menudo utilizan toallas, delantales y chales para representar el cabello largo o las faldas» (la cursiva es mía). Tal descripción parece estar basada en un historial de observaciones que han sido recogidas y resumidas: alguien ha visto a chicos que hacían eso y ha informado de ello, otros han hecho lo mismo y estos informes han sido recogidos y se han establecido generalizaciones a partir de los datos observados. Pero ¿quién está observando y a través de qué marco de observación? Esto no lo sabemos. Y aunque se nos dice que en los chicos esta identificación está «marcada» por una inclinación hacia las actividades «tradicionalmente femeninas» no se nos dice en qué consiste esta marca. Pero parece importante, ya que a través de la «marca» se seleccionará la observación como evidencia de la tesis tratada.

De hecho, lo que se deduce de esta afirmación parece socavar la afirmación misma, ya que se dice que lo que hacen los chicos es realizar una serie de sustituciones e improvisaciones. Se nos dice que puede que tengan una preferencia por vestirse con ropa de mujeres, pero no se nos dice si tal preferencia se manifiesta de hecho. Nos quedamos con una noción imprecisa de «preferencia», que podría simplemente describir un supuesto estado mental o una disposición interna, o que podría inferirse de la práctica. Esto último parece estar sujeto a interpretación. Se nos dice que una de las prácticas en las que se involucran los chicos es la improvisación: cogen las prendas que encuentran y las convierten en ropa femenina. A la ropa femenina se la llama «ropa original», lo que nos lleva a concluir que los materiales con los cuales estos chicos están improvisando son menos que originales, poco originales, por no decir no originales y «falsos» .«A menudo utilizan toallas, delantales y chales para representar el cabello largo o las faldas». Así que hay un cierto imaginario en juego, una capacidad de transfigurar una prenda en otra a través de un proceso de improvisación y sustitución. En otras palabras: aquí está funcionando una práctica de destreza que difícilmente se podría nombrar, de una forma simple, como el mero acto de conformarse a una norma. Algo está siendo hecho, algo se está haciendo de otra cosa, se está intentando algo. Y si es una improvisación, no está escrita por adelantado.

Aunque la descripción continúa insistiendo en la fascinación que sienten estos chicos por las «muñecas estereotipadas del tipo femenino» —«Barbie» se menciona por su nombre— y por «figuras de fantasía de mujer», realmente no se nos explica el lugar que las muñecas y la fantasía tienen en la formulación de la identificación de género. Que un género dado sea un lugar para la fascinación o que un, así llamado, estereotipo sea una fuente de fascinación puede conllevar diversos tipos de relaciones con el estereotipo. Puede ser que el estereotipo sea fascinante porque está sobredeterminado, es decir, que se ha convertido en un lugar donde convergen un cierto número de deseos conflictivos. El *DSM* presupone que la muñeca con la que se juega representa la figura en la que se quiere convertir el niño que juega, pero quizá lo que este quiere es ser su amigo, su rival o su amante. Quizá quiere todo esto a la vez. Quizá está intercambiando algo con la muñeca. Quizá jugar con la muñeca es también una forma de improvisación escénica que articula una compleja serie de disposiciones. Quizá esté funcionando algo más en ese acto, además de la mera conformidad con una norma. Quizá se esté jugando con la norma misma, explorándola, rompiéndola incluso. Necesitaríamos entender el juego como un fenómeno más complejo que lo que hace el *DSM* si fuéramos a comenzar a plantear y a indagar sobre este tipo de preguntas.

Según el *DSM-IV*, se puede detectar que las chicas se identifican con el otro género porque discuten con sus padres acerca de cierto tipo de ropa. Aparentemente, prefieren la ropa de chicos y el pelo corto; la mayoría de sus amigos son chicos; expresan el deseo de convertirse en un chico y, curiosamente, «a menudo las personas que no las conocen las toman por chicos». Estoy tratando de pensar cómo puede ser que la evidencia de la identificación con el otro género se confirme por el hecho de ser identificada como un chico por alguien que no te conoce. Parece que las asignaciones sociales al azar se toman como una evidencia, como si el extraño *supiera* algo acerca del carácter psicológico de esa chica, o como si esa chica hubiera solicitado dicha interpelación del extraño. El *DSM* continúa diciendo que la chica «puede pedir que se la conozca por un nombre de chico». Pero parece que incluso en este caso se la trata primero como chico, y solo después de haber sido tratada así, ella quiere tomar un nombre que confirme que la forma en la que se la trata es correcta. Aquí se observa de nuevo que el mismo lenguaje que utiliza el *DSM* parece socavar sus propios argumentos, ya que quiere considerar la identificación con el otro género como parte de un trastorno de género y, por tanto, como un problema psicológico que debe ser atendido con un tratamiento. El *DSM* imagina que cada individuo tiene una relación con su «sexo asignado» y que esta relación o bien genera malestar y angustia, o bien conlleva un sentimiento de comodidad y de estar en paz. Pero esta noción de «sexo asignado» —sexo «asignado» al nacer— implica que el sexo está producido socialmente y transmitido, y que nos llega no solo como una reflexión privada que cada uno de nosotros se hace sobre sí mismo, sino como una interrogación crítica que cada uno dirige a una categoría social que nos es asignada y que nos excede en su conjunto y en su poder, pero que, como consecuencia, se ejemplifica a sí misma en nuestros cuerpos. Es interesante que el *DSM* busque establecer el género como un conjunto de normas convencionales más o menos fijas, aunque continúe ofreciendo evidencias de lo contrario, casi como si tuviera propósitos contradictorios. Igual que los niños que estaban improvisando y sustituyendo estaban haciendo algo diferente a conformarse con las normas preestablecidas, las niñas parece que también están entendiendo algo de su asignación social, acerca de lo que puede pasar si alguien empieza a tratarlas como un niño y lo que esto puede conllevar. No estoy segura de que la niña que busca esta interpelación desviada y adecuada esté evidenciando ningún «trastorno» preestablecido de ningún tipo. Más bien está observando los medios a través de los cuales el sexo deviene: a través de la asignación se abren las posibilidades para la reasignación que excitan su sentido de agencia, del juego y de la posibilidad. De la misma manera que los niños que juegan con chales como si fueran otra cosa están instruyéndose en el mundo de los accesorios y de la improvisación, las niñas que aprovechan la posibilidad de ser llamadas por otro nombre están explorando las posibilidades de llamarse a sí mismas en el contexto del mundo social. No están sencillamente evidenciando estados internos, sino performando ciertos tipos de acciones, e incluso dedicándose a ciertas prácticas, prácticas que son esenciales para hacer el género mismo.

El *DSM* ofrece un cierto discurso de compasión, como hacen muchos psiquiatras, que sugiere que la vida con este tipo de trastorno causa angustia e infelicidad. El *DSM* tiene su propia antipoesía sobre este tema: «En niños pequeños, la angustia se manifiesta por el estado de infelicidad sobre su propio sexo». Parece que la única infelicidad sea la que se crea por un deseo interno, por el hecho de que no haya apoyo social para estos niños, que los adultos a quienes expresan su infelicidad les estén diagnosticando y patologizando, que la norma del género enmarque la conversación en la cual la expresión de infelicidad tiene lugar. Al mismo tiempo que el *DSM* se entiende a sí mismo como una diagnosis de la angustia, la cual, como consecuencia del diagnóstico, se convierte en una candidata a ser aliviada, también entiende que la «presión social» puede llevar a «este tipo de niños a un aislamiento total». El *DSM* no menciona el suicidio, aunque sabemos que la crueldad de la presión de los compañeros adolescentes sobre los jóvenes transgénero puede conducirlos al suicidio. El *DSM* no habla de los riesgos de muerte, generalmente por asesinato, algo que pasó a tan solo algunas millas de distancia de mi casa, en California, en el año 2002, cuando la transgénero Gwen Araujo llegó a una fiesta de adolescentes con un vestido y fue encontrada muerta a causa de una paliza y de una estrangulación en la falda de las montañas Sierra.

Aparentemente, la «angustia» que genera vivir en un mundo en el cual el suicidio y la muerte por violencia siguen siendo cuestiones reales no es parte de la diagnosis del GID. Después de comentar brevemente lo que resume con el eufemismo de «rechazo y burlas de los compañeros», el *DSM* solo apunta que «los niños pueden rehusar ir a la escuela debido a las burlas o a la presión para vestirse con una indumentaria estereotípica de su sexo asignado». Aquí el lenguaje del texto parece entender que puede haber una discapacidad del funcionamiento ordinario causado por la presión de las normas sociales. Pero entonces la siguiente frase domestica el sufrimiento causado por las normas sociales al afirmar que son las preocupaciones de la propia persona con sus deseos de cruzar de género las que a menudo «interfieren en sus actividades ordinarias» y desembocan en situaciones de aislamiento social. En cierta manera, el hecho de la violencia social contra la juventud transgénero se eufemiza como burlas y presión, y la angustia causada por estas burlas se reconfigura como un problema interno, como un signo de preocupación, de autorrelación, que parece deducirse de los propios deseos. Ahora bien, ¿el «aislamiento» que aquí se observa es real o es que las comunidades de apoyo han desaparecido? ¿Y cuando hay aislamiento es, por lo tanto, una señal patológica? ¿O es, para algunos, el coste de expresar ciertos tipos de deseos en público?

Sin embargo, lo que resulta más preocupante es que la diagnosis funciona como su propia presión social: causa angustia, establece deseos como patológicos, e intensifica la regulación y el control de aquellos que expresan sus deseos en un marco institucional. De hecho, se debe indagar acerca de si la diagnosis de la juventud transgénero no actúa precisamente como presión de los pares, como una forma elevada de burla, como una forma eufemística de violencia social. Y si llegamos a la conclusión de que funciona de esta manera, por lo que respecta a las normas de género, y de que trata de producir la adaptación a las normas ya existentes, entonces, ¿cómo podemos saber qué es lo que nos ofrece el diagnóstico? Si parte de lo que ofrece la diagnosis es una forma de reconocimiento social, si esa es la forma que toma el reconocimiento social y si es solo a través de este tipo de reconocimiento social que terceras partes, incluyendo el seguro médico, estarían dispuestas a pagar los cambios médicos y tecnológicos que a veces se desean, ¿es realmente posible deshacerse de la diagnosis completamente? En cierta manera, el dilema con el que nos encontramos al final tiene relación con los términos mediante los cuales se constriñe el reconocimiento social. Dado que, incluso si nos sentimos tentados a adoptar la posición civil libertaria en la que esto se entiende como un derecho personal, el hecho es que los derechos de una persona solo están protegidos y solo pueden ejercerse a través de medios políticos y sociales. Afirmar un derecho no es lo mismo que tener el poder para ejercerlo, y en este caso el único derecho reconocible que queda a mano es el «derecho a recibir tratamiento para un trastorno y a disfrutar de las ventajas que ofrecen los subsidios médicos y legales que buscan rectificarlo». Se ejercita este derecho solo tras someterse a un discurso patologizador y, al someterse a dicho discurso, también se obtiene cierto poder, cierta libertad.

Es posible decir y debe decirse que la diagnosis alivia el sufrimiento; y es posible y también necesario decir que la diagnosis intensifica el mismo sufrimiento que requiere ser aliviado. Bajo las actuales y arraigadas circunstancias sociales en las que todavía se articulan las normas de género de una forma convencional, y donde las desviaciones de la norma se contemplan como sospechosas, la autonomía sigue siendo una paradoja.[15] Desde luego, es posible mudarse a un país donde el Estado pague la cirugía de reasignación de sexo, solicitar una «financiación transgénero» que la comunidad proporcionará para ayudar a aquellos que no puedan pagar los altos costes o incluso solicitar una «beca» individual que cubra la «cirugía cosmética». El movimiento para conseguir que las personas trans se conviertan en terapeutas y emisores de diagnósticos ha sido de gran ayuda y sin duda seguirá ayudando. Todas estas son formas de salirse del aprieto, hasta que el aprieto desaparezca. Pero si a la larga el aprieto debe desaparecer, las normas que rigen la forma en la que entendemos la relación entre la identidad de género y la salud mental tendrán que cambiar radicalmente, de modo que las instituciones legales y económicas reconozcan lo esencial que es convertirse en un género para el sentido propio de persona, para la propia sensación de bienestar, para que se pueda florecer como un ser encarnado. No solo se necesita que el mundo social sea de cierta manera para reclamar lo que pertenece a uno mismo, sino que resulta que lo que nos es propio depende siempre y desde el principio de lo que

no nos es propio, las condiciones sociales por las cuales, extrañamente, la autonomía se desposee y se deshace.

En este sentido, debemos ser deshechos con el fin de hacernos
a nosotros mismos: debemos formar parte de una existencia más
amplia en el tejido social para crear lo que somos. Sin duda esta es
una paradoja de la autonomía, una paradoja que se incrementa
cuando las regulaciones de género se ocupan de paralizar la agencia del género a diversos niveles. Hasta que esas condiciones sociales sean cambiadas radicalmente, la libertad requerirá la falta
de libertad, y la autonomía estará implicada en la sujeción. Si el
mundo social —un signo de nuestra heteronomía constitutiva—
debe cambiar para que sea posible la autonomía, entonces se de-
mostrará que la elección individual depende desde el principio de
condiciones que ninguno de nosotros ha creado de una forma
voluntaria, y que ningún individuo será capaz de escoger fuera del
contexto de un mundo social radicalmente alterado. Esa alteración proviene de un incremento de los actos, colectivos y difusos,
que no pertenecen solo a un sujeto y, aun así, una de las consecuencias de estas alteraciones es hacer posible la actuación como
sujeto.

¿El parentesco es siempre heterosexual de antemano?

El tema del matrimonio gay no es el mismo que el del parentesco gay, pero parece que los dos se han confundido en la opinión pública de Estados Unidos cuando no solo se dice que el matrimonio es y debería continuar siendo una institución y un vínculo heterosexual, sino también que las uniones gays no son relaciones de parentesco y que no deberían calificarse de tales a menos que asuman una forma de familia reconocible. Hay varias formas de conectar dichos puntos de vista. Una forma es afirmar que la sexualidad necesita organizarse al servicio de las relaciones reproductivas y que el matrimonio —el cual provee de estatus legal a la forma familiar o, más bien, se concibe como aquello que debería afianzar la institución confiriéndole ese estatus legal— *debería* permanecer como el punto de apoyo que mantiene en equilibrio a dichas instituciones.

Por supuesto, esta conexión se enfrenta a numerosísimos desafíos que toman diversas formas en el ámbito local a nivel doméstico e internacional. Por una parte, hay varias formas sociológicas de mostrar que en Estados Unidos existe y persiste una cierta cantidad de relaciones de parentesco que no se conforman al modelo de la familia nuclear y que se sirven de relaciones biológicas y no biológicas que exceden el alcance de las actuales concepciones jurídicas, y que operan según reglas que no se pueden formalizar. Si entendemos el parentesco como una serie de prácticas que instituyen relaciones de varios tipos mediante las cuales se negocian la reproducción de la vida y las demandas de la muerte, entonces las prácticas de parentesco serán aquellas que surjan para cuidar de las formas fundamentales de la dependencia humana, que pueden incluir el nacimiento, la cría de los niños, las relaciones de dependencia emocional y de apoyo, los lazos generacionales, la enfermedad, la muerte y la defunción (por nombrar solo algunas). El parentesco no es ni una esfera completamente autónoma, que se entiende como diferente de la comunidad y la amistad —o de la regulación del Estado— a través de algún decreto definitorio, ni está «pasado» ni «muerto» por el simple hecho, como David Schneider apunta, de que haya perdido la capacidad de ser formalizado y rastreado en las formas convencionales que estudiaron los etnólogos del pasado.[1]

En la sociología reciente, las nociones de parentesco se han desvinculado de la presuposición del matrimonio; por ejemplo, el ya clásico estudio de Carol Stack sobre el parentesco afroamericano, *All Our Kin*, muestra cómo el parentesco funciona bien a través de una red de mujeres en las que algunas están relacionadas por lazos biológicos y otras no.[2] El largo alcance de las consecuencias de la historia de la esclavitud en las relaciones de parentesco afroamericanas se ha convertido en el centro de nuevos estudios gracias a Nathaniel Mackey y Fred Moten, que muestran cómo la desposesión de las relaciones de parentesco debido a la esclavitud ofrece un legado continuo de «parentesco herido» dentro de la vida africanoamericana. Si, como Saidiya Hartman sostiene, «la esclavitud es el fantasma en la máquina del parentesco»[3] es porque el parentesco afroamericano ha sido vigilado intensamente y a la vez patologizado, lo que ha conducido a una difícil situación en la que se está sujeto a presiones normalizadoras dentro del contexto de una deslegitimación social y política. De ahí que no se pueda separar el parentesco de las relaciones de propiedad (y de la concepción de las personas como propiedad), ni de las ficciones acerca de la «línea sanguínea», ni tampoco de los intereses nacionales y raciales mediante los cuales se sostienen esas líneas.

Kath Weston ha presentado descripciones etnográficas de relaciones de parentesco no maritales de lesbianas y gays externas a los lazos familiares de base heterosexual, y que solo en algunos casos se aproximan en parte a la norma familiar.[4] En 2001, en su estudio de los na de China, el antropólogo Cai Hua presentó una contundente refutación de la visión del parentesco de Lévi-Strauss como una negociación de la línea patrilineal a través de los lazos del matrimonio: en los na ni los maridos ni los padres juegan un papel prominente en la determinación del parentesco.[5]

El matrimonio también se ha separado de las cuestiones del parentesco, hasta tal punto que las propuestas legislativas para regular el matrimonio gay a menudo excluyen los derechos de adopción o las tecnologías reproductivas como uno de los derechos asumidos del matrimonio. Estas propuestas han sido presentadas en Alemania y en Francia; en Estados Unidos las propuestas de matrimonio gay que han tenido éxito no siempre ejercen un impacto directo sobre la ley de la familia, especialmente cuando su principal objetivo es establecer el «reconocimiento simbólico» de las relaciones diádicas por parte del Estado.[6]

La petición para los derechos del matrimonio trata de solicitar el reconocimiento de las uniones no heterosexuales y configura así al Estado como el guardián de un derecho que realmente debería distribuir de una forma no discriminatoria, sin tener en cuenta la orientación sexual. Que la oferta del Estado pueda resultar en la intensificación de la normalización no está ampliamente reconocido como un problema dentro del movimiento principal de lesbianas y gays, que tipifica la *Human Rights Campaign* (Campaña por los Derechos Humanos).[7] Sin embargo, los poderes normalizadores del Estado quedan particularmente claros cuando consideramos cómo las continuas dudas sobre el parentesco condicionan y limitan a la vez los debates sobre el matrimonio. En algunos contextos, se prefiere la cuota simbólica del matrimonio, o de los arreglos tipo matrimonio, a la alteración de los requisitos para el parentesco y para los derechos individuales o plurales relacionados con la adopción de niños o con la paternidad compartida legalmente. Las variaciones en el parentesco que parten de las formas de familia basadas en la heterosexualidad diádica normativa, y afianzadas mediante el voto matrimonial, se presentan no solo como peligrosas para el niño, sino también como peligrosas para las leyes supuestamente naturales y culturales que se dice sostienen la inteligibilidad humana.

Es importante saber que en Francia los debates tomaron como blanco ciertas opiniones expresadas en Estados Unidos sobre la construcción social y sobre la variabilidad de las relaciones de género, a las que se consideró como portadoras de una peligrosa «americanización» de las relaciones de género (*filiation*) en Francia.[8] En el presente ensayo trataré de ofrecer una respuesta a esta crítica, que expongo en la tercera sección de este capítulo, pero no como un esfuerzo para defender la «americanización», sino para sugerir que los dilemas del parentesco de las naciones del Primer Mundo a menudo se proveen entre sí de alegorías de sus propias preocupaciones sobre los efectos perjudiciales de la variabilidad del parentesco en sus respectivos proyectos nacionales. A continuación, trato de examinar el debate francés sobre el parentesco y el matrimonio con el fin de mostrar cómo el argumento a favor de la alianza legal puede funcionar conjuntamente con una normalización estatal de las relaciones de parentesco reconocibles, una condición que se extiende a los derechos de contrato mientras no perjudique de ninguna forma a las presunciones patrilineales del parentesco o el proyecto de la nación unida que apoya.

A continuación, considero al menos dos dimensiones de este conflicto contemporáneo en el cual se busca al Estado con el fin de obtener el reconocimiento que puede conferir a las parejas del mismo sexo, a la vez que se le contraría debido al control regulador que continúa ejerciendo sobre el parentesco normativo. El Estado no es el mismo en cada una de estas dimensiones, ya que pedimos su intervención en una esfera (el matrimonio) mientras sufrimos de regulación excesiva en otra (el parentesco). Así pues, ¿el giro hacia el matrimonio hace más difícil argumentar a favor de la viabilidad de los acuerdos del parentesco alternativo o para el bienestar del «niño» en cualquier serie de formas sociales? Además, ¿qué pasa con el proyecto radical que se propone articular y apoyar la proliferación de prácticas sexuales fuera del matrimonio y de las obligaciones del parentesco? ¿Es que el giro hacia el Estado señala el fin de una cultura sexual radical? ¿O acaso dicha posibilidad ha quedado eclipsada mientras estamos cada vez más preocupados tratando de congraciarnos con los deseos del Estado?

Matrimonio gay: desear el deseo del Estado y el eclipse de la sexualidad

Obviamente, el matrimonio gay se nutre de una profunda y permanente inversión no solo en la pareja heterosexual en sí, sino también en la cuestión de qué formas de relación deben ser legitimadas por el Estado.[9] Esta crisis de legitimación puede ser considerada desde diversas perspectivas, pero consideremos, por el momento, la ambivalencia que puede rodear al don de la legitimación. Ser legitimado por el Estado conlleva entrar en los términos de legitimación que este ofrece y encontrarse con que el sentido público y reconocible de la persona depende fundamentalmente del léxico de dicha legitimación. De esto se deduce que la delimitación de la legitimación tendrá lugar solo a través de algún tipo de exclusión, aunque no se trate de una exclusión dialéctica patente. La esfera de las alianzas íntimas legítimas se establece a través de la producción e intensificación de las regiones de la ilegitimidad. Sin embargo, hay una oclusión más fundamental en funcionamiento.

La comprensión del campo sexual no es buena si se considera que lo legítimo y lo ilegítimo parecen agotar sus posibilidades inmanentes. Hay un campo externo a la lucha entre lo legítimo y lo ilegítimo —que tiene como objetivo la conversión de lo ilegítimo a lo legítimo—, un campo más difícil de concebir, un campo que no puede imaginarse a la luz de sus posibilidades de convertirse en definitivamente legítimo. Hay un campo en el exterior de la disyunción de lo ilegítimo y lo legítimo; todavía no se concibe como un dominio, una esfera, un campo; todavía no es ni legítimo ni ilegítimo, todavía no se ha concebido a través del discurso explícito de la legitimidad. De hecho, este sería un campo sexual cuyo punto de referencia, cuyo deseo último, no es la legitimidad. El debate sobre el matrimonio gay tiene lugar a través de dicha lógica, ya que puede observarse como casi inmediatamente se plantea la cuestión de si el matrimonio debería ser extendido legítimamente a los homosexuales. Esto implica que el campo sexual está circunscrito de tal forma que la sexualidad todavía se piensa en términos del matrimonio y que el matrimonio todavía se piensa como la compra de legitimidad.

En el caso del matrimonio gay o de las alianzas legales afiliativas, vemos cómo diversas prácticas sexuales y relaciones externas al ámbito de la ley santificadora se convierten en indescifrables o, aún peor, en insostenibles, y cómo nuevas jerarquías aparecen en el discurso público. Estas jerarquías no solo refuerzan la distinción entre las vidas queer legítimas y las ilegítimas, sino que también producen distinciones tácitas entre las diversas formas de ilegitimidad. A la pareja estable que se casaría si pudiera se la arroja a la ilegitimidad pero se la considera elegible para una legitimidad futura, mientras que los agentes sexuales que funcionan fuera del ámbito de la alianza matrimonial y de sus reconocidas, aunque ilegítimas, formas alternativas ahora constituyen posibilidades sexuales que nunca serán elegibles para una traducción a la legitimidad. Estas posibilidades cada vez se tienen en menor consideración en la esfera política como consecuencia de la prioridad que ha tomado el debate sobre el matrimonio. Esta es una ilegitimidad a cuya temporalidad se le impide cualquier posible transformación futura. No es tan solo *todavía no* ilegítima, sino que es lo que podríamos denominar el pasado irrecuperable e irreversible de la legitimidad: *el nunca será, el nunca fue.*

Aquí se da una cierta crisis normativa. Por una parte, es importante señalar cómo se circunscribe el campo de la sexualidad inteligible y de la que se puede hablar, de forma que podamos ver cómo las opciones fuera del matrimonio se están excluyendo como algo impensable, y cómo los términos de lo concebible se refuerzan a través de los limitados debates sobre quién y qué será incluido en la norma. Por otra parte, siempre hay la posibilidad de saborear el estatus de lo impensable, si es un estatus, como el más crucial, el más radical, el más valioso. En tanto que sexualmente irrepresentables, dichas posibilidades sexuales pueden constituir lo sublime dentro del ámbito de la sexualidad contemporánea: un lugar de resistencia pura, un lugar no acogido por la normatividad. Pero ¿cómo se piensa la política desde esa no representabilidad? Para evitar malentendidos, voy a exponer aquí una pregunta igualmente apremiante: ¿cómo se puede pensar la política sin considerar estos lugares irrepresentables?

Quizá sería deseable un léxico totalmente diferente. Sin duda, la historia del progresismo sexual recurre una y otra vez a la posibilidad de un nuevo lenguaje y a la promesa de un nuevo modo de ser. Y a la luz de este dilema, se puede querer salir de toda esta historia para situarse en algún lugar que no es ni legítimo ni ilegítimo. Pero aquí es donde la perspectiva crítica, la que opera en el límite de lo inteligible, corre también el riesgo de ser considerada apolítica. Porque la política, tal como está constituida a través del discurso de la inteligibilidad, exige que nos posicionemos en contra o a favor del matrimonio gay; pero la reflexión crítica, que sin duda forma parte de cualquier política y práctica filosófica seriamente normativa, exige que preguntemos por qué y cómo esto se ha convertido en el tema fundamental, en la cuestión que define lo que será y lo que no será calificado como un discurso con sentido político. ¿Por qué, en las actuales circunstancias, la perspectiva de «convertirse en político» depende de nuestra habilidad de funcionar dentro de ese campo binario instituido discursivamente y de no preguntar, y de procurar no averiguar, que el campo sexual está forzosamente constreñido a causa de la aceptación de estos términos? Esta dinámica se torna todavía más vigorosa porque en ella se basa el campo contemporáneo de lo político, y lo hace mediante la exclusión forzosa de dicho campo sexual de lo político. No obstante, esta fuerza de exclusión actúa desde el exterior del dominio contestado, como si no fuera parte del poder, como si no fuera una cuestión para la reflexión política. Así, para convertirse en político, para actuar y hablar en formas que se reconozcan como políticas, hay que contar con el cierre del propio campo político no sujeto al escrutinio político. Sin la perspectiva crítica, la política se basa fundamentalmente en un desconocimiento —y en una despolitización— de las mismas relaciones de fuerza mediante las cuales se instituye su propio campo de operaciones.

Ahora bien, la crítica no es una posición en sí misma, no es un lugar o un emplazamiento que se pueda localizar dentro de un campo ya delimitado, aunque uno debe, en una catacresis obligatoria, hablar de lugares, de campos, de dominios. Una de sus funciones es examinar la propia acción de delimitación. Cuando recomiendo que nos volvamos críticos, que nos arriesguemos a ejercer la crítica, a pensar cómo se constituye el campo político, no estoy defendiendo que podamos o debamos ocupar un atópico en otro lugar no delimitado, radicalmente libre. Indagar sobre las condiciones que se dan por sentadas es en ocasiones posible; pero no se puede llegar a ellas a través de un experimento del pensamiento, de una *epoché* o de un acto de la voluntad. Se llega allí, por decirlo así, sufriendo la descarga, la fragmentación del campo mismo.

Incluso dentro del campo de la sexualidad inteligible, los binarios que anclan sus operaciones permiten zonas intermedias y regiones híbridas de legitimidad e ilegitimidad que no tienen nombres claros, y donde la denominación misma cae en una crisis producida por los límites variables y a veces violentos de las prácticas legitimadoras que se ponen en contacto de una forma incómoda y a veces conflictiva. Estos no son precisamente los lugares donde el sujeto puede moverse, no son posiciones que deba tratar de ocupar. Son no lugares en los cuales uno se encuentra a pesar de sí mismo; son no lugares donde el reconocimiento e, incluso, el autorreconocimiento resulta precario, si no difícil de encontrar, a pesar de que dediquemos nuestros mejores esfuerzos a convertirnos en sujetos con un sentido reconocible. No son lugares de la enunciación, sino cambios en la topografía desde los cuales se puede cuestionar la audición de una afirmación: la afirmación del «todavía no sujeto» y del sujeto casi reconocible.

Que existan tales regiones y que no sean precisamente opciones sugiere que lo que dificulta la distinción entre la legitimidad y la ilegitimidad son las prácticas sociales, en concreto las prácticas sexuales, que no aparecen de una forma inmediata como prácticas coherentes en el léxico disponible de la legitimación. Estos son lugares de una ontología incierta y difíciles de nombrar. Aunque pueda parecer que estoy defendiendo que todos debemos buscar y celebrar los lugares de ontología incierta y que resultan difíciles de nombrar, en realidad mi objetivo es un asunto ligeramente diferente: atender a la previa exclusión de lo posible que tiene lugar cuando, desde la urgencia para validar una reclamación política, se naturalizan las opciones que aparecen como las más legibles desde el campo sexual. Atender a la exclusión previa como un acto político que performamos sin darnos cuenta una y otra vez ofrece la posibilidad de concebir la política de forma diferente, con una concepción que atiende a su propia privación como un efecto de su propio activismo consciente. No obstante, debemos mantener un doble rasero en lo que concierne a este difícil terreno, ya que no será suficiente ni la violencia de la exclusión que estabiliza el campo del activismo, ni el camino de la parálisis crítica que se apuntala al nivel de la reflexión fundamental. En el tema del matrimonio gay, parece cada vez más importante mantener viva la tensión entre el mantenimiento de una perspectiva crítica y la formulación de una demanda políticamente descifrable.

Lo que aquí pretendo no es sugerir que, con relación al matrimonio gay y a los debates del parentesco, debería mantenerse una postura crítica más que política, como si tal distinción fuera en último término posible o deseable, sino que únicamente una política que incorpore una comprensión crítica puede seguir siendo autorreflexiva y no dogmática. Ser político no significa meramente tomar una única y duradera «posición». Por ejemplo, manifestarse en contra o a favor del matrimonio gay puede tener diversas implicaciones, ya que puede ser que se quiera procurar el derecho a aquellos que quieren hacer uso de él aunque uno no lo quiera para sí mismo, o puede ser que se quieran contrarrestar los discursos homofóbicos que han sido esgrimidos en contra del matrimonio gay pero que no por eso se esté a favor de tal opción. O puede ser que se crea firmemente que el matrimonio es el mejor camino que pueden tomar las personas lesbianas y gays, y que se quiera instalar como una nueva norma, una norma para el futuro. O puede ser que uno se oponga a ello no solo para sí mismo, sino para todo el mundo, y que la tarea final sea rehacer y revisar la organización social de la amistad, de los contactos sexuales y de la comunidad para producir formas de apoyo y alianzas que no estén centradas en el Estado, porque, dado su peso histórico, el matrimonio se convierte en una «opción» solo cuando se extiende como norma (excluyendo así otras opciones); una «opción» que se extiende también a las relaciones de propiedad y que convierte en más conservadoras las formas sociales de la sexualidad. Para un movimiento sexual progresista, incluso para un movimiento que pueda querer producir el matrimonio como una opción para no heterosexuales, la proposición de que el matrimonio debería convertirse en la única manera de sancionar o legitimar la sexualidad es inaceptablemente conservadora. Aunque no se trate del matrimonio, sino de contratos legales, de reconocer las uniones de hecho como contratos legales, todavía quedan algunas preguntas por responder: ¿por qué el matrimonio o los contratos legales deberían convertirse en la base sobre la cual se decidan las prestaciones sociales sanitarias, por ejemplo? ¿No debería haber formas de organizar el derecho a la seguridad social de modo que todos tengan acceso sin tener en cuenta su estado civil? Si se defiende el matrimonio como una forma de procurarse estos derechos, entonces ¿no se está afirmando también que derechos tan importantes como la sanidad dependen del estado civil de la persona? ¿Qué efecto tiene esto sobre la comunidad de los no casados, los solteros, los divorciados, los que no tienen interés, los no monógamos, y cómo se reduce el campo sexual en su propia legibilidad, una vez que se extiende el matrimonio como norma?[10]

Independientemente de lo que se piense sobre el matrimonio gay, se exige claramente a los que trabajan en estudios de la sexualidad que respondan a muchos de los argumentos más homofóbicos que se han esgrimido en contra de las propuestas de matrimonio gay. Muchos de estos argumentos no solo están impulsados por un sentimiento homofóbico, sino que a menudo se centran en miedos sobre las relaciones reproductivas, en si estas son naturales o «artificiales». ¿Qué consecuencias tendrán en el niño, en ese pobre niño, figura martirizada por un progresismo ostensiblemente egoísta y tenaz? De hecho, los debates sobre el matrimonio gay o el parentesco gay —dos cuestiones que a menudo se fusionan— se han convertido en espacios de un intenso desplazamiento de otros miedos políticos: miedos sobre la tecnología, sobre la nueva demografía y sobre la propia unidad de la nación, y miedo a que el feminismo, al insistir sobre el cuidado de los niños, haya, de hecho, colocado el parentesco fuera de la familia, incorporando a extraños. En el debate francés sobre los PACS (los «pactos de solidaridad civil», que constituyen una alternativa al matrimonio para cualquier pareja de individuos sin relación sanguínea, sea cual sea su orientación sexual), la aprobación de la ley finalmente dependió de la prohibición de los derechos de las parejas no heterosexuales a adoptar niños y al acceso a la tecnología reproductiva. La misma precaución fue recientemente propuesta y adoptada también en Alemania.[11] En ambos casos, puede observarse que el niño aparece en el debate como el espacio denso para la transferencia y la reproducción de la cultura, y en la cual la «cultura» conlleva normas implícitas de pureza racial y de dominación.[12] En el caso de Francia, se puede observar que los argumentos que se esgrimen en contra de la amenaza que plantea a la «cultura» la perspectiva de personas gays que convivan en una alianza legal y que tengan niños —en la presente discusión, no voy a considerar qué significa «tener niños»— coinciden con los argumentos relativos a temas de inmigración y acerca de lo que es Europa. Esta última preocupación plantea la cuestión, implícita y explícitamente, de qué es lo verdaderamente francés, la base de su cultura, lo que se convierte, mediante una lógica imperial, en la base de la cultura misma, en sus condiciones universales e invariables. Los debates no solo se centran en la cuestión de qué es la cultura y quién debe ser admitido en ella, sino que también tratan sobre cómo deben reproducirse los sujetos de la cultura. Cuestionan asimismo el papel del Estado y, en particular, su poder de conferir o de retirar el reconocimiento a las diversas formas de alianza sexual. Podríamos decir que el argumento en contra del matrimonio gay siempre incide, de una forma implícita o explícita, sobre qué es lo que debe hacer y proporcionar el Estado, así como sobre qué tipos de relaciones íntimas deben ser legitimadas por este. ¿Por qué se desea impedir al Estado que reconozca a las parejas no heterosexuales? ¿Por qué otros desean obligar al Estado a conceder dicho reconocimiento? Para ambos lados del debate la cuestión no se centra tan solo en qué relaciones de deseo deben ser legitimadas por el Estado, sino en quiénes podría desear el Estado, *quiénes podrían desear el deseo del Estado.*

Tal cuestión es sumamente complicada: ¿cuál es el deseo que puede clasificarse como un deseo que debe ser legitimado por el Estado? ¿Qué deseo puede cumplir los requisitos para ser considerado como el deseo del Estado? ¿Quiénes pueden desear al Estado? ¿Y a quiénes desea el Estado? ¿El deseo de qué colectivo será el deseo del Estado? En cambio, y esto es mera especulación —aunque quizá el trabajo académico debería considerarse como el espacio social para tales especulaciones—, parece que lo que se quiere cuando se quiere el «reconocimiento del Estado» para el matrimonio y lo que no se quiere cuando se quiere limitar el alcance de dicho reconocimiento para otros son deseos complejos. El Estado se convierte en el medio a través del cual una fantasía se convierte en realidad: el deseo y la sexualidad se ratifican, se justifican, se dan a conocer, públicamente se clasifican en rangos, se imaginan como algo permanente y duradero. Y, en ese preciso momento, el deseo y la sexualidad son desposeídos y desplazados, de manera que lo que uno «es» y lo que «es» la relación que uno tiene dejan de ser cuestiones privadas. De hecho, se podría decir irónicamente que, a través del matrimonio, el deseo personal adquiere un cierto anonimato y se hace intercambiable, por así decirlo, se media públicamente y, en este sentido, se vuelve un tipo de sexo público legitimado. Pero aun más que esto, el matrimonio fuerza, al menos lógicamente, el reconocimiento universal: todos deben dejarte entrar por la puerta del hospital; todos deben respetar tu derecho al luto; todos deben asumir tu derecho natural a un hijo; todos considerarán tu relación como si estuviera elevada a la eternidad. De esta forma, el deseo de reconocimiento universal es un deseo de ser universal, de ser intercambiable en la propia universalidad; de desalojar la solitaria particularidad de la relación no ratificada y, quizá por encima de todo, de lograr a la vez el lugar y la santificación en esa imaginada relación con el Estado. El lugar y la santificación: estas son, sin duda, poderosas fantasías que adquieren una dimensión particular cuando se defiende el matrimonio gay. El Estado puede convertirse en la sede para la recirculación de los deseos religiosos, para la redención, para el sentido de la pertenencia, para la eternidad. Y nos preguntamos qué le pasa a la sexualidad cuando corre a través de este particular circuito de fantasía: ¿se la alivia de su culpa, de su desviación, de su discontinuidad, de su asocialidad, de su espectralidad? Y si se la alivia de todo eso, ¿adónde van a parar estas negatividades exactamente?

¿Tienden a ser proyectadas sobre aquellos que no han entrado o no entrarán en este dominio santificado? ¿O tal vez esta proyección toma la forma de un juicio moral sobre los otros, de una abyección social y, por lo tanto, se convierte en la ocasión para instituir una nueva jerarquía de acuerdos legítimos e ilegítimos?

EL POBRE NIÑO Y EL DESTINO DE LA NACIÓN

En Francia la propuesta de instituir uniones civiles (pactos de solidaridad civil) como alternativa al matrimonio fue un intento de esquivar el matrimonio y de procurar lazos legales al mismo tiempo. Sin embargo, se topó con su límite cuando surgieron las cuestiones de la reproducción y de la adopción. De hecho, en Francia el tema de la reproducción estaba asociado con el tema de la reproducción de una cultura francesa identificable. Como hemos señalado anteriormente, se puede observar una identificación implícita de la cultura francesa con la universalidad, lo cual tiene consecuencias en la propia idea de nación. Para comprender este debate, es importante reconocer cómo la figura del hijo de padres no heterosexuales, en particular, se convierte en un espacio para la catexis de las ansiedades sobre la pureza cultural y la transmisión de la cultura. En la reciente polémica sobre los PACS, la única forma en la que se pudo aprobar la propuesta fue negando los derechos de adopción conjunta a los individuos que forman parte de dichas relaciones. De hecho, tal y como Eric Fassion y otros han argumentado, la alteración de los derechos de filiación es lo que resulta más escandaloso en el contexto francés, no el matrimonio en sí.[13] Se puede extender la duración del contrato, dentro de un orden, pero no los derechos de filiación.

En algunos de los debates culturales que acompañaron a esta decisión de negar los derechos de adopción a la gente abiertamente gay intervino una conocida filósofa francesa, Sylviane Agacinski, que afirmó que va en contra del «orden simbólico» dejar que los homosexuales formen familias.[14] Cualesquiera que sean estas formas sociales no son matrimonios y tampoco son familias; de hecho, desde su punto de vista, ni siquiera son «sociales» sino privadas. En parte, la lucha se da sobre las palabras, acerca de cuándo y cómo se aplican, así como también sobre su plasticidad y su capacidad de equívoco. Pero, más específicamente, es una lucha acerca de si ciertas prácticas de nombramiento sostienen los supuestos sobre los límites de lo humanamente reconocible. Sin embargo, el argumento descansa sobre cierta paradoja que sería difícil de negar. Porque, aun cuando no *se* reconozcan ciertas relaciones humanas como parte de lo humanamente reconocible, en realidad *ya* han sido reconocidas, y lo que se busca es negar lo que, de una manera u otra, ya se ha comprendido. El «reconocimiento» se convierte en un esfuerzo por negar lo que existe y, así, se convierte en el instrumento para negar el reconocimiento. De esta manera, se convierte en una forma de reforzar una fantasía normativa de lo humano por encima y en contra de las versiones disonantes de uno mismo. Defender los límites de lo que es reconocible en contra de aquello que lo desafía es comprender que las normas que rigen la reconocibilidad ya han sido desafiadas. En Estados Unidos estamos acostumbrados a escuchar argumentos en contra de la homosexualidad como algo no natural, pero este no es precisamente el discurso que domina la polémica en Francia. Agacinski, por ejemplo, no asume que la familia tenga una forma natural. Más bien, en su opinión, el Estado se ve obligado a reconocer el matrimonio como heterosexual no por la naturaleza o por la ley natural, sino por algo llamado «el orden simbólico» (que corresponde y ratifica la ley natural). De acuerdo con los dictados de este orden, el Estado está obligado a negar el reconocimiento a esas relaciones.

A continuación voy a exponer la perspectiva de Agacinski, no porque ella sea la adversaria más elocuente en contra de las transformaciones en el parentesco que puede implicar el matrimonio gay, sino porque hace un tiempo un colega mío me envió un artículo que Agacinski había publicado en *Le Monde*, y esa es una misiva que en cierta manera exige respuesta.[15] En dicho artículo se identifica una cierta variedad de teoría queer y de género norteamericana como el monstruoso futuro que aguarda a Francia si estas transformaciones tienen lugar. Digamos, sin entrar en detalles, que en la primera página de *Le Monde* aparecía mi nombre como el signo de la monstruosidad que se avecinaba. Tengan en cuenta que en este asunto me hallo en un dilema porque mis propios puntos de vista se utilizaban como una advertencia en contra del terrible futuro que podría darse si se permitiera que las personas lesbianas y gays formaran acuerdos de parentesco ratificados por el Estado. Así que, por una parte, debo responder y rebatir dichas alegaciones; pero, por la otra, parece crucial no aceptar los términos en los cuales el oponente ha encuadrado el debate, un debate que, me temo, no es tal sino una polémica muy publicitada y una propagación del miedo. Este dilema no me atañe solo a mí. ¿Oponiéndome a Agacinski voy a ocupar una posición en la que acabaré defendiendo la legitimación del Estado? ¿Es esto lo que deseo?

Por una parte, sería bien fácil argumentar que Agacinski está equivocada, que las formas familiares en cuestión son formas sociales viables y que la episteme actual de inteligibilidad puede ser desafiada de una manera útil a la luz de estas formas sociales.[16] Después de todo, su visión concuerda y fortifica la de aquellos que sostienen que las relaciones sexuales legítimas toman una forma heterosexual y sancionada por el Estado, y que funcionan para desrealizar alianzas viables y significativas que no se conformen con ese modelo. Desde luego, este tipo de desrealización tiene consecuencias que van más allá de herir los sentimientos de alguien o de ofender a un grupo de personas. Implica que cuando vayas al hospital a visitar a tu amante, puede que no consigas entrar. Implica también que cuando tu amante entre en coma, no puedas asumir ciertos derechos de decisión. Implica que cuando tu amante muera, puede que no se te permita recibir el cuerpo. Implica que cuando tu hijo se quede contigo, el progenitor no biológico, tal vez no tengas la capacidad de contrarrestar las reclamaciones judiciales de los parientes biológicos y pierdas la custodia, e incluso el derecho a ver al niño. Implica que los miembros de una pareja no puedan proveerse de prestaciones sociales sanitarias entre ellos. Todas estas son formas muy significativas de privar de derechos, que empeoran a causa de las anulaciones personales que se dan en la vida diaria y que, invariablemente, afectan a la relación. El sentido de deslegitimación puede hacer difícil sostener una alianza, una alianza que de todas formas no es real, una alianza que no «existe», que nunca tuvo una oportunidad para existir, que nunca estuvo destinada a existir. Si no sois reales, puede ser difícil sostenerse a lo largo del tiempo. Aquí es donde la ausencia de legitimación estatal puede aparecer dentro de la psique como un sentido de duda sobre ti mismo que te domina y que puede resultar fatal. Y si de hecho has perdido al amante que nunca fue reconocido como tal, ¿realmente has perdido a esa persona? Si esto es una pérdida, ¿puede manifestarse el duelo públicamente? Sin duda esto es algo que se ha convertido en un problema omnipresente en la comunidad queer, dadas las pérdidas por sida, las pérdidas de vidas y amores que están siempre luchando para ser reconocidos como tales.

Por otra parte, perseguir la legitimación estatal con el fin de reparar estas heridas trae consigo una gran cantidad de nuevos problemas y nuevos sufrimientos. No lograr el reconocimiento estatal de los propios acuerdos íntimos puede experimentarse como una forma de desrealización cuando los términos de la legitimación del Estado son los que mantienen un control hegemónico sobre las normas del reconocimiento, en otras palabras, cuando el Estado monopoliza los recursos del reconocimiento. ¿Es que no hay otras vías para sentirse posible, inteligible, incluso real, aparte de la esfera del reconocimiento del Estado? ¿No debería haber otras vías? Dada la historia del movimiento de gays y lesbianas, es lógico que este recurra al Estado: el impulso actual a favor del matrimonio gay es en cierta manera una respuesta al sida y, en particular, una respuesta avergonzada en la cual la comunidad gay busca repudiar su supuesta promiscuidad, una respuesta en la que aparece como saludable y normal y capaz de sostener relaciones monógamas duraderas. Esto me lleva de nuevo a un tema que ya planteó Michael Warner de una forma conmovedora: debemos plantearnos si el impulso para lograr ser reconocible dentro de las normas existentes de legitimidad requiere que nos adheramos a una práctica que deslegitima aquellas vidas sexuales estructuradas de una forma externa a los lazos del matrimonio y a las suposiciones de monogamia.[17] ¿La comunidad queer quiere efectuar esta deslegitimación? ¿Y con qué consecuencias sociales? ¿Por qué concedemos el poder del reconocimiento al Estado en el momento en que insistimos en que somos irreales e ilegítimos sin él? ¿Hay otros recursos por los cuales podamos ser reconocibles o movilizarnos para desafiar los regímenes existentes dentro de los cuales tiene lugar el reconocimiento?

Se puede observar aquí el terreno del dilema: por una parte, vivir sin las normas de reconocimiento conlleva un considerable sufrimiento y una forma de privación de derechos que confunde las distinciones entre las consecuencias psíquicas, culturales y materiales. Por otra parte, la exigencia de reconocimiento, que es una demanda política muy poderosa, puede conducir a nuevas e ingratas formas de jerarquía social, a una obstrucción precipitada del campo sexual y a nuevas formas de apoyar y extender el poder del Estado si no instituye un desafío crítico a las propias normas de reconocimiento proporcionadas y requeridas para la legitimación del Estado. De hecho, al buscar el reconocimiento del Estado, restringimos la competencia de lo que será reconocible como un acuerdo sexual legítimo. Exigir y recibir reconocimiento según las normas que legitiman el matrimonio, o según las normas que se rearticulan en una relación crítica con el matrimonio, es desplazar el lugar de la deslegitimación de una parte de la comunidad queer a otra o, más bien, transformar una deslegitimación colectiva en una selectiva. Dicha práctica es difícil, si no imposible, de reconciliar con un movimiento radicalmente democrático y sexualmente progresista. ¿Qué implicaría excluir del campo de la potencial legitimación a aquellos que se hallan fuera del matrimonio, a aquellos que viven de una forma no monógama, a aquellos que viven solos, a aquellos que se hallan en algún acuerdo que no tiene la forma del matrimonio? Añadiría aquí una advertencia: no siempre sabemos lo que queremos decir cuando hablamos de «el Estado» al referirnos al tipo de «legitimación» que se da en el matrimonio. El Estado no es una simple unidad y sus partes y sus operaciones no están siempre coordinadas la una con la otra. El Estado no es reducible a la ley, y el poder no es reducible al poder del Estado. Sería un error entender el Estado como si operara con una única serie de intereses, o calibrar sus efectos como si tuvieran un éxito unilateral. Creo que el Estado puede también trabajarse y explotarse. Además, la política social que implica la implementación de una ley en casos locales a menudo puede ser el lugar donde se desafía la ley, puesta a disposición de un tribunal para juzgar, y donde nuevos acuerdos de parentesco tienen una oportunidad de obtener una nueva legitimidad. No obstante, ciertas proposiciones siguen siendo muy controvertidas, por ejemplo, la adopción interracial y la adopción por un hombre solo, por parejas gays, por personas no casadas o por estructuras de parentesco formadas por más de dos adultos. Así pues, existen motivos de preocupación al solicitar el reconocimiento del Estado para las alianzas íntimas y convertirse así en parte de una extensión del poder del Estado en lo *socius*. Pero ¿pesan más estas razones que aquellas que podamos tener para buscar el reconocimiento y los derechos mediante un contrato legal? Los contratos funcionan de formas diferentes —y sin duda hay diferencias entre el contexto de Estados Unidos y el de Francia—, pero su objetivo es acumular y aglutinar la autoridad estatal y someter a un control regulador a aquellos individuos que se adhieran a ellos. Aunque argumentemos que en Francia los contratos se conciben como derechos individuales y que, por lo tanto, están menos sujetos al control del Estado, esa misma individuación se sostiene por la legitimación del Estado, aun cuando, o precisamente cuando, el Estado parece relativamente retraído del propio proceso contractual.

Por lo tanto, las normas del Estado funcionan de una forma muy diferente en estos dispares contextos nacionales. En Estados Unidos, las normas de reconocimiento que proporciona el Estado no solo no logran describir o regular prácticas sociales ya existentes, sino que a menudo se convierten en el lugar para la articulación de una fantasía de normatividad que proyecta y delinea una explicación ideológica del parentesco, en el momento en el que experimenta el desafío social y la diseminación. Así pues, parece que apelar al Estado es a la vez apelar a una fantasía ya institucionalizada por el Estado y alejarse de la complejidad social existente con la esperanza de convertirse finalmente en alguien «socialmente coherente». Esto implica también que hay un lugar al que podemos recurrir, entendido como el Estado, el cual finalmente nos convertirá en coherentes, un cariz que nos compromete con la fantasía del poder del Estado. Jacqueline Rose argumenta persuasivamente que «si el Estado solo tiene sentido "parcialmente como algo que existe", si descansa sobre la creencia de los individuos de que "existe o debería existir", entonces esto empieza a parecerse asombrosamente a lo que el psicoanálisis llamaría "un fenómeno"».[18] Sus reglamentos no siempre buscan ordenar lo que ya existe, sino concebir la vida social en ciertas formas imaginarias. La distancia inconmensurable que existe entre las estipulaciones del Estado y la vida social existente debe ser cubierta por el Estado, pues de lo contrario no podrá continuar ejerciendo su autoridad ni ejemplificar el tipo de coherencia que se espera confiera a sus sujetos. Como nos recuerda Rose, «el Estado se ha convertido en algo tan extraño y distante de la gente a la que debe representar que, según Engels, depende, de forma cada vez más desesperada, de la consagración y la inviolabilidad de sus propias leyes».[19]

Estos son los dos lados de esta moneda; sin embargo, no tengo la intención de resolver este dilema a favor de uno u otro, sino que solo plantearé crítica que englobe a ambos. Mantengo que la legitimación es un arma de doble filo: es crucial que, políticamente, reclamemos la inteligibilidad y el reconocimiento; y es políticamente crucial que mantengamos una relación crítica y transformadora con las normas que rigen lo que contará y lo que no contará como alianzas y parentescos inteligibles y reconocibles. Esto último podría también involucrar una relación crítica con el deseo de legitimación como tal. Es también crucial que cuestionemos la presunción que el Estado suministra a esas normas y que lleguemos a pensar críticamente en qué se ha convertido el Estado en los últimos años o, mejor dicho, cómo se ha convertido en el lugar para la articulación de una fantasía que busca negar o invertir lo que hemos obtenido en esos años.

Si volvemos al debate francés, parece importante recordar que el debate sobre las leyes es a la vez un debate sobre qué tipos de acuerdos sexuales y qué tipos de parentesco se puede admitir que existen o se consideran como posibles, y cuáles son los límites de lo imaginable. Para muchos de los que se opusieron a los PACS o para quienes manifestaron una opinión mínimamente escéptica sobre ellos, la variabilidad de la alianza sexual legítima ponía en cuestión el propio estatus de la cultura. La inmigración y la paternidad gay constituían un desafío a los fundamentos de una cultura que ya ha sido transformada pero que busca negar la transformación que ya ha experimentado.[20] Para comprender esto debemos considerar cómo funciona el término «cultura» y cómo, en el contexto francés, el término se invocaba no para designar las formaciones culturalmente variables de la vida humana, sino para designar las condiciones universales de la inteligibilidad humana.

LO NATURAL, LO CULTURAL Y LA LEY DEL ESTADO

Aunque Agacinski, la filósofa francesa, no es una lacaniana y, de hecho, ni siquiera es psicoanalista, observamos en sus comentarios, que ocuparon un lugar prominente en el debate francés, una cierta creencia antropológica compartida por muchos seguidores de Lacan y por otros practicantes del psicoanálisis en Francia y en otros lugares.[21] Agacinski cree que la cultura misma requiere que un hombre y una mujer produzcan un hijo y que el hijo tenga este punto de referencia dual para su propia iniciación en el orden simbólico, entendiendo por orden simbólico la serie de reglas que ordenan y apoyan nuestro sentido de la realidad y de la inteligibilidad cultural.

Agacinski escribe que la paternidad gay no es natural y que es una amenaza para la cultura debido a que la diferencia sexual, la cual, desde su punto de vista, es irrefutablemente biológica, obtiene su significado en la esfera cultural como los cimientos de la vida en la procreación: «Estos cimientos [de la diferencia sexual] son la generación; esta es la diferencia entre los roles paternos y maternos. Para crear vida, debe intervenir lo masculino y lo femenino». Por encima de y en contra de esta heterosexualidad que da la vida en los cimientos de la cultura se encuentra el espectro de la paternidad heterosexual, una práctica que no solo se desvía de la naturaleza y de la cultura, sino que también se centra en la fabricación artificial y peligrosa de lo humano y que se presenta como un tipo de violencia o destrucción. Agacinski escribe: «Si uno es homosexual se necesita cierta "violencia" para querer un hijo [*Il faut une certaine "violence" quand on est homosexuele, pour vouloir un enfant*]. [...] Creo que no existe el derecho absoluto a un hijo, ya que el derecho implica una fabricación cada vez más artificial de los niños. Por el bien del niño, no se puede borrar su doble origen». El «doble origen» es su invariable principio con un hombre y una mujer, un hombre que ocupe el lugar del padre y una mujer que ocupe el lugar de la madre. «Este origen mezclado, que es lo natural —escribe—, es también el cimiento cultural y simbólico».[22]

El argumento de que debe haber un padre y una madre como doble punto de referencia para el origen del niño descansa sobre una serie de premisas que ya desarrolló Lévi-Strauss en *Las estructuras elementales del parentesco*, en 1949. Aunque Agacinski no es levistraussiana, sin embargo, en su marco toma prestadas una serie de premisas estructuralistas sobre la cultura que han sido reformuladas y reutilizadas en el debate actual. Aquí la cuestión no es tanto responsabilizar a los puntos de vista de Lévi-Strauss por los términos del debate actual, sino preguntar a qué propósito sirve la reutilización de dichos puntos de vista en el horizonte político contemporáneo, dado que las teorías antropológicas que Lévi-Strauss desarrolló a finales de la década de 1940 generalmente se consideran superadas e incluso han sido cuestionadas por el propio Lévi-Strauss.[23]

Según Lévi-Strauss, el drama edípico no es un momento del desarrollo o una fase. Consiste, en cambio, en una prohibición que está funcionando en el principio del lenguaje, una prohibición que funciona en todo momento para facilitar la transición de la naturaleza a la cultura a todos los sujetos que surgen. De hecho, el obstáculo que prohíbe la unión sexual con la madre no aparece en un determinado momento, sino que, en cierto sentido, está *ahí* como precondición de la individuación, como presuposición y como soporte de la misma inteligibilidad cultural. No hay ningún sujeto que emerja sin este obstáculo o prohibición como su condición, y no se puede reclamar ninguna inteligibilidad cultural sin primero pasar a través de esta estructura fundacional. De hecho, se rechaza a la madre porque pertenece al padre, así que, si esta prohibición es fundamental y si es comprendida, entonces el padre y la madre existen como características lógicamente necesarias de la prohibición misma. Ahora bien, el psicoanálisis explicará que el padre y la madre no tienen que existir verdaderamente; pueden ser posiciones o figuras imaginarias, pero deben figurar estructuralmente de alguna forma. El argumento de Agacinski es ambiguo en este sentido, pero ella insiste en que deben haber existido, y que su existencia debe ser comprendida por el niño como un elemento esencial de su origen.

Para comprender cómo esta prohibición se convierte en fundacional para una concepción de la cultura se debe seguir la trayectoria mediante la cual el complejo de Edipo de Freud se remodela como una estructura inaugural del lenguaje y del sujeto en Lacan, algo que yo no puedo hacer en este contexto y que probablemente ya se ha hecho demasiadas veces anteriormente.[24] Lo que aquí quiero subrayar es que la utilización del complejo de Edipo para establecer una cierta concepción de la cultura tiene consecuencias más bien limitadas en la formación de los acuerdos de sexo y género y que implícitamente imagina la cultura como un todo, como una unidad que tiene como fin reproducirse a sí misma y a su plenitud a través de la reproducción del niño. Cuando Agacinski argumenta, por ejemplo, que para que los hijos no presenten tendencias psicóticas deben contar con un padre y una madre, inicialmente no parece que esté defendiendo el principio empírico de que el padre y la madre deben estar presentes y ser conocidos en todas las fases de la crianza del hijo. Ella se refiere a algo más ideal: al hecho de que al menos debe haber un punto psíquico de referencia para la madre y el padre y un esfuerzo narrativo para recuperar al padre y a la madre, aunque uno u otro nunca estén presentes y sean desconocidos. Pero si esto estuviera garantizado sin los acuerdos sociales de la heterosexualidad, ella no tendría ninguna razón para oponerse a la adopción lesbiana y gay. Así parecería que los acuerdos sociales apoyan y mantienen la estructura simbólica, aunque la estructura simbólica legitime el acuerdo social. Sin tener en cuenta el progenitor o progenitores que crían al niño, Agacinski entiende el coito heterosexual como el origen del hijo, y ese origen tendrá una importancia simbólica.

Esta importancia simbólica del origen del hijo en la heterosexualidad se considera esencial para la cultura por la siguiente razón: si el niño entra en la cultura mediante el proceso de asunción de una posición simbólica y si estas posiciones simbólicas se diferencian en virtud de la edipalización, entonces el niño presumiblemente llegará a una posición de género en el momento en que adopte una posición respecto a sus padres, que le están prohibidos como objetos abiertamente sexuales. El chico se convertirá en un chico en la medida en que reconozca que no puede tener a su madre y que debe encontrar una mujer que la sustituya; la chica se convertirá en una chica en la medida en que reconozca que no puede tener a su madre, que sustituya esa pérdida a través de la identificación con la madre y que luego reconozca que no puede tener al padre y le sustituya por un objeto masculino. De acuerdo con este rígido esquema de edipalización, la satisfacción del deseo heterosexual determina el género. Esta estructura que, a fin de reconstruir la teoría de Agacinski, expongo aquí de una forma todavía mucho más rígida que la que uno halla en Freud (por ejemplo, en *Tres ensayos sobre teoría sexual* o en *El yo y el ello*) queda privada entonces de su carácter de fase del desarrollo y se afirma como el medio mismo a través del cual el sujeto individual se establece dentro del lenguaje. Formar parte de la cultura implica haber pasado por el mecanismo diferenciador de género de este tabú y cumplir tanto con la heterosexualidad normativa como con la identidad de género diferenciada.

Hay muchas razones para rechazar esta particular interpretación de la edipalización como una precondición del lenguaje y de la inteligibilidad cultural. Hay muchas versiones del psicoanálisis que rechazan este esquema y proponen otras formas de rearticular el complejo de Edipo, aunque también limitan su función en relación con el pre-Edipo. Además, en la antropología estructural se defiende el intercambio de mujeres como una precondición de la cultura y se identifica la exogamia con el tabú del incesto que opera en el drama edípico. Mientras, otras teorías de la cultura han tomado su lugar y han cuestionado el relato estructuralista. De hecho, el fracaso del estructuralismo por no tener en cuenta los sistemas de parentesco que no se conforman a su modelo fue puesto de manifiesto por antropólogos como David Schneider, Sylvia Yanagisako, Sarah Franklin, Clifford Geertz y Marilyn Strathern.[25] Estas teorías enfatizan modos de intercambio diferentes de aquellos que presume el estructuralismo y cuestionan también la universalidad de las afirmaciones estructuralistas. Los sociólogos del parentesco, por ejemplo, Judith Stacey y Carol Stack, así como también la antropóloga Kath Weston, han subrayado asimismo una variedad de relaciones de parentesco que funcionan de acuerdo con reglas que no siempre pueden referirse al tabú del incesto.[26]

Pero ¿por qué el relato estructuralista de la diferencia sexual, concebido de acuerdo con el intercambio de mujeres, «reaparece» en el contexto de los debates actuales en Francia? ¿Por qué varios intelectuales, entre ellos algunas feministas, proclaman que la diferencia sexual no es solo fundamental para la cultura, sino también para que esta pueda ser transmitida, y defienden que la reproducción debe continuar siendo la prerrogativa del matrimonio heterosexual y que los límites deben establecerse sobre formas viables y reconocibles de acuerdos de paternidad no heterosexuales?

Para comprender el resurgir de este estructuralismo en gran parte anacrónico, es importante considerar que el tabú del incesto en Lévi-Strauss no solo funciona para procurar la reproducción exógama de los hijos, sino también para mantener la unidad del «clan» mediante la exogamia obligatoria, tal como se articula a través de la heterosexualidad obligatoria. La mujer que llega de otro lugar garantiza a los hombres del lugar la reproducción de su propia especie. De esta forma, ella garantiza la reproducción de la identidad cultural. El ambiguo «clan» designa un grupo «primitivo» para Lévi-Strauss en 1949, pero ideológicamente funciona como la unidad cultural de la nación en 1999-2000, en el contexto de una Europa acosada por la apertura de las fronteras y por los nuevos emigrantes. El tabú del incesto funciona así en tándem con un proyecto racista para reproducir la cultura y, en el contexto francés, para reproducir la identificación implícita de la cultura francesa con la universalidad. Es una «ley» que funciona al servicio del «como si», garantizando una fantasía de la nación que ya está amenazada de una forma irreversible. En este sentido, la invocación de la ley simbólica es una defensa frente a la amenaza de la pureza cultural francesa que ha tenido lugar, y está teniendo lugar, a través de los nuevos patrones de inmigración, el creciente número de relaciones interraciales, el mestizaje y la difuminación de las fronteras nacionales. De hecho, incluso en Lévi-Strauss, que reformuló su teoría de la formación del clan en su opúsculo *Raza e historia*, se observa que la capacidad de reproducción de la identidad racial está ligada a la reproducción de la cultura.[27] ¿Hay una conexión entre la explicación de la reproducción de la cultura en los primeros trabajos de Lévi-Strauss y sus posteriores reflexiones sobre la identidad cultural y la reproducción de la raza? ¿Hay alguna conexión entre estos textos que pueda ayudarnos a leer el vínculo cultural que tiene lugar actualmente en Francia entre los miedos acerca de la inmigración y los deseos de regular el parentesco no heterosexual? Puede considerarse que el tabú del incesto funciona en conjunción con el tabú del mestizaje, especialmente en el contexto francés contemporáneo, en la medida en que la defensa de la cultura que tiene lugar a través del dictado de la heterosexualidad de la familia es a la vez una extensión de las nuevas formas de racismo europeo.

Una cierta prefiguración de esta relación se puede observar en Lévi-Strauss, lo que en parte explica por qué se retoma esta teoría en el contexto del debate actual. Cuando Lévi-Strauss argumenta que el tabú del incesto es la base de la cultura y que dicta la exogamia o el matrimonio fuera del clan, ¿se está leyendo «el clan» en términos de la raza o, más específicamente, en términos de una presuposición racial de la cultura que mantiene su pureza a través de la regulación de su capacidad de transmisión? El matrimonio debe tener lugar fuera del clan. Debe haber exogamia. Pero también debe haber un límite a la exogamia; es decir, el matrimonio debe tener lugar fuera del clan pero no fuera de una cierta autoimagen o comunalidad racial. Así pues, el tabú del incesto impone la exogamia, pero el tabú del mestizaje limita la exogamia que el primero ordena. Arrinconado entre la heterosexualidad obligatoria y un mestizaje prohibido, algo llamado cultura, saturada con la ansiedad y la identidad de la blancura europea dominante, se reproduce a sí misma como la universalidad misma.

Por supuesto, hay otras formas de contestar al modelo de Lévi-Strauss que han aparecido en años recientes, y su extraño resurgir en el reciente debate político sin duda sacudirá a los antropólogos como la espectral aparición de un anacronismo. Se ha argumentado que otros tipos de parentesco son posibles en la cultura. Hay también otras formas de explicar las prácticas ordenativas que a veces el parentesco ejemplifica. Sin embargo, estos debates quedan circunscritos a un estudio del parentesco que asume que este tiene un lugar primordial dentro de una cultura, y que en su mayor parte la cultura es una totalidad unitaria y diferenciada. Pierre Clastres defendió este punto en medio de gran polémica hace unos años en el contexto francés, argumentando que no es posible tratar las reglas del parentesco como suministradoras de las reglas de inteligibilidad para ninguna sociedad, y que la cultura no es una noción que se sostiene por sí sola, sino que debe considerarse fundamentalmente imbuida de relaciones de poder, relaciones de poder que no pueden reducirse a reglas.[28] Pero si empezamos a comprender que las culturas no se sostienen por sí solas y que no forman una unidad, que los intercambios entre ellas y sus propios modos de delimitarse a sí mismas frente a otras constituyen su ontología provisional y que, en consecuencia, están carga-

das de poder, entonces se nos fuerza a reconsiderar completamente el problema del intercambio: ya no es el don de las mujeres lo
que asume y produce la identidad propia del clan patrilineal, sino
una serie de prácticas contestadas y potencialmente impredeci-
bles de autodefinición que no son reducibles a una heterosexualidad primigenia y fundadora de la cultura. De hecho, si se quisiera
elaborar más este punto, se debería partir de la sugerencia de David Schneider según la cual el parentesco es una especie de *hacer*
que no refleja una estructura anterior, sino que solo puede entenderse como una práctica representada. Creo que esto permitiría
evitar que una estructura de relaciones hipostatizada se oculte
detrás de los actuales acuerdos sociales y nos permitiría considerar cómo los modos de hacer pautados y performados hacen funcionar las categorías del parentesco y se convierten en los medios
a través de los cuales las categorías experimentan una transformación y un desplazamiento.

La heterosexualidad hipostatizada, construida por algunos
como simbólica más que social para operar así como una estructura en la que se fundamenta el campo del parentesco mismo —y
que informa los acuerdos sociales independientemente de su origen y de su contenido—, ha sido la base de la afirmación de que
el parentesco es siempre heterosexual de antemano. De acuerdo
con este precepto, aquellos que entran en los términos del parentesco como no heterosexuales solo tendrán sentido si asumen la
posición de la madre o del padre. La variabilidad social del parentesco es poco o nada eficaz para reescribir la fundamental y dominante ley simbólica. El postulado de una heterosexualidad fundadora debe también ser leído como parte de la operación del poder
—y yo añadiría de la fantasía— de manera que se pueda empezar
a preguntar cómo funciona la invocación de dicho fundamento en
la construcción del Estado y de la nación. Las relaciones de intercambio que constituyen la cultura como una serie de transaccio-
nes o de traducciones no son solo, o de una forma prominente,
sexuales, sino que toman la sexualidad como su tema, por así de-

cirlo, cuando está en juego la cuestión de la transmisión cultural y de la reproducción. No quiero decir que la reproducción cultural solamente tenga lugar a través del hijo, ni que tenga lugar de una forma exclusiva o fundamental a través del hijo. Solo trato de sugerir que la figura del hijo es un lugar erotizado en la reproducción de la cultura, una figura que implícitamente plantea la cuestión de si la transmisión de la cultura a través de la procreación heterosexual estará segura —no solo si la heterosexualidad servirá al propósito de transmitir fielmente la cultura, sino si la cultura será definida, en parte, como la prerrogativa de la heterosexualidad misma.

Sin embargo, poner en cuestión todo este aparato teórico no solo implica cuestionar las normas fundacionales de la heterosexualidad, sino también preguntarse si puede hablarse de la «cultura» como un tipo de campo o ámbito autosuficiente. Aunque yo lo haga con el fin de luchar para elaborar esta posición en un acto de pensamiento público, soy consciente de que estoy utilizando un término que ya no significa en el modo en que lo hacía. El término «cultura» sustenta una posición pasada, una posición que yo también suspendo al utilizarla. La relación entre la heterosexualidad y la unidad e, implícitamente, la pureza de la cultura no es una relación funcional. Aunque tengamos la tentación de decir que la heterosexualidad afirma la reproducción de la cultura y que la patrilineidad afirma la reproducción de la cultura en la forma de un todo cuya identidad se puede reproducir a través del tiempo, es igualmente verdad que la idea de una cultura como una totalidad que se sostiene y que se replica a sí misma apoya la naturalización de la heterosexualidad, y que la aproximación estructuralista a la diferencia sexual en su totalidad es el ejemplo por antonomasia de ese movimiento que defiende la heterosexualidad como parte de la cultura. Pero ¿hay alguna forma de romper este círculo en el que la heterosexualidad instituye la cultura monolítica y la cultura monolítica reinstituye y renaturaliza la heterosexualidad?

Se han hecho esfuerzos dentro de la antropología para no colocar siempre el parentesco como la base de nuestra cultura, para concebirla como un fenómeno cultural interrelacionado de una forma compleja con otros fenómenos, ya sean culturales, sociales, políticos o económicos. Por ejemplo, los antropólogos Franklin y McKinnon escriben que el parentesco se ha relacionado con «las formaciones políticas de las identidades nacionales y transnacionales, los movimientos económicos de mano de obra y de capital, las cosmologías de la religión, las jerarquías de la raza, el género y las taxonomías de las especies, y las epistemologías de la ciencia, la medicina y la tecnología». Argumentan que, como resultado, el propio estudio etnográfico del parentesco ha cambiado de tal manera que ahora «incluye temas como las culturas de la diáspora, la dinámica de la economía política global o los cambios que ocurren en los contextos de la biotecnología y la biomedicina».[29] De hecho, en el debate francés Eric Fassin ha defendido que se debe entender la invocación del orden simbólico que asocia el matrimonio a la filiación de una forma necesaria y fundacional como una respuesta compensatoria a la ruptura histórica del matrimonio como institución hegemónica, conocida en Francia por el nombre de *démarriage*.[30] En este sentido, la oposición al PACS es un esfuerzo para hacer que el Estado sostenga una cierta fantasía del matrimonio y la nación cuya hegemonía ya está siendo desafiada de una forma irreversible en la práctica social.

De forma similar, Franklin y McKinnon entienden el parentesco como un lugar donde ciertos desplazamientos ya están funcionando, donde se centran y se rechazan los temores sobre la biotecnología y las migraciones transnacionales. Claramente, parece que esto es lo que se da en la posición de Agacinski al menos en dos formas: al hablar del miedo a la «americanización» de las relaciones sexuales y de género en Francia testimonia el deseo de mantener esas relaciones organizadas de una forma específicamente francesa; y el llamamiento a la universalidad del orden simbólico es, sin duda, un tropo para designar el esfuerzo francés de identificación de su propio proyecto nacionalista con un proyecto universalista. De forma similar, el miedo a que las lesbianas y los gays empiecen a crear seres humanos, exagerando así el alcance de la biotecnología reproductiva, sugiere que, para Agacinski, estas prácticas «no naturales» derivarán en una ingeniería de lo humano a gran escala, con lo cual se vincula de nuevo la homosexualidad con el potencial resurgir del fascismo. Se podría preguntar qué fuerzas tecnológicas de la economía global o qué consecuencias del proyecto del genoma humano plantean este tipo de ansiedades en la vida cultural contemporánea. Pero parece un desplazamiento, por no llamarlo una alucinación, identificar la fuente de esta amenaza social, si es que se trata de una amenaza, con las lesbianas que extraen esperma del hielo seco en un frío día de invierno en Iowa cuando una de ellas está ovulando.

Franklin y MacKinnon escriben que el parentesco «ya no se conceptualiza como algo basado en una idea singular y fija de la relación "natural", sino que se ve como algo ensamblado conscientemente con una serie de posibles trozos y piezas».[31] Entonces resulta crucial comprender la operación de ensamblaje que se describe a la luz de la tesis que sostiene que el parentesco mismo es un tipo de hacer, una práctica que representa este ensamblaje de significados mientras se está dando. Pero con tal definición de lugar, ¿puede separarse el parentesco definitivamente de otras prácticas comunales y afiliativas? El parentesco pierde su especificidad como objeto una vez que se le caracteriza aproximadamente como los modos de relaciones duraderas. Obviamente, no todas las relaciones de parentesco duran, pero cualesquiera que sean las relaciones que se califican como parentesco entran dentro de una norma o convención que tiene alguna duración, y esa norma perdura al ser reiterada una y otra vez. Así pues, una norma no tiene que ser estática para durar; de hecho, no *puede* ser estática si tiene que durar. Estas son relaciones propensas a ser naturalizadas y trastornadas repetidamente por la imposibilidad de fijar una relación entre la naturaleza y la cultura; además, en los términos de Franklin y McKinnon, el parentesco es una forma de denotar el origen de la cultura. En otras palabras, la historia del parentesco, tal como la empezó Lévi-Strauss, es una alegoría del origen de la cultura y un síntoma del proceso mismo de naturalización, un proceso que tiene lugar de forma brillante e insidiosa en nombre de la cultura misma. Por ello los debates sobre la distinción entre naturaleza y cultura, que claramente aumentan cuando las distinciones entre lo animal, lo humano, la máquina, el híbrido y el *cyborg* ya no están decididas, se centran en el parentesco, ya que incluso una teoría del parentesco radicalmente culturalista se enmarca en una «naturaleza» desacreditada, y permanece así en una relación constitutiva y definicional respecto a lo que pretende trascender.

Puede observarse lo rápido que el parentesco pierde su especificidad en términos de la economía global cuando, por ejemplo, se considera la política de la adopción internacional y de la inseminación de donantes, dado que las nuevas «familias», en las que las relaciones de filiación no están basadas en la biología, están a veces condicionadas por las innovaciones de la biotecnología, por las relaciones mercantiles internacionales o por el comercio de niños. Y además está la cuestión del control de los recursos genéticos, concebido como una nueva serie de relaciones de propiedad que deben ser negociadas mediante la legislación y las decisiones judiciales. Pero también hay consecuencias claramente saludables en la ruptura del orden simbólico, ya que puede que los lazos de parentesco que unen a las personas no sean más que la intensificación de los lazos comunitarios, puede que estén o no basados en relaciones sexuales duraderas o exclusivas y puede que consistan en examantes, no amantes, amigos y miembros de la comunidad. Entonces, en este sentido, las relaciones de parentesco llegan a límites que cuestionan la posibilidad de distinguir el parentesco de la comunidad, o que apelan a un nuevo tipo de concepto de la amistad. Se trata de una «ruptura» del parentesco tradicional que no solo desplaza las relaciones sexuales y biológicas del lugar central que ocupan en su definición, sino que otorga a la sexualidad un dominio separado del parentesco, lo que permite que un lazo duradero se pueda pensar fuera del marco conyugal, y que se abra el parentesco a una serie de lazos comunitarios que no pueden reducirse a la familia.

LA NARRATIVA PSICOANALÍTICA, EL DISCURSO NORMATIVO Y LA CRÍTICA

Desafortunadamente, el importante trabajo de lo que podrían llamarse los estudios del postparentesco en antropología no tiene paralelo en el psicoanálisis, donde no se ha llevado a cabo semejante trabajo innovador e incluso se sigue defendiendo el presunto parentesco heterosexual para teorizar la formación sexual del sujeto; no obstante, hay algún estudio importante al respecto, como, por ejemplo, el de Ken Corbett.[32] Mientras tanto, varios antropólogos no solo han ampliado el significado y las posibles formas del parentesco, sino que también se han cuestionado si el parentesco es siempre lo que define a la cultura. Pero si se cuestiona el postulado por el cual la edipalización, concebida de forma estricta, se convierte en la condición para la cultura misma, ¿cómo retornar entonces al psicoanálisis una vez se ha dado esta desvinculación? Que el complejo de Edipo no sea la condición *sine qua non* de la cultura no significa que no haya lugar para él. Simplemente significa que el complejo que así se nombra puede tomar una variedad de formas culturales y que ya no podrá funcionar como una condición normativa de la cultura misma. El complejo de Edipo puede funcionar o no universalmente, pero incluso aquellos que afirman que lo hace deberán descubrir en qué formas aparece y no podrán sostener que siempre aparece de la misma forma. Que sea universal —y confieso ser una agnóstica en este punto— de ninguna manera confirma la tesis que sostiene que es la condición de la cultura. Dicha tesis da a entender que sabe que el complejo de Edipo siempre funciona de la misma forma, a saber, como una condición de la cultura misma. Pero si tal complejo se interpreta de una forma amplia, como un nombre para la triangulación del deseo, entonces la pregunta principal es: ¿qué formas toma la triangularidad? ¿Debe presumir la heterosexualidad? ¿Y qué ocurre si empezamos a comprender el complejo de Edipo fuera del intercambio de mujeres y de la presuposición del intercambio heterosexual?

El psicoanálisis no tiene que asociarse exclusivamente al principio reaccionario en el que la cultura se entiende como basada en una heterosexualidad irrefutable. De hecho, hay muchas cuestiones que el psicoanálisis podría investigar con el fin de ayudar a comprender la vida psíquica de aquellos que viven fuera del parentesco normativo o en una mezcla de parentesco normativo y no normativo, por ejemplo: ¿cuál es la fantasía del amor homosexual que el hijo inconscientemente adopta en las familias gays? ¿Cómo entienden sus orígenes los niños que han sido desplazados de sus familias originales o que han nacido mediante implantación o donación de semen? ¿Qué narrativas culturales se encuentran a su disposición y qué interpretaciones particulares dan ellos a esas condiciones? ¿Debe la historia que el niño narra sobre su origen —una historia sin duda sometida a muchas reformulaciones— conformarse con una sola historia sobre cómo nacen los humanos? ¿O veremos que el ser humano surge de estructuras narrativas que no pueden reducirse a una sola historia, a la historia de la Cultura misma en letras mayúsculas? ¿Cómo debe modificarse nuestro sentido de la necesidad de una comprensión narrativa del yo que un niño pueda tener para que incluya la consideración de cómo esas narrativas se modifican y se interrumpen a lo largo del tiempo? ¿Y cómo podemos empezar a comprender qué formas de diferenciación de género tienen lugar en el niño cuando la edipalización no presupone la heterosexualidad?

Ciertamente, esta es la ocasión no solo para que el psicoanálisis repiense sus propias nociones de cultura, que han sido aceptadas sin crítica, sino para que el nuevo parentesco y los nuevos acuerdos sexuales fuercen a repensar la cultura misma. Cuando las relaciones de compromiso ya no pueden localizarse en la procreación heterosexual, la misma homología entre naturaleza y cultura, apoyada por filósofos como Agacinski, tiende a desaparecer. De hecho, tales relaciones no permanecen estáticas en el propio trabajo de Agacinski, ya que, si el orden simbólico es el que ordena los orígenes heterosexuales, y se entiende que lo simbólico legitima las relaciones sociales, ¿por qué se preocupa por aquellas relaciones sociales supuestamente ilegítimas? Ella presupone que estas últimas tienen el poder de socavar lo simbólico, sugiriendo así que lo simbólico no precede a lo social y, finalmente, que no es independiente de lo social.

Parece claro que cuando los psicoanalistas hacen declaraciones públicas sobre el estatus psicótico o peligroso de las familias gays, están hablando de formas que deben ser firmemente contrarrestadas. Y los lacanianos no tienen el monopolio de dichas declaraciones. En una entrevista con Jacqueline Rose, la conocida psicoanalista kleiniana Hanna Segal reitera su opinión de que «la homosexualidad es un ataque a la paternidad en pareja» y «un alto en el desarrollo». Ella manifiesta indignación frente a una situación en la que dos lesbianas crían a un chico, y añade que considera que «la estructura homosexual adulta es patológica».[33] Cuando se le preguntó en una presentación pública en octubre de 1998 si estaba de acuerdo con que dos lesbianas criaran a un chico respondió rotundamente que «no». Atacar directamente a Segal, como mucha gente ha hecho, insistiendo en la normalidad de las familias lesbianas y gays es aceptar que el debate debería centrarse en la distinción entre lo normal y lo patológico. Pero cuando permanecemos en la antesala de la normalidad, o cuando revertimos el discurso para enorgullecernos de nuestra «patología» (por ejemplo, como la única posición «sana» dentro de una cultura homofóbica), no estamos cuestionando el marco de definición. Y una vez que entramos en este marco estamos hasta cierto punto

definidos por esos términos, lo que implica que estamos *tan* definidos por esos términos cuando tratamos de establecernos fuera
de los límites de la normalidad como cuando asumimos la imper-
meabilidad de estos límites y nos posicionamos en una permanente externalidad. Después de todo, Agacinski sabe cómo utilizar la
afirmación de que las lesbianas y los gays son «inherentemente»
subversivos cuando sostiene que *no* se les debe otorgar el derecho
a casarse porque la homosexualidad está, por definición, «fuera
de las instituciones y de los modelos establecidos».[34]

Se puede pensar que este pensamiento de doble filo solo conducirá a la parálisis política, pero deben considerarse las serias
consecuencias que se derivan de la toma de una posición única en
estos debates. Si aceptamos los términos que proporcionan estos
debates, entonces ratificamos el marco en el momento preciso en
que tomamos nuestra posición. Esto apunta hacia una cierta parálisis frente al ejercicio del poder para cambiar los términos a través de los cuales dichos tópicos se tornan pensables. De hecho,
cuando defendemos que el parentesco no se reduce a la «familia»
o cuando nos negamos a admitir que el campo de la sexualidad se
limita a la forma matrimonial, precisamente lo que estamos exi-
giendo es una transformación social más radical. Porque, tan seguro como que los derechos a la adopción y a la tecnología reproductiva deben estar disponibles para individuos y alianzas fuera
del marco del matrimonio, también constituiría un recorte drásti-
co de la política sexual progresista permitir que el matrimonio y la
familia, o incluso el parentesco, marquen los parámetros exclusi-
vos dentro de los cuales se piensa la vida sexual. Que el campo
sexual se haya cerrado a través de dichos debates acerca de si podemos casarnos o concebir o criar hijos deja claro que cualquier
respuesta, es decir, tanto el «sí» como el «no», se pone al servicio
de la circunscripción de la realidad de una forma precipitada. Si
decidimos que estas son las cuestiones decisivas y si sabemos de
qué lado estamos, entonces hemos aceptado un campo epistemológico estructurado por una pérdida fundamental, una pérdida

que ya no podemos nombrar suficientemente ni tan solo para llevar su duelo. La vida de la sexualidad, del parentesco y de la comunidad que se convierte en impensable dentro de los términos
de dichas normas constituye el horizonte perdido de la política
sexual radical, y «políticamente» encontramos nuestro camino
tras las huellas de aquello por lo que no se puede llevar luto.

El anhelo de reconocimiento

En su obra reciente, Jessica Benjamin trata de establecer la posibilidad del reconocimiento intersubjetivo, planteando así una norma filosófica para un discurso terapéutico. Su trabajo se ha distinguido siempre por estar enraizado en la teoría social crítica y en la práctica clínica. Mientras que la Escuela de Frankfurt mantuvo un fuerte interés teórico en el psicoanálisis y engendró el importante trabajo de Alexander y Margarete Mitscherlich, *The Inability to Mourn*, entre otros textos, desde aquel momento es raro dar con un teórico crítico que practique activamente el psicoanálisis y cuyas contribuciones teóricas combinen la reflexión crítica y la perspicacia clínica de la forma en que lo hace Benjamin. La propia noción de reconocimiento ocupa un lugar central en su herencia filosófica, noción clave desarrollada en la *Fenomenología del espíritu* (págs. 111-119) de Hegel que asume nuevos significados en el trabajo de Jürgen Habermas y Axel Honneth.[1] En cierta forma, la obra de Benjamin descansa sobre la presuposición de que es posible el reconocimiento y que esta es la condición bajo la cual el ser humano logra la comprensión psíquica de su propio yo y su aceptación.

En casi todos sus textos hay varios pasajes que presentan lo que es el reconocimiento. No es la simple presentación de un sujeto por otro que facilita el reconocimiento del sujeto que se presenta a sí mismo por el Otro. Más bien es el proceso que se inicia cuando el sujeto y el Otro entienden que se están reflejando a sí mismos mutuamente, no siendo este reflejo el resultado de la fusión del uno con el Otro (a través de una identificación incorporativa, por ejemplo), ni una proyección que aniquila la alteridad del Otro. En la apropiación que realiza Benjamin de la noción hegeliana del reconocimiento, este es un ideal normativo, una aspiración que guía la práctica clínica. El reconocimiento implica que estamos viendo al Otro como alguien separado pero estructurado físicamente en formas que compartimos. Siguiendo en cierta forma los pasos de Habermas, Benjamin concede gran importancia a la idea de que la comunicación misma se convierte tanto en el vehículo como en el ejemplo de reconocimiento. El reconocimiento no es ni un acto que uno performa ni está literalizado en el suceso en el cual nos «vemos» el uno al otro y somos «vistos». Tiene lugar a través de la comunicación, principalmente —pero no exclusivamente— a través de la comunicación verbal mediante la cual los sujetos son transformados en virtud de la práctica comunicativa en la que intervienen. Se puede ver cómo este modelo suministra una norma tanto para la teoría social como para la práctica terapéutica. Así pues, hay que reconocer el mérito de Benjamin por la elaboración de una teoría que abarca ambos dominios tan productivamente.

Una de las contribuciones características de su teoría es su insistencia en que la intersubjetividad no es lo mismo que las relaciones objetuales: la «intersubjetividad» añade a las relaciones objetuales la noción de un Otro externo, un Otro que excede la construcción psíquica del objeto en términos complementarios. Esto implica que cualquiera que sea la relación psíquica y fantasmática con el objeto, esta debe ser comprendida en términos de una dinámica de reconocimiento más amplia. La relación con el objeto no es la misma que la relación con el Otro, pero la relación con el Otro proporciona un marco para comprender la relación con el objeto. El sujeto no solo mantiene ciertas relaciones psíquicas con los objetos, sino que se constituye en y a través de esas relaciones psíquicas. Además, estas formas diversas están estructuradas implícitamente por una lucha por el reconocimiento en la que el Otro a veces no se disocia del objeto que le representa físicamente. Esta lucha se caracteriza por el deseo de entablar una práctica comunicativa con el Otro en la que el reconocimiento no tenga lugar ni como un suceso ni como una serie de sucesos, sino como un proceso en curso que también plantea el riesgo físico de la destrucción. Mientras que Hegel se refiere a la «negación» como el riesgo que uno debe asumir cuando es reconocido, Benjamin retiene este término para describir el aspecto diferenciado de la relacionalidad: yo no soy el Otro, y de esta distinción ciertas consecuencias se derivan. Hay maneras problemáticas de llevar el hecho de la negación que se explican en parte a través del concepto de agresión de Freud y de los conceptos kleinianos de destrucción. Para Benjamin, los humanos mantienen relaciones físicas con Otros sobre la base de una ineludible negación, pero no todas estas relaciones son destructivas. Mientras que la respuesta psíquica que trata de dominar y disipar esa negación es destructiva, esa destrucción es precisamente lo que se necesita trabajar a través del proceso de reconocimiento. Dado que la vida psíquica humana se caracteriza tanto por los deseos de omnipotencia como por los de contacto, vacila entre «relacionarse con el objeto y reconocer el Otro externo».[2]

Benjamin nos dice que esa vacilación o tensión es lo que constituye la vida psíquica de una forma fundamental o inevitable. Sin embargo, parece que también debemos funcionar según una norma que postula la transformación de las relaciones con los objetos en formas de reconocimiento en las que nuestras relaciones con los objetos queden, por así decirlo, clasificadas dentro del principio general de nuestra relación con el Otro. En la medida en que logramos efectuar dicha transformación, parece que esta tensión se pone en juego en el contexto de la noción más fluida de práctica comunicativa que hemos mencionado anteriormente. Benjamin insiste en «la inherente problemática y la estructura conflictiva de la psique»,[3] y no se retracta de sus palabras. Dado el carácter conflictivo de la mente, lo que resulta difícil de comprender es qué sentido puede y debe asumir el reconocimiento. El reconocimiento es a la vez la norma hacia la que tendemos invariablemente, la norma que debería regir la práctica terapéutica y la forma ideal que toma la comunicación cuando se convierte en un proceso transformativo. Sin embargo, el reconocimiento es también el nombre que se da al proceso que amenaza constantemente con la destrucción, el cual, a mi entender, no puede darse sin un riesgo definitivo y constituyente de destrucción. Aunque Benjamin claramente argumenta que el reconocimiento puede conllevar la destrucción, me parece que ella todavía insiste en un ideal de reconocimiento en el que la destrucción es un acontecimiento lamentable que se revierte y se supera en el contexto terapéutico, de modo que no acaba de definir el reconocimiento de una forma esencial.

Tal como yo entiendo su proyecto, la tensión entre la omnipotencia y el contacto, para emplear sus propios términos, es necesaria para la vida psíquica, pero hay formas de vivir y de manejar la tensión que no conllevan la «separación», sino que mantienen la tensión viva y productiva a la vez. Desde su punto de vista, debemos estar preparados para superar las formas de separación que conllevan el repudio, en las que o bien menospreciamos el objeto para afirmarnos nosotros mismos, o bien proyectamos nuestra propia agresión sobre el objeto para evitar las difíciles consecuencias psíquicas que se dan cuando reconocemos la agresión como propia. La agresión rompe el proceso de reconocimiento, y tales «rupturas», para utilizar sus propios términos, son inevitables; no obstante, debemos luchar contra ellas y esforzarnos en lograr el triunfo del reconocimiento por encima de la agresión. Sin embargo, aun bajo esta esperanzada formulación, entendemos que el reconocimiento es algo más que la agresión o que, al menos, el reconocimiento se puede dar sin agresión. Esto significa que habrá momentos en los que la relación con el Otro sea una relación objetual, pero esa relación con el Otro puede y debe ser restaurada. También implica que el reconocimiento erróneo es algo ocasional, no es una característica constitutiva ni insuperable de la realidad psíquica como argumenta Lacan, y que el reconocimiento, concebido como algo que se da sin errores, no solo debería triunfar, sino que puede hacerlo.

A continuación voy a exponer lo que creo son algunas de las consecuencias de este punto de vista y sus componentes. Dado que la destrucción puede tornarse en reconocimiento, entonces se deduce que el reconocimiento puede dejar atrás la destructividad. ¿Esto es cierto? Además, dado el requisito de que el proceso de reconocimiento constituya ahora «el tercero» mismo sobre la base del repudio de otras formas de triangulación, ¿la relación que el reconocimiento asume es diádica? ¿Hay alguna forma de concebir la triangulación aparte de la edipalización? ¿El modelo diádico de reconocimiento nos ayuda además a comprender la particular convergencia del deseo heterosexual, bisexual y gay que invariablemente refiere el deseo al exterior de la díada en la cual aparentemente se da? ¿Queremos permanecer dentro de la complementariedad de género mientras intentamos comprender, por ejemplo, la especial interacción del género y el deseo en el transgénero? Finalmente, volveré a Hegel para examinar su versión del «yo» frente a la que nos ofrece Benjamin con el fin de comprender si cierta división en el sujeto puede convertirse en la ocasión y el ímpetu para otra versión del reconocimiento.

De la triangularidad complementaria a la triangularidad postedípica

A lo largo del tiempo, el trabajo de Benjamin se ha desplazado de un énfasis en la complementariedad, que asume una relación diádica, a un énfasis que acomoda una relación triádica. ¿Cuál es el tercer término con relación al cual se constituye la díada? Como cabe esperar de sus anteriores contribuciones, la tríada no se reduce a la edipalización. No se da el caso que la díada sea tácitamente y finalmente estructurada en relación con un tercero, el objeto de amor parental que prohíbe el tabú. Para Benjamin, el tercero surge de una forma diferente, sin duda de una forma que no se centra en la prohibición y en sus consecuencias, sino en «ambos miembros de la pareja [en un] patrón de excitación». Este patrón es el tercero y es «cocreado»: «fuera del control mental de cada miembro encontramos un lugar de mediación, la música del tercero con la que sintonizan ambos».[4] De hecho, el tercero constituye un ideal de trascendencia para Benjamin, un punto de referencia para el deseo recíproco que excede la representación. El tercero no es el Otro concreto que solicita el deseo, sino el Otro del Otro que (o al que) se involucra, motiva y excede en una relación de deseo al mismo tiempo que esencialmente la constituye.

En *The Shadow of the Other*, Benjamin distingue cuidadosamente su posición de la de Drucilla Cornell o de cualquier otra posición inspirada en la idea de Levinas de que el Otro es trascendente o inefable (pág. 93). Sin embargo, en sus escritos más recientes Benjamin admite este Otro como ser externo al objeto psíquico, acercándose así al concepto de Levinas y quizá presentándonos las posibilidades de expansión del crítico que se identifica con las posibilidades que inicialmente repudiaba.

Esta forma de aproximarse a la relación triádica es, ciertamente, afortunada, aunque confesaré que no estoy segura de si finalmente es creíble o, incluso, deseable. Es, sin duda, impresionante como acto de fe en las relaciones y específicamente en la propia relación terapéutica. Así pues, en mi texto no espero tanto rebatir esta afortunada concepción como ofrecer algunas réplicas desde la ambivalencia en la que algunos de nosotros continuamos viviendo. Además, creo que es posible hacer algunas reflexiones menos jubilosas sobre la triangulación y la relación triádica (para distinguir unas de otras) que no nos retornarán a la prisión del complejo de Edipo con sus implicaciones heterosexistas para el género. Finalmente, me gustaría sugerir que la utilización de una estructura triádica para concebir el deseo tiene consecuencias para pensar el género más allá de la complementariedad, y para reducir el riesgo de un prejuicio heterosexista implicado en la doctrina de la complementariedad.

No soy una gran defensora del falo y ya he dado a conocer mi opinión sobre este tema anteriormente,[5] así que no propongo volver a una noción del falo como el tercer término en una relación de deseo. Tampoco acepto el punto de vista que propone el falo como el momento primario u original del deseo, de forma que el deseo se extiende a través de la identificación o del reflejo mimético del significante paternal. Entiendo que los lacanianos progresistas distingan entre falo y pene y que afirmen que lo «paternal» es solo una metáfora. Sin embargo, no explican la forma por la cual la propia distinción que convierte al «falo» y a lo «paternal» en algo que se pueda utilizar sin riesgo continúa dependiendo y reinstaurando las correspondencias pene/falo y paternal/maternal que dice superar. Hasta cierto punto, creo en el poder de la resignificación subversiva y aplaudo los esfuerzos para diseminar el falo y cultivar, por ejemplo, los padres lesbianos y casos parecidos. Pero creo que sería un error privilegiar el pene o la paternidad como los términos que pueden ser resignificados de forma más amplia y más radical. ¿Por qué esos términos y no otros? Por supuesto, el «otro» de estos términos es la pregunta que nos hacemos aquí, y Benjamin nos ayuda a imaginar, teóricamente, un paisaje psíquico en el cual el falo no controle el circuito de los efectos psíquicos. Pero ¿estamos equipados para repensar el problema de la triangulación ahora que comprendemos los riesgos de la reducción fálica?

El retorno a lo preedípico se ha dado, por supuesto, para repensar el deseo en relación con lo maternal, pero dicho retorno inintencionadamente nos implica en la resurrección de la díada: no el falo sino lo maternal, ya que las dos opciones disponibles son «papá» y «mamá». Pero ¿hay otros tipos de descripciones que puedan complicar lo que pasa al nivel del deseo y, de hecho, al nivel del género y del parentesco? Está claro que Benjamin se formula estas preguntas y que su crítica a la primacía del falo por parte de las feministas lacanianas es, en gran parte, una crítica tanto de su presuposición de heterosexualidad como de la lógica mutuamente exclusiva a través de la cual se piensa el género. El uso de la noción de «sobreinclusividad» de Benjamin implica que puede, y debería, haber una recuperación edípica de las identificaciones sobreinclusivas características de la fase preedípica, donde las identificaciones con un género no conllevan el repudio de otro.[6] En este contexto Benjamin se cuida de permitir la coexistencia de varias identificaciones e incluso de promover como un ideal de práctica terapéutica la noción de que podemos vivir tales identificaciones aparentemente inconsistentes en un estado de tensión creativa. También muestra cómo el marco edípico no puede explicar la aparente paradoja de un hombre femenino que ama a una mujer o un hombre masculino que ama a un hombre. En la medida en que siempre se considera que la identificación de género corre a cargo del deseo, se puede decir que los géneros coherentes se corresponden siempre con las orientaciones heterosexuales.

Yo simpatizo mucho con estos movimientos, especialmente tal como se exponen en el capítulo 2, «Constructions of Uncertain Content», de *Shadow of the Other*. Aunque continúo teniendo algunas dudas sobre la doctrina de la «sobreinclusión», a pesar de que me gusten sus consecuencias, creo que en su libro Benjamin elabora un psicoanálisis no heterosexista (págs. 45-49). Sin embargo, creo que: a) la triangulación puede repensarse de forma provechosa más allá de la edipalización o, incluso, como parte del propio desplazamiento postedípico de lo edípico; b) ciertas presuposiciones sobre la primacía del dimorfismo de género limitan el radicalismo de la crítica de Benjamin; y c) el modelo de sobreinclusión no puede convertirse en la única condición para reconocer la diferencia, tal como Benjamin sostiene, porque rechaza la noción de un yo «exstáticamente»[7] involucrado en el Otro y descentrado a través de sus identificaciones, las cuales ni excluyen ni incluyen al Otro en cuestión.

Consideremos primero las posibilidades de la triangulación postedípica. Sugiero tomar como punto de partida la formulación lacaniana según la cual el deseo no es nunca meramente diádico en su estructura. No solo quisiera indagar si esta formulación se puede leer sin referencia alguna al falo, sino también si también nos conduciría en alguna dirección que excediera el ámbito lacaniano. Cuando Jean Hyppolite introduce la noción de «el deseo de deseo» en su comentario sobre la *Fenomenología del espíritu* de Hegel, no solo trata de sugerir que el deseo busca su propia renovación (una afirmación de Spinoza), sino también que trata de ser el objeto de deseo para el Otro.[8] Cuando Lacan reescribe la formulación de Hyppolite, introduce el genitivo para producir una equivocación: «El deseo es el deseo *del* Otro» (la cursiva es mía).[9] ¿Qué es lo que desea el deseo? Claramente continúa deseándose a sí mismo, si bien no está claro que el deseo que desea sea diferente del deseo que es deseado. Como mínimo están relacionados por ser homónimos, pero esto implica que el deseo se redobla a sí mismo; busca su propia renovación, pero para conseguirla debe duplicarse a sí mismo y convertirse así en algo más de lo que ha sido. No permanece en un lugar como un único deseo, sino que se convierte en otro diferente y toma una forma que está fuera de él. Además, lo que el deseo quiere es el Otro, cuando el otro se entiende como su objeto generalizado. Lo que el deseo también quiere es el deseo del Otro, cuando el Otro se concibe como un sujeto del deseo. Esta última formulación implica la gramática del genitivo y sugiere que el deseo del Otro se convierte en el modelo para el deseo del sujeto.[10] No es que yo quiera que el Otro me quiera, sino que quiero en la medida en que he aceptado el deseo del Otro y he modelado mi deseo según el deseo del

Otro. Por supuesto, esta es solo una perspectiva dentro de lo que podría decirse que es un calidoscopio de perspectivas. De hecho, hay otras lecturas, por ejemplo, la formulación edípica: yo deseo lo que el Otro desea (un tercer objeto), pero ese objeto pertenece al Otro y no a mí; esta falta instituida a través de la prohibición es el fundamento de mi deseo. Otra posible lectura edípica sería la siguiente: yo quiero que el Otro me quiera a mí más que al objeto aprobado por su deseo; ya no quiero ser el objeto prohibido de su deseo. La versión inversa de esta última formulación sería: yo quiero ser libre para desear a quien me está vedado desear y, de esta forma, quitarle el Otro al Otro y, en este sentido, *tener* el deseo del Otro.

No cabe duda de que la forma en que Lacan formula esta posición se deriva en parte de la teoría de Lévi-Strauss sobre el intercambio de mujeres. Los miembros masculinos del clan se intercambian las mujeres con el fin de establecer una relación simbólica con los otros hombres del clan. Se «quiere» a las mujeres precisamente porque son queridas por el Otro. Así pues, estas son un valor de cambio, aunque no en el sentido del término que propuso Marx. En *Between Men* la teórica queer Eve Sedgwick analiza quién desea a quién en ese escenario. Sedgwick trata de mostrar que lo que a primera vista aparece como una relación de un hombre que desea a una mujer en realidad es un vínculo homosocial entre dos hombres. Su argumento no consiste en afirmar, como hacen los teóricos del «falo», que el vínculo homosocial se da a expensas de lo heterosexual, sino que lo homosocial (que es diferente de lo homosexual) se articula precisamente a través de lo heterosexual. Este argumento ha tenido consecuencias importantes para el pensamiento sobre la heterosexualidad y la homosexualidad, así como también para el pensamiento sobre la naturaleza simbólica del vínculo homosocial (y, por extensión, de todo el simbólico lacaniano). La cuestión no es que el falo sea poseído por uno y no por otro, sino que pasa por un circuito que es a la vez heterosexual y homosexual, confundiendo así las posiciones iden-

tificatorias de cada «actor» de la escena. El hombre que procura
enviar a una mujer hacia otro hombre envía algún aspecto de sí
mismo, y el hombre que la recibe también lo recibe a él. Ella cir-
cula, pero ¿al final se la quiere o simplemente ejemplifica un valor
al convertirse en la representante del deseo de ambos hombres, en
el lugar donde los deseos se encuentran y donde fracasan al encontrarse, un lugar donde ese encuentro potencialmente homosexual se transmite, se suspende y se contiene?

Pongo de relieve esta cuestión porque me parece que no es
posible leer las formas profundas y quizá ineludibles en las que la
heterosexualidad y la homosexualidad se definen una a través de
la otra. Por ejemplo: ¿en qué medida los celos heterosexuales están a menudo compuestos por la incapacidad de reconocer el deseo entre personas del mismo sexo?[11] La amante de un hombre
quiere a otro hombre, e incluso lo «tiene», lo cual es experimentado por el primer hombre a expensas propias. ¿Cuál es el precio
que debe pagar el primer hombre? Cuando en estas circunstancias él desea el deseo del Otro, ¿es el deseo de su amante (imaginemos que así es)? ¿O se trata también de la prerrogativa de que
su amante deba tener a otro *hombre* como amante (imaginemos
que también sea así)? Cuando él se enfurece con ella por su infi-
delidad, ¿se enfurece porque ella rehúsa hacer el sacrificio que él
ya ha hecho? Aunque dicha interpretación pueda sugerir que él se
identifica con ella en la escena sexual, no está claro cómo se identifica o si, finalmente, es una identificación «femenina». Él puede
querer la posición imaginada de la mujer en la escena, pero ¿cómo
imagina él que es la posición de ella? No se puede asumir que él
toma la posición de ella como femenina, aunque la imagine res-
pondiendo de forma receptiva al otro hombre. Si esta es la receptividad del primer hombre que él encuentra resituada allí, en el
corazón de su propia fantasía de celos, entonces quizá es más
apropiado afirmar que él la imagina en una posición de homosexualidad masculina pasiva. En último término, ¿es realmente posible distinguir, en este caso, entre una pasión heterosexual y una

homosexual? Después de todo, él la ha perdido y eso le enfurece, y ella ha hecho realidad un propósito que él no puede o no quiere realizar, y eso le enfurece.

Al insistir en que no tenemos que entender que el deseo y la identificación existan en una relación de exclusión mutua, sin duda Benjamin acoge estas pasiones simultáneas. Pero ¿nos ofrece Benjamin una forma para describir cómo la heterosexualidad se convierte en el lugar para la pasión homosexual o cómo la homosexualidad se convierte en el conducto para la pasión heterosexual? Parece que cuando la estructura diádica se impone sobre el género llega a asumir una complementariedad de género carente de la severidad mediante la cual se mantiene la relación «diádica» entre los dos de una forma tranquilizadora. Afirmar, como hace Benjamin, que el tercero llega como el mismo proceso intersubjetivo, como lo que «sobrevive» de la destrucción, como una «negación» más tolerable y creativa, implica, ya en su definición, una representación de la escena más jubilosa de lo que puede que sea. Por supuesto, ella nos dice que la incorporación y la destrucción son riesgos que se corren en toda relación, pero que estos deben trabajarse con el fin de alcanzar la posibilidad de un reconocimiento en el cual los «dos» yoes que se relacionan sean transformados en virtud de la relación dinámica entre ellos.

Pero ¿qué tienen que ver estos con el tercero? Hay que tener en cuenta que la formulación queer del «intercambio de mujeres» no vuelve a insistir en la primacía del falo, como hace el enfoque feminista lacaniano. No es que uno quiera el deseo del Otro, porque ese deseo reflejaría de forma mimética la propia posición de tener el falo. Tampoco es que uno quiera lo que otros hombres quieren para identificarse mejor como hombre. De hecho, en cuanto se inicia la triangulación en la cual la heterosexualidad se transmuta en homosocialidad, las identificaciones proliferan precisamente con la complejidad que las posiciones lacanianas al uso o bien descartan, o bien describen como patológicas. Mientras el deseo y la identificación se despliegan como posibilidades mutuamente excluyentes ante el ineludible telón de fondo de una diferencia sexual (presumiblemente heterosexual), se puede entender que los actores de la escena que describo únicamente traten, en vano, de ocupar posiciones, en guerra con un simbólico que ya se ha adelantado a disponer su fracaso. Así pues, el hombre trata de «rehusar» la diferencia sexual al imaginarse a sí mismo en la posición de su amante con otro hombre, y así la relegación moralizante del deseo a lo patológico se da una vez más en el drama preorquestado de la diferencia sexual. Creo que Benjamin y yo estamos de acuerdo en la insostenibilidad de dicha perspectiva.

Pero ¿en qué diferimos exactamente? En primer lugar, tal como he sugerido anteriormente, no se puede comprender la relación entre dos personas sin referencia a un tercero, y el tercero no puede ser fácilmente descrito como el «proceso» de la relación misma. No trato de sugerir que el tercero esté «excluido» de la díada, ni que la díada deba excluir al tercero para poder darse. El tercero está dentro de la relación como una pasión constituyente, y en el «exterior» como el objeto de deseo parcialmente irrealizado y prohibido.

Así pues, compliquemos la escena de nuevo repensándola desde el punto de vista de la mujer. Imaginemos que ella es bisexual y que tiene una relación con el «hombre número 1», apartando por el momento sus deseos hacia las mujeres, que tienden a ser deseos de estar «debajo». Pero en lugar de encontrar una mujer, el «tercero» es un hombre (el hombre número 2), y ella se pone «encima» de él. Digamos, para seguir con el razonamiento, que el hombre número 1 antes se dejaría matar que permitir que su novia se le pusiera «encima», ya que eso sería demasiado «queer» para él. Así que él sabe que ella está poniéndose encima de otro hombre, posiblemente penetrándole analmente, y se enfurece. Pero ¿qué es lo que ella busca? Aunque es bisexual, en esos momentos solo mantiene relaciones con hombres. Pero quizá ella también está representando una escena en la que el estallido de violencia pone la relación en peligro. Quizá ella lo hace para romper la relación con el fin de quedar libre para no buscar «nada de lo mencionado anteriormente». ¿Sería posible entender la intensificación de la actividad heterosexual de ella en esos momentos como una forma de: a) asegurar los celos de su primer amante y pincharlo para que sea más posesivo; b) cubrir a su segundo amante y gratificar el deseo que está fuera de los límites con el primero; c) enfrentar a los dos hombres con el fin de abrirse paso a la posibilidad de una relación lesbiana en la que ella no se posicionaría encima en absoluto; y d) intensificar su heterosexualidad con el fin de prevenir los peligros físicos que ella asocia con ser una lesbiana que está debajo? Se ha de tener en cuenta que puede ser que un deseo no esté al servicio de otro, de modo que no podemos decir cuál es real y auténtico, y cuál es simplemente un camuflaje o una desviación. Puede que esta persona en particular no pueda encontrar un deseo «real» que suplante la secuencia que experimenta y que lo real sea la secuencia misma. Pero puede ser que la relación con el hombre número 2 se torne, indirectamente, en el lugar para la convergencia de estas pasiones, en su constelación momentánea, y que para entenderla se deba aceptar parte de sus simultáneas y disonantes alegaciones sobre la verdad. Sin duda, el patrón por el cual un hombre y una mujer en una relación heterosexual rompen de mutuo acuerdo su relación con el fin de investigar deseos homosexuales no es muy común en centros urbanos. No afirmo saber lo que ocurre aquí o lo que ocurre cuando un gay y una lesbiana que son amigos empiezan a acostarse. Pero parece justo asumir que se da un cierto cruce de pasiones homosexuales y heterosexuales, por tanto no son distintas hebras de una misma madeja, sino vehículos simultáneos que van de una pasión a la otra.

Creo que esto aparece de forma muy clara en los ensayos sobre transgénero. Resulta difícil decir si una persona transgénero es homosexual o heterosexual. El término «queer» se extendió precisamente porque se refiere a estos momentos de indecidibilidad productiva, pero todavía no hemos visto un intento psicoanalítico de tener en cuenta estas formaciones culturales en las cuales ciertas nociones vacilantes de la orientación sexual son constitutivas. Esto se puede ver más claramente en los transexuales que están en transición, cuando la identidad está en proceso de lograrse pero todavía no está ahí. O, de forma más enfática, en aquellos transexuales que entienden la transición de sexo como un proceso permanente. Si en dichos casos no podemos referirnos al género sin ambigüedades, ¿tenemos algún punto de referencia desde el cual podamos hacer afirmaciones sobre la sexualidad? En el caso de los transgénero, donde el transexualismo no entra en juego, hay varias formas de traspasar el género que no pueden ser consideradas como logros estables, en las cuales traspasar el género constituye en parte la propia condición de erotización. En la película *Boys Don't Cry*[12] parece que el transgénero consiste a la vez en identificarse como chico y en querer a una chica, así que el transgénero aparece como el paso de ser una chica a ser un chico heterosexual. Brandon Teena se identifica como un chico heterosexual, pero también hay varios momentos de desidentificación en los cuales la fantasía se rompe, por ejemplo, cuando un tampón debe ser recolocado, utilizado y luego descartado sin dejar huella. Así pues, su identificación recomienza, debe ser reorquestada diariamente como una fantasía creíble, una fantasía que debe ser creída. Su amante femenina parece no saberlo, pero es el no saber del fetichismo una base incierta de erotización. No queda claro si la novia no lo sabe aunque ella afirma no saberlo, y no queda claro si lo sabe incluso cuando afirma no saberlo. De hecho, uno de los momentos más emocionantes del film es cuando la novia, ya sabiéndolo, vuelve a involucrarse completamente en la fantasía. Y uno de los momentos más tensos es cuando la novia, sabiéndolo, parece que ya no puede entrar en la fantasía completamente. El repudio no solo parece que hace posible la fantasía, sino que la refuerza y, en ocasiones, la refuerza hasta el punto de sobrevivir al reconocimiento.

Del mismo modo, no sería posible decir que el cuerpo de

Brandon está fuera de la situación y que esta oclusión hace posible la fantasía, ya que solo entra en la situación a través de los términos que instala la fantasía. Esto no es una simple «negación» de la anatomía, sino su despliegue erótico, su cobertura, su extensión prostética con el objetivo de una fantasía erótica recíproca. Hay labios y manos y ojos; la fuerza del cuerpo de Brandon sobre y en Lana, su novia; brazos, peso y empuje. Así que esto difícilmente se puede caracterizar como una simple imagen de estar «desincorporado» (*disembodied*), y difícilmente se puede ver como algo «triste». Cuando él/ella desea el deseo de su novia, ¿qué es lo que él/ella quiere? Brandon ocupa el lugar del sujeto del deseo pero él/ella no se tiende de espaldas a la luz y le pide a su novia que le chupe su dildo. Quizá eso sea demasiado queer, pero quizá también acabe con las propias condiciones que hacen posible la fantasía para ambos. Él/ella manipula el dildo en la oscuridad de forma que la fantasía pueda emerger con toda su fuerza, así que esta condición de negación se satisface. Él/ella ocupa ese espacio y sufre la persecución y la violación en manos de los chicos del film precisamente porque él/ella lo ha ocupado demasiado bien. ¿Es Brandon una lesbiana o un chico? Sin duda la pregunta misma define el conflicto de Brandon en cierta manera, aunque Brandon la contesta de forma consistente haciéndose a sí mismo como chico. No se podría decir que Brandon es lesbiana porque, sin duda, los chicos se hacen a sí mismos como chicos, y ninguna anatomía entra en el género sin haber sido «hecha» en cierta manera.

¿Sería más fácil preguntar si la lesbiana que solo hace el amor utilizando su dildo para penetrar a su amiga, cuya sexualidad está tan plenamente escrita por la heterosexualidad aparente que no es posible otra relación, es un chico o el «chico»? Si ella dice que solo puede hacer el amor como «chico», entonces se podría decir que en la cama es transgénero, pero no en la calle. El traspaso de género de Brandon plantea un desafío constante a las normas públicas de la cultura, ocupando así un lugar más público, en un continuo con el transgénero. No se trata simplemente de ser capaz de realizar el acto sexual en cierta manera, sino también de aparecer como un género masculino. Así pues, en este sentido, Brandon no es lesbiana, aunque la película ceda y pretenda devolverle ese estatus después de la violación, implicando así que el retorno (¿o el logro?) del lesbianismo en cierta manera viene facilitado por esa violación devolviendo así a Brandon, como los violadores trataron de hacer, a una «verdadera» identidad femenina que «se conforma» con la anatomía. Este «conformarse» solo significa que se instrumentaliza la anatomía de acuerdo con las normas aceptadas de la cultura y que se produce una «mujer» como el efecto de la instrumentalización y de la normalización del género, aunque se permita que el deseo sea queer. Se podría conjeturar que Brandon solo quiere ser un chico en público con el fin de lograr el derecho legítimo de tener relaciones sexuales como las que tiene, pero dicha explicación asume que el género es un mero instrumento de la sexualidad. Sin embargo, el género tiene sus propios placeres para Brandon y sirve sus propios propósitos. Estos placeres de la identificación exceden los del deseo y, en este sentido, Brandon no es sencillamente una lesbiana.

El reconocimiento y los límites de la complementariedad

¿Puede la complementariedad de género ser de utilidad en este tema? Benjamin escribe: «La crítica a la complementariedad de género acaba planteando una paradoja: desbarata las categorías oposicionales de la feminidad y la masculinidad mientras reconoce que estas posiciones organizan la experiencia de forma ineludible».[13] Y justo antes de esta declaración, se pregunta «si no empezamos con la oposición entre hombre y mujer, con la posición negativa de la mujer en ese binario, parece que disolvemos la base misma de nuestro cuestionamiento de las categorías de género». Pero ¿cuáles eran esas preguntas? ¿Se plantearon de la forma correcta? ¿Era correcto presuponer el binario del hombre y la mujer cuando hay tantas vidas de género que no pueden asumirlo? ¿Era correcto ver la relación como binaria cuando la referencia a lo terciario es lo que nos permitió ver los objetivos homosexuales que atraviesan la relacionalidad heterosexual? ¿Deberíamos, en cambio, haber formulado estas preguntas sobre el género? ¿A qué precio psíquico se establece el género normativo? ¿Cómo es que la complementariedad de género presupone un heterosexual autorreferente al que, por definición, no se le cruza ningún deseo homosexual? Si no pudimos hacer estas preguntas en el pasado, ¿no forman ahora parte del desafío teórico de un psicoanálisis preocupado por la política de género y por la sexualidad, feminista y queer a la vez?

Es importante formular así estas preguntas si queremos ofrecer reconocimiento, si creemos que el reconocimiento es un proceso recíproco que mueve a los yoes más allá de sus disposiciones incorporativas y destructivas hacia una comprensión de otro yo cuya diferencia con nosotros debe marcarse por imperativo ético. Como espero haber dejado claro, no tengo ningún problema con la norma del reconocimiento tal como funciona en el trabajo de Benjamin y, de hecho, creo que es una norma apropiada para el psicoanálisis. Pero me pregunto si, bajo la rúbrica del reconocimiento, no se ha introducido una esperanza insostenible en sus descripciones acerca de lo que es posible. Además, tal como he indicado anteriormente, en concreto yo cuestiono la sobreinclusión que Benjamin describe como la condición que permite el reconocimiento de un Otro separado, que no repudiado ni incorporado.

En primer lugar, debemos volver a plantear la cuestión de si la negación puede separarse claramente de la destrucción, como sugiere Benjamin. Y luego reconsiderar la noción hegeliana de reconocimiento enfatizando su estructura exstática y preguntarnos si es compatible con el modelo de sobreinclusión. ¿Cómo puntúan dichos modelos en relación con la cuestión ética de si facilitan el reconocimiento y en qué forma? Finalmente, ¿cuáles son las implicaciones de estas diferentes nociones de reconocimiento para pensar el yo en relación con la identidad?

Benjamin afirma claramente que, desde la publicación de *The Bonds of Love*, ha defendido que «la negación es un momento igualmente vital en el movimiento del reconocimiento. Tampoco puede ningún llamamiento a la aceptación de la otredad permitirse dejar atrás la inevitable ruptura del reconocimiento en la dominación».[14] Esto representa su postura tal como fue publicada en 1998. No obstante, desde entonces ella se ha alejado de esta «ruptura inevitable». Mientras que en un primer momento parecía afirmar que el reconocimiento presupone la negatividad, su enfoque actual parece implicar que la negatividad es un suceso ocasional y contingente que sobreviene al reconocimiento, pero que no lo define en ningún sentido. Por ejemplo, Benjamin escribe que «deberíamos esperar rupturas en el reconocimiento», pero que la «destrucción» puede ser superada: «La destrucción continúa hasta que se hace posible la supervivencia en un nivel más auténtico». El reconocimiento es el nombre que da a este nivel auténtico, definido como la trascendencia de lo destructivo. Luego lo describe como un «proceso dialógico» en el cual se reconoce la externalidad. En tal situación, el analista no es una idealización porque todavía es un fracaso liberar al analista de la internalidad. Es el Otro, tal como él o ella atraviesan el ideal o la imagen persecutoria, el que marca el «auténtico» surgir de un encuentro dialógico y la creación de lo que Benjamin denomina un «espacio intersubjetivo».

La pregunta que formulo es: ¿el espacio intersubjetivo, en su modo «auténtico», queda alguna vez fuera de la destrucción? Y si queda completamente fuera de la destrucción, ¿está más allá de la psique de forma que ya no es útil para el psicoanálisis? Si el «tercero» se redefine como la música o la armonía de un encuentro dialógico, ¿qué pasa con los otros «terceros»: el niño que interrumpe el encuentro, el antiguo amante en la puerta o en el teléfono, el pasado al que no se puede volver, el futuro que no puede ser contenido, el inconsciente mismo mientras afronta una circunstancia no esperada? Sin duda todas estas negatividades, estas fuentes de «destrucción», no pueden ser completamente superadas, eliminadas o resueltas en la armoniosa música del diálogo. ¿Qué disonancia ahoga esta música? ¿Qué está repudiando para llegar a ser? ¿Qué sucede si la música resulta ser de Mahler? Si aceptamos que el problema en la relación no es solo una función de complementariedad, de proyectar sobre el otro lo que pertenece a uno mismo, ni de incorporar otro que debería considerarse como separado, será difícil sostener el modelo de reconocimiento, que finalmente permanece diádico en su estructura. Pero si aceptamos que el deseo hacia el Otro pueda ser el deseo del deseo del Otro, y si aceptamos también la multitud de formulaciones equívocas de esta posición, entonces me parece que reconocer al Otro requiere asumir que la díada rara vez, si no nunca, es lo que parece ser. Si las relaciones son fundamentalmente diádicas, yo permanezco en el centro del deseo del Otro, y el narcisismo queda, por definición, satisfecho. Pero si el deseo funciona a través de relevos cuya huella no es siempre fácil de trazar, entonces quien yo sea para el Otro, por definición, correrá el riesgo del desplazamiento. ¿Se puede encontrar al Otro a quien amar aparte de todos los Otros que han habitado alguna vez en el lugar de ese Otro? ¿Se puede liberar al Otro, por así decirlo, de la historia de la condensación psíquica y del desplazamiento o, incluso, del precipitado de las relaciones objeto abandonadas que forman el ego mismo? ¿O es parte de lo que implica «reconocer» al Otro reconocer que él o ella llega, por necesidad, con una historia que no tiene a uno mismo como su centro? ¿No es esto parte de la humildad necesaria en todo reconocimiento y también parte del reconocimiento que conlleva el amor?

Creo que Benjamin podría decir que cuando se reconoce que uno no está en el centro de la historia del Otro, se reconoce la diferencia. Y si uno no responde a ese reconocimiento con la agresión, con la destrucción omnipotente, entonces se está reconociendo la diferencia como tal y comprendiendo esta característica distintiva del Otro como una relación de «negación» («no yo») que no se resuelve mediante la destrucción. La negación es la destrucción que ha sobrevivido. Pero si esta es la respuesta de Benjamin, me parece que entraña un reconocimiento adicional de la necesaria ruptura de la díada en algo que no puede ser contenido o suprimido dentro de esa estructura limitada. La díada es un logro, no una presuposición. En parte la dificultad de hacerla funcionar precisamente está causada por el hecho de que se logra dentro de un horizonte psíquico que es fundamentalmente indiferente. Si la negación es la destrucción que ha sobrevivido, ¿en qué consiste esta supervivencia? Ciertamente, tal formulación implica que la «destrucción» se supera de alguna forma, e incluso que se supera para siempre. Pero ¿esto es realmente posible para los humanos? ¿Confiaríamos en aquellos que afirman haber superado la destructividad y alcanzado para siempre la díada armoniosa? Yo, por ejemplo, tendría mis dudas.

No necesitamos aceptar una teoría de los instintos que afirme que la agresión siempre está latente, que es constitutiva a nuestro ser, para aceptar que la destructividad continuamente se plantea como un riesgo. Ese riesgo es un aspecto perenne e irresoluble de la vida psíquica humana. Como resultado, cualquier norma terapéutica que trate de superar la destructividad se basará en una premisa imposible. Ahora bien, puede ser que el imperativo ético que Benjamin desearía derivar de su distinción entre destrucción y negación es que la primera debe continuamente sobrevivir como negación, mediante un afán incesante. Pero el dinamismo temporal que invoca no es el de la lucha que se repite a sí misma, el ocuparse de una destructividad que continuamente debe ser puesta de nuevo en escena, una relación en la cual se esperan formas inevitables de interrupción; más bien, es un diálogo que sostiene la tensión como un «fin en sí mismo»; en otras palabras, un movimiento teleológico cuyo fin es superar la destrucción.

Cuando Hegel introduce la noción de reconocimiento en la sección sobre el amo y el esclavo de su *Fenomenología del espíritu*, narra el primer encuentro con el Otro en términos de pérdida de uno mismo: «La conciencia de uno mismo [...] ha *surgido de sí misma* [...] se ha perdido a sí misma porque se encuentra a sí misma en *otro* ser» (parte III). Podría pensarse que Hegel está sencillamente describiendo un estado patológico en el cual una fantasía de absorción por el Otro constituye una experiencia temprana o primitiva. Pero en realidad está diciendo algo más. Está sugiriendo que, sea lo que sea la conciencia, sea lo que sea el yo, el sujeto solo se encontrará a sí mismo a través de una reflexión de sí mismo en otro. Para ser uno mismo, se debe pasar a través de la pérdida de sí, y después de atravesarla nunca más «retornará» a ser lo que era. No obstante, ser reflejado en otro o a través de otro tendrá un doble significado para la conciencia, dado que, mediante la reflexión, la conciencia se recuperará a sí misma de nuevo. Pero, en virtud del estatus externo de la reflexión, se recuperará a sí misma como externa y, por tanto, continuará perdiéndose. Así pues, la relación con el Otro será ambivalente de forma invariable. El precio del autoconocimiento será la pérdida de uno mismo, y el Otro plantea la posibilidad de obtener y socavar el autoconocimiento a la vez. No obstante, lo que resulta claro es que el yo nunca retorna a sí mismo sin el Otro, que su «relacionalidad» se convierte en constitutiva de lo que el otro es.

Benjamin y yo estamos de acuerdo acerca de este último punto. En lo que creo que diferimos es en la comprensión de la relacionalidad. Desde mi punto de vista, Hegel ha ofrecido una noción exstática del yo que, por necesidad, está fuera de sí mismo, que no es idéntico a sí mismo, sino que está diferenciado desde el principio. Es el yo que está aquí el que considera su reflejo allí, aunque esté allí igualmente, siendo reflejado y reflejando. Su ontología debe dividirse precisamente y expandirse de formas inabarcables. En realidad, cualquiera que sea el yo que emerge en el curso de la *Fenomenología del espíritu*, se trata siempre de un alejamiento de su apariencia anterior; se transforma a través de su encuentro con la alteridad, no con el fin de volver a sí mismo, sino para convertirse en el yo que nunca fue. La diferencia lo lanza a un futuro irreversible. En estos términos, ser un yo es estar a cierta distancia de lo que uno es, no disfrutar de la prerrogativa de la autoidentidad (lo que Hegel denomina la autocerteza), sino estar siempre siendo arrojado fuera de uno mismo, como Otro de uno mismo. Creo que esta concepción del yo enfatiza una interpretación diferente de Hegel de la que se encuentra en el trabajo de Benjamin. Sin duda es una interpretación en la cual la metáfora de la «inclusión», el «yo incluyente» no funcionaría. Voy a tratar de explicar por qué.

En el capítulo titulado «The Shadow of the Other Subject», sobre el libro *Feminist Contentions*, en el que yo también participé junto con otras cuatro filósofas feministas, Benjamin ofrece un extenso estudio, posiblemente el estudio publicado más importante. Benjamin ve con preocupación mi adhesión a una noción del yo que requiere la exclusión (pág. 102), así como la ausencia de un término complementario para el término «inclusión» en mi trabajo. Ella sugiere que si yo pongo objeciones a ciertas formas en las cuales el sujeto se forma mediante la exclusión, tendría sentido que abrazara un ideal normativo en el cual la exclusión sería superada: «Solo la inclusión, el reconocimiento de lo que fue repudiado, en definitiva, de lo que es *propio*, podría autorizar un lugar a esa otredad fuera del yo en el reino de la externalidad, le conferiría reconocimiento al yo de forma separada» (pág. 103). Por supuesto, surge un problema metafórico en tanto que la «inclusión» nombra un proceso por el cual se reconoce lo «externo». Pero ¿se trata de algo más que una dificultad metafórica o, más bien, la dificultad metafórica nos plantea una cuestión teórica más problemática? Benjamin ofrece la «inclusión» como el opuesto complementario o la forma negativa de exclusión o abyección que yo examino en *Cuerpos que importan*, pero reserva el término «externo» para referirse a aquel aspecto del Otro que aparece bajo las condiciones de un auténtico diálogo. Así pues, la exclusión, ya sea entendida como expulsión, como abyección o como repudio, permanece en la órbita de una forma complementaria de separación; una forma que, desde su punto de vista, eclipsa totalmente al Otro mediante una proyección repudiada. Entonces el Otro es «externo» pero solo cuando ya no está «excluido». Ahora bien, ¿se «posee» al Otro en dicho momento o es que desde el principio se da una cierta desapropiación que permite al Otro aparecer? Este sería el argumento de Laplanche y ciertamente sería también el de Levinas y el de Drucilla Cornell.[15] Es precisamente la lógica de la apropiación y la desapropiación lo que hace salir al Otro del circuito narcisista del sujeto. De hecho, se podría decir que, para Laplanche, la alteridad surge más allá de la cuestión de la propiedad.[16]

Quisiera sugerir que la noción exstática del yo de Hegel resuena en esta noción del yo que invariablemente se pierde a sí mismo en el Otro que procura la existencia del yo. Aquí el «yo» no es el mismo que el sujeto, el cual es una presunción de autodeterminación autónoma. El yo en Hegel viene marcado por una cautividad primaria en el Otro, una cautividad en la que ese yo se expone al riesgo. El momento en «El amo y el esclavo» en el cual las dos autoconciencias llegan a reconocerse la una a la otra es, por consiguiente, en la «lucha a vida o muerte», el momento en el que cada uno ve el poder compartido que tiene para aniquilar al Otro y, así, destruir la condición de su propia autorreflexión. Así pues, el reconocimiento se hace posible en un momento de vulnerabilidad fundamental y la necesidad se torna autoconsciente. En ese momento, lo que el reconocimiento hace es contener la destrucción para estar seguro. Pero también implica que el yo no se posee a sí mismo, sino que se entrega al Otro por anticipado en cualquier relación posterior, pero de tal forma que el Otro tampoco lo posee. Y el contenido ético de esta relación con el Otro se encuentra en este estado fundamental y recíproco de ser «entregado». Para Hegel sería solo en parte cierto decir que el yo llega a «incluir» al

Otro (Benjamin distinguiría aquí entre «inclusión» e «incorporación» y los plantearía como opuestos). Porque el yo siempre es otro de sí mismo, no tanto un «contenedor» o una unidad que puede llegar a «incluir» a Otros dentro de su ámbito. Por el contrario, el yo siempre se está encontrando a sí mismo como el Otro, convirtiéndose en el Otro para sí mismo, y esta es otra forma de marcar el opuesto de la «incorporación». El yo no acoge al Otro, sino que se encuentra a sí mismo transportado fuera de sí mismo en una relación irreversible de alteridad. En un cierto sentido, el yo «es» esta relación con la alteridad.

Aunque a veces Benjamin se refiere a las concepciones «posmodernas» del yo que presumen su carácter «dividido» y «descentrado», no llegamos a saber exactamente qué significan estos términos. No basta con decir que primero hay un yo y que luego se divide, ya que el yo que estoy perfilando aquí está más allá de sí mismo desde el inicio y está definido por su exstasis ontológico, esa relación fundamental con el Otro en la cual se encuentra a sí mismo ambiguamente instalado fuera de sí mismo. Sugiero que este modelo es una manera de cuestionar cualquier afirmación relacionada con la autosuficiencia del sujeto y con el carácter incorporativo de toda identificación. Y en este sentido, no está lejos de la posición de Benjamin. Puede que esto no sea «dividirse» en el sentido psicoanalítico, pero puede que sea una divisibilidad ontológica sobre la cual descansa la noción psicoanalítica de división y la cual elabora. Si asumimos que el yo existe y que luego se divide, asumimos que el estatus ontológico del yo es autosuficiente antes de que se someta a su división (se podría decir que es un mito aristofánico que resurge dentro de la metapsicología de la psicología del ego). Pero esto no conlleva comprender la primacía ontológica de la relacionalidad misma y sus consecuencias para pensar el yo en su necesaria (y éticamente consecuente) falta de unidad. Una vez se piensa el yo de este modo, se empieza a observar cómo las formas verbales son las que más se acercan a la expresión de esta relacionalidad fundamental. Aunque el sentido común nos impulse a preguntar: ¿no hay un yo que se identifique?, ¿un yo que lleva luto?, ¿acaso no sabemos todos que dicho yo existe? Aquí parece que las necesidades convencionales y precríticas de la gramática ganan a la exigencia de la reflexión crítica. Tiene sentido hablar acerca de un yo, pero ¿estamos seguros de que está intacto antes del acto de división? ¿Qué implica insistir sobre un sujeto que «performa» su propia división? ¿No hay nada desde lo cual un sujeto se divida desde el principio que ocasione la formación del sujeto mismo? ¿No hay una producción del inconsciente que ocurra de forma concomitante con la formación del sujeto, entendida como una actividad autodeterminante? Y si el yo que se divide se encuentra ya a una distancia, ¿cómo debemos entender lo que la división implica para dicho yo? Sí, es posible y necesario decir que el sujeto se divide, pero de ahí no se deduce la formulación del sujeto como un todo único o autónomo. Porque si el sujeto a la vez está dividido y se está dividiendo, será necesario saber qué tipo de división fue la que lo inauguró, qué tipo de división sufre en cuanto suceso psíquico contingente, y cómo estos diferentes niveles de división se relacionan entre sí, si es que lo hacen.

Por tanto, esta es una perspectiva sobre la relacionalidad derivada de Hegel en la que se afirma que el yo busca y ofrece reconocimiento a otro, pero, por otro lado, se afirma que el mismo proceso de reconocimiento revela que el yo está siempre posicionado de antemano fuera de sí mismo. Esta no es una idea particularmente «posmoderna», ya que se deriva del idealismo alemán y de las anteriores tradiciones extáticas del Medioevo. Sencillamente reconoce que «nosotros» que somos relacionales no existimos aparte de esas relaciones, y que no podemos pensar en nosotros mismos separadamente de los efectos descentradores que la relacionalidad implica. Además, cuando consideramos que las relaciones mediante las cuales estamos definidos no son diádicas, sino que siempre se refieren al legado histórico y al horizonte futuro que no está contenido en el Otro, sino que constituye algo así como el Otro del

Otro, entonces parece deducirse que lo que nosotros «somos» es, fundamentalmente, un sujeto en una cadena temporal de deseo que solo ocasional y provisionalmente toma la forma de la díada. Quiero reiterar que el desplazamiento del modelo binario de pensamiento acerca de la relacionalidad también nos ayudará a apreciar los ecos de la triangulación en el deseo heterosexual, homosexual y bisexual, y a comprender mejor la relación entre la sexualidad y el género.

Tenemos que agradecer a Jessica Benjamin que haya iniciado el diálogo más importante entre el género y la sexualidad que conocemos situado en los intersticios de la filosofía y el psicoanálisis. Ahora volvamos a pensar de nuevo sobre lo que podría implicar reconocernos mutuamente teniendo en cuenta que se trata de mucho más que de dos.

Los dilemas del tabú del incesto

Quisiera tratar dos cuestiones que no solo han causado un cierto descontento en el psicoanálisis, sino que surgen dentro de él como su propia esfera de descontento: el incesto y el parentesco normativo. La forma más destacada mediante la cual están relacionados es a través del tabú del incesto, dado que lo que el tabú prohíbe por una parte, lo inaugura y legitima por la otra. Quisiera hacer dos observaciones diferenciadas acerca del incesto y del parentesco: una tiene relación con los debates contemporáneos sobre el incesto, sobre cómo debería ser conceptualizado y si debería conceptualizarse; y la otra concierne a la relación entre la prohibición del incesto y el establecimiento de los acuerdos del parentesco normativo que presuntamente toman una forma heterosexual. Quisiera sugerir que el psicoanálisis, teórico y práctico, se rejuvenecería si volviera a tratar de las cuestiones del incesto y del parentesco, así como su interrelación. Por una parte, la teoría psicoanalítica ha dado por supuesto que al drama edípico, en el que se fantasea con el amor incestuoso del hijo por su madre a la vez que se teme dicho amor, le sigue una prohibición que fuerza al hijo a amar a una mujer que no sea su madre. La pasión incestuosa de la hija está menos explorada en el corpus freudiano, pero su renuncia al deseo hacia su padre culmina en una identificación con su madre y en un desplazamiento hacia el hijo como un fetiche o un sustituto del pene. En el contexto de la lingüística estructural, este tabú del incesto primario se convierte en el modo en que se ocupan las posiciones sexuales, así como en el modo en que se diferencia lo masculino de lo femenino y se defiende la heterosexualidad. Aunque el psicoanálisis nos ha trazado este camino a través de la normalización del género y de la sexualidad, también ha insistido desde sus inicios en que el «desarrollo» que describe no está en ningún sentido garantizado. Como resultado, el psicoanálisis nos da, y quizá también nos representa, parte de este drama de la normalización sexual, así como sus inevitables desviaciones.

En la narrativa del desarrollo generalmente se describe el incesto como una fantasía que puede castigarse. Y una de las principales cuestiones que surgen dentro del contexto del debate social contemporáneo sobre el incesto es si este es real o si es una fantasía, y cómo se puede determinar epistemológicamente la diferencia entre los dos. Para algunos, el dilema epistemológico se responde averiguando si existen recuerdos falsos y dirimiendo qué respeto merecen las explicaciones en primera persona sobre experiencias que, a menudo, se atribuyen a la temprana infancia. Para otros, el tema de la «realidad» del incesto enlaza con cuestiones más amplias relacionadas con la historiografía de la memoria, es decir, con la cuestión de si los «eventos» históricos pueden confirmarse de forma separada al campo interpretativo en el cual aparecen y si, consecuentemente, la imposibilidad de negar sucesos traumáticos —típicamente ejemplificada en la aniquilación de los judíos europeos— puede afirmarse con seguridad en oposición a los historiadores revisionistas.

Actualmente, estas cuestiones se complican todavía más a raíz de la aparición de estudios sobre el trauma (Caruth, Felman, Laub), en los cuales prevalece el argumento que defiende que, por definición, no se puede captar el trauma a través de la representación ni mediante el recuerdo; el trauma es precisamente aquello que convierte todo recuerdo en falso, se podría decir, y que se da a conocer a través del intervalo que trastorna todo esfuerzo encaminado a la reconstrucción narrativa.

En lo que concierne al incesto, la cuestión gira en torno a las relaciones entre el recuerdo, el suceso y el deseo: ¿el suceso *precede* al recuerdo?, ¿es la memoria la que retroactivamente propone un suceso?, ¿o es un deseo el que toma la forma de recuerdo? Aquellos que quieren subrayar la prevalencia del incesto como una práctica familiar abusiva tienden a insistir en que es un suceso y que, en tanto que recuerdo, es un recuerdo de un suceso. Y a veces, esto toma la forma de una premisa dogmática: para que sea traumático y real, se debe entender el incesto como un suceso. Sin embargo, precisamente esta posición es la que desmonta la perspectiva de los estudios del trauma mencionada anteriormente, según la cual el signo de un trauma y su prueba son precisamente su resistencia a la estructura narrativa de un suceso.

Aquellos a los que preocupan las falsas alegaciones y que creen que estamos en medio de un brote público de tales falsas alegaciones pueden manifestarse en contra de una perspectiva psicoanalítica o a favor de una. Pueden, por ejemplo, insistir en que el incesto es o bien un recuerdo inducido por la terapia, o bien, con menor frecuencia, un deseo que se transmuta en un recuerdo falso. Una aproximación psicoanalítica se interroga sobre si el incesto es meramente un deseo, o por derivación, un deseo transformado en recuerdo. Este punto de vista sugiere que la narrativa que da cuenta del incesto se correlaciona con el suceso psíquico, pero no con un suceso histórico, y que los dos niveles del suceso no pueden disociarse de una forma clara. Sin embargo, es posible un tercer punto de vista dentro del psicoanálisis: el que insiste en que el trauma se cobra su peaje en la narratividad; es decir, que en la medida en que el incesto adopta una forma traumática, no se puede recuperar como suceso; como trauma, no puede tomar la forma de un suceso recordado o narrable. Así pues, no se puede basar la afirmación de su veracidad histórica demostrando que el incesto tiene una estructura de suceso. Por el contrario, en el momento y lugar en los que el incesto *no* puede imaginarse como suceso es donde su propia imposibilidad de ser imaginado actúa como testimonio de su carácter traumático. Por supuesto, esto sería un «testimonio» difícil de probar en un tribunal que se guíe por los estándares que determinan el estatus empírico de un suceso. Por el contrario, el trauma le cobra también un peaje al empirismo.

Por tanto, el trauma del incesto se interpreta de varias formas: como una imposición brutal sobre el cuerpo del niño, como una incitación explotadora del deseo del niño o como lo radicalmente irrepresentable en la experiencia del niño o en el recuerdo del adulto de cuya infancia se trata. Además, en la medida en que el psicoanálisis atribuye la fantasía incestuosa y su prohibición al proceso por el cual se da la diferenciación de género (así como al ordenamiento sexual del género), resulta difícil distinguir entre el incesto como fantasía traumática de carácter esencial en la diferenciación sexual de la psique, y el incesto como trauma que debe ser claramente clasificado como una práctica abusiva y en ningún sentido esencial para el desarrollo psíquico y sexual.

Aquí abundan las oportunidades para la división de opiniones. Desde un punto de vista psicoanalítico (el cual, definitivamente, no está formado por una serie de expectativas unificadas y armoniosas), los temas urgentes parecen ser: ¿cómo explicar la persistencia más o menos general del tabú del incesto y sus traumáticas consecuencias como parte del proceso de diferenciación que allana el camino hacia la sexualidad adulta sin menospreciar las alegaciones sobre la práctica incestuosa que son claramente traumáticas, innecesarias e inaceptables? El esfuerzo para reducir las alegaciones sobre la realidad del incesto como los síntomas de una fantasía negada no es más aceptable que el esfuerzo para suponer la veracidad de todas las alegaciones de incesto. Los esfuerzos deben encaminarse a descubrir cómo las pasiones incestuosas que forman parte de la aparición de la sexualidad en la infancia se explotan precisamente a través de la práctica del incesto, una práctica que franquea los límites de una prohibición que debería mantenerse firmemente. Además, para comprender el trauma de dicha práctica, es importante no descartar el registro psíquico del dolor, no interpretar la ausencia de evidencia empírica o de una historia que se pueda narrar como un signo de que este trauma existe meramente en el plano de la fantasía. Si la teoría del trauma está en lo cierto al afirmar que a menudo el trauma conduce a la imposibilidad de la representación, entonces no hay manera de decidir cuestiones relacionadas con el estatus psíquico y social del incesto recurriendo directamente a su representación. Hay que leer las elipsis, las lagunas, la ausencia, y esto implica que el psicoanálisis deberá reaprender la habilidad de leer narrativas fracturadas.

Hay dos breves puntos que quisiera recapitular en relación con esta serie de dilemas epistemológicos que han surgido. En primer lugar, quisiera recordar que la distinción entre suceso y deseo no está tan clara como a veces se afirma. No es necesario imaginar el incesto entre padres e hijos como un impacto unilateral sobre el niño por parte de los padres, ya que cualquier impacto que se dé será también registrado en la esfera de la fantasía. De hecho, para comprender la violación que puede ser el incesto —y también para distinguir entre aquellas ocasiones de incesto que son una violación y las que no lo son— no es necesario concebir el cuerpo del niño como una superficie exclusivamente impuesta desde el exterior. Por supuesto, lo que se teme es que si resulta que el deseo del niño ha sido explotado o incitado por el incesto, esto de alguna forma restará valor a la comprensión del incesto entre padres e hijos como una violación. La reificación del cuerpo del niño como una superficie pasiva constituiría así, en el plano teórico, una privación más para el niño: la privación de una vida psíquica. Puede también decirse que se perpetraría una privación de otro orden. Después de todo, cuando tratamos de pensar sobre qué tipo de explotación puede ser el incesto, a menudo es precisamente el amor del niño el que se explota en la escena del incesto. Pero si desestimamos lo que le ocurre al amor del niño y a su deseo en la relación incestuosa traumática con un adulto, resulta imposible describir las profundas consecuencias psíquicas de ese trauma.

Se puede tener la tentación de concluir que el suceso siempre se registra psíquicamente, y como resultado, hablando con rigor, no puede separarse de la escenificación psíquica del suceso: lo que se narra, si puede ser narrado, es precisamente la mezcla de los dos. Pero esta solución no concierne a lo que no puede narrarse, aquello para lo cual no hay historia ni informe ni representación lingüística. En el caso del trauma que no es ni suceso ni recuerdo, su relación con el deseo no puede leerse fácilmente. Para reconocer la gravedad de la violación, lo cual es una obligación ética, no es necesario forzar al sujeto a probar la veracidad histórica del «suceso», porque puede ser que el propio signo del trauma sea la imposibilidad de acceder a los términos que establecen su veracidad histórica, es decir, cuando lo que es histórico y lo que es cierto se convierten en impensables y en no cognoscibles.

Desde una perspectiva clínica, siempre es posible afirmar que no importa si el trauma ocurrió o no, ya que la cuestión es averiguar el significado psíquico de un relato sin juzgar su realidad. Pero ¿realmente podemos disociar la cuestión del significado psíquico de la del significado del «suceso» si cierta confusión acerca de si ha ocurrido el suceso es precisamente parte de su efecto traumático? Puede ser que lo que sea impensable sea el acto que un padre o una madre ha performado (o estaba dispuesto a realizar), o puede ser que lo que sea impensable sea precisamente su convergencia en el suceso.

¿Qué constituye los límites de lo pensable, de lo narrable, de lo inteligible? ¿Qué constituye *el límite de lo que puede pensarse como cierto*? Creo que estas son preguntas que el psicoanálisis siempre ha hecho, precisamente porque se basa en una forma de escuchar analítica y en una forma de «leer» que da por sentado que lo que se constituye como el reino de lo concebible está basado en la exclusión (represión o negación) de lo que resulta difícil o imposible de pensar.

Por supuesto, no se trata de decir que nada se piensa, que no se cuenta una historia y que no se hace una representación; cualquiera que sea la historia y la representación que surjan para dar cuenta de ese suceso, que no es tal, estarán sujetas a la misma catacresis que yo performo cuando me refiero a ello inapropiadamente como un suceso; será la catacresis que debe leerse por lo que indica, pero no puede decir, o por lo indecible en lo que se dice. Lo que sigue siendo crucial es una forma de lectura que no trata de encontrar la verdad de lo que ocurrió, sino que, más bien, se pregunta cómo ha afectado ese no suceder a la cuestión de la verdad. Dado que parte del efecto de esa violación, cuando lo es, es precisamente convertir el conocimiento de la verdad en una posibilidad infinitamente más remota, estamos ante un caso de violencia epistémica. Insistir entonces en verificar la verdad es precisamente omitir el efecto de la violación en cuestión, lo que equivale a poner en crisis la posibilidad del conocimiento de la verdad.

Así que continúo añadiendo esta salvedad: «siempre que el incesto sea una violación»; es decir, puede haber ocasiones en las que no lo es. ¿Por qué hablo de esta forma? Bien, creo que probablemente hay formas de incesto que no son necesariamente traumáticas o que obtienen su carácter traumático de la conciencia de vergüenza social que producen. Pero lo que más me preocupa es que el término «incesto» sea sobreinclusivo; que la derivación de la normalidad sexual que implica se confunda demasiado fácilmente con otros tipos de desviaciones. El incesto se considera vergonzoso, lo cual explica la dificultad de su articulación, pero ¿hasta qué punto se estigmatiza como una irregularidad sexual aterradora, repulsiva o impensable de formas que no se aplican a otras desviaciones de la norma de la heterosexualidad exogámica? Las prohibiciones que funcionan para prohibir el intercambio sexual no normativo también funcionan para instituir y vigilar las normas del presunto parentesco heterosexual. Es interesante que, aunque el incesto se considera como una desviación de la norma, algunos teóricos, como Linda Alcoff, entre otros, argumentan que es una práctica que generalmente apoya la estructura patriarcal de la familia. Sin embargo, dentro del ámbito del psicoanálisis, y en particular del psicoanálisis estructuralista, las posiciones de la madre y del padre determinan efectos diferenciales del tabú del incesto. Aunque la propia existencia del tabú del incesto presupone que ya existe la estructura familiar, ¿cómo sino puede comprenderse la prohibición de las relaciones sexuales con miembros de la propia familia sin una concepción previa de familia? Sin embargo, dentro del estructuralismo las posiciones simbólicas de la Madre y el Padre solo se sostienen a través de la prohibición, de forma que la prohibición produce tanto la posición de la Madre como la del Padre en términos de una serie de relaciones sexuales endogámicas proscritas. Algunos analistas lacanianos tratan estas posiciones como si fueran intemporales y necesarias, el asiento psíquico que cada niño tiene o adquiere a través de su entrada en el lenguaje.

Esta es una cuestión complicada que ya he examinado en otros escritos. No obstante, quisiera subrayar que el estatus simbólico de esa posición no se considera equivalente a su posición social, y que la variabilidad social de la paternidad, de la maternidad y de la estructura familiar no está reflejada en el sempiterno binarismo Madre/Padre que se encuentra en el plano simbólico. Insistir en que el parentesco se inicia a través de medios lingüísticos y simbólicos que definitivamente no son sociales creo que implica no comprender que el parentesco es una práctica social contingente. Desde mi punto de vista no existe una posición simbólica de Padre y Madre que no sea precisamente la idealización y la calcificación de normas culturales contingentes. Tratar estas formas variables como presuposiciones de la cultura y de la salud psíquica implica el absoluto divorcio entre el psicoanálisis de la diferencia sexual y su contexto sociológico. Implica también restringir las nociones de normatividad que se encuentran a nuestra disposición a aquellas que ya están de antemano codificadas en una ley universal de la cultura.

Así pues, la ley que instalaría el tabú del incesto como el fundamento simbólico de la estructura familiar declara la universalidad del tabú del incesto, así como sus innecesarias consecuencias simbólicas. Una de las consecuencias simbólicas de la ley así formulada es precisamente la desrealización de las formas parentales de gays y lesbianas, de los hogares monoparentales y de los acuerdos familiares mixtos en los cuales puede que haya más de una madre o padre, donde la misma posición simbólica se dispersa y se rearticula en nuevas formaciones sociales.

Si uno defiende la perdurable eficacia simbólica de esta ley, entonces me parece que resulta difícil, si no imposible, concebir que la práctica incestuosa ocurre. También resulta difícil, si no imposible, concebir el lugar psíquico del padre o de la madre, o de ambos, de formas que desafíen la normatividad heterosexual. Si existe un desafío a la universalidad de la heterosexualidad exogámica desde dentro (a través del incesto), o desde organizaciones sociales de la sexualidad que actúan como rivales (lesbianas, gays, bisexuales, parejas no monógamas), cada una de estas desviaciones de la norma se torna en algo difícil de reconocer dentro del esquema que también afirma que la eficacia del tabú del incesto determina el campo de la inteligibilidad sexual. En cierto sentido, el incesto se niega en la ley del incesto, y las formas de sexualidad que se distancian de la norma se convierten en ininteligibles (a veces, por ejemplo, incluso se considera que inducen a la psicosis, como cuando los analistas argumentan en la vena estructuralista que la relación parental con personas del mismo sexo presenta un riesgo de psicosis para niños criados en dichas condiciones).

Un argumento que en ocasiones presenta el psicoanálisis es que, aunque se supone que el tabú del incesto facilita la exogamia heterosexual, nunca funciona del todo bien y que la serie de perversiones y fetichismos que normalmente comprende la sexualidad humana demuestra el fracaso de la ley simbólica en su intento de ordenar completamente nuestras vidas sexuales. Se supone que este argumento debe persuadirnos de que nadie ocupa realmente el lugar de la norma y de que el psicoanálisis nos convierte a todos en pervertidos y fetichistas. El problema con esta respuesta es que la forma de la norma, aunque sea inhabitable, permanece sin cambios y, aunque esta formulación nos considere a todos igualmente como seres desviados, no rompe con la estructura conceptual que plantea una norma singular e invariable y sus desviaciones. En otras palabras, no hay forma de que la paternidad o la maternidad de gays o bisexuales pueda reconocerse como una formación cultural perfectamente inteligible en lugar de ser considerada como una desviación. De forma similar, no hay forma de distinguir, como se debería, entre desviaciones de la norma como la sexualidad lesbiana y la práctica incestuosa.

En la medida en que hay formas de amor que están prohibidas o, al menos, privadas de realidad por parte de las normas que establecen el tabú del incesto, tanto la homosexualidad como el incesto pueden calificarse como dichas formas. En el primer caso, la desrealización conduce a una falta de reconocimiento como amor legítimo; en el segundo, conduce a una falta de reconocimiento hacia lo que puede que hayan sido una serie de encuentros traumáticos, aunque es importante tener en cuenta que no todas las formas de incesto son necesariamente traumáticas (por ejemplo, en la literatura del siglo XVIII a veces se presenta el incesto entre hermana y hermano como idílico). Pero si la cuestión es si debemos legitimar o no una forma no normativa de sexualidad, parece crucial que tengamos un marco teórico que no niegue por adelantado descripciones que pueden ser vitales. Si decimos que, por definición, ciertas formas de sexualidad no son inteligibles o que no podrían haber existido, nos arriesgamos a efectuar una duplicación, en el mismo lenguaje teórico que utilizamos, del tipo de negaciones que el psicoanálisis se afana por desvelar.

Para los que trabajan en la línea del psicoanálisis estructuralista y que consideran el análisis de Lévi-Strauss como fundacional, el tabú del incesto produce el parentesco normativo heterosexual y aparta del reino del amor y el deseo las formas de amor que traspasan y confunden la serie de relaciones de parentesco. En el caso del incesto, el niño cuyo amor se explota puede que ya no sea capaz de recuperar o reconocer ese amor como tal. Estas son formas de sufrimiento que son, al mismo tiempo, perturbaciones del reconocimiento. Y no ser capaz de reconocer el amor que emana de uno mismo, por doloroso que pueda ser, produce su propia melancolía, la alternativa suprimida y ambivalente al duelo. Entonces, ¿qué hay de las otras formas en las que el parentesco, que forma las condiciones de la inteligibilidad cultural para la posición estructuralista, es abrogado por un amor que rompe los límites de lo que serán y deberían ser las relaciones sociales vivibles, y aun así perdura? Existe otro tipo de catacresis o de habla inapropiada que empieza a operar. Si el tabú del incesto es también lo que se supone que instala al sujeto en la heterosexualidad normativa y si, como algunos defienden, esta instalación es la condición de posibilidad para una vida simbólica o culturalmente inteligible, entonces el amor homosexual surge como lo no inteligible dentro de lo inteligible: un amor que no tiene lugar en el nombre del amor, una posición dentro del parentesco que no es una posición.

Cuando el tabú del incesto funciona en este sentido para impedir un amor que no es incestuoso, lo que se produce es un reino del amor en la sombra, un amor que, a pesar de estar siendo impedido, persiste en una especie de suspensión ontológica. Lo que surge es una melancolía que está presente en la vida y en el amor que se encuentran fuera de lo habitable y fuera del campo del amor.

Entonces puede que sea necesario repensar la prohibición del incesto como aquello que en algunas ocasiones ofrece protección frente a una violación, pero que en otras ocasiones se convierte en el propio instrumento de violación. Lo que se opone al tabú del incesto no solo es ofensivo porque a menudo implica la explotación de aquellos cuya capacidad para el consentimiento es cuestionable, sino también porque expone la aberración en el parentesco normativo, la aberración que también puede, de una forma importante, volverse en contra de las constricciones del parentesco para forzar una revisión y una expansión de esos mismos términos. Si el psicoanálisis, en su teoría y en su práctica, retiene las normas heterosexuales de parentesco como la base de su teorización, si acepta esas normas como coextensivas con la inteligibilidad cultural, entonces el psicoanálisis también se torna el instrumento a través del cual esa melancolía se produce al nivel cultural. O si insiste en que el incesto está bajo la prohibición del tabú y que, por lo tanto, no puede existir, ¿no se está así performando una confiscación de la responsabilidad analítica hacia el sufrimiento psíquico? Sin duda, estas son aflicciones que no son necesarias en la vida.

Confesiones corporales

En este ensayo voy a considerar la relación entre el lenguaje, el cuerpo y el psicoanálisis centrándome en un acto en particular: el acto de la confesión.[1] No es este un acto simple, como probablemente saben, sino que tiene una relación capital con el entorno clínico, tal como yo lo entiendo. En la cultura popular, a menudo se imagina la oficina del terapeuta como el lugar adonde se acude para hacer una confesión. En el primer volumen de la *Historia de la sexualidad*, Michel Foucault describe el psicoanálisis como el descendiente histórico del confesionario, una perspectiva que constituye algo así como una versión del psicoanálisis que sus seguidores aceptan.[2]

La organización del poder político moderno mantiene y propaga nuevamente algunos elementos de las instituciones cristianas, así que parte de lo que Foucault denomina «el poder pastoral» sobrevive en las instituciones de la modernidad tardía. Con esta idea, Foucault trata de sugerir que surge una cierta clase de gente que cuida y asiste a las almas de los otros, y cuya tarea consiste en cultivarles éticamente y en conocer y dirigir su conciencia. Según Foucault, en la noción cristiana del pastor se halla de forma implícita la idea de que el pastor conoce sólidamente a la persona a la que dirige, y que la aplicación de este conocimiento es el medio a través del cual dicha persona está siendo dirigida y controlada. Así pues, el poder pastoral es aquella forma de poder mediante la cual tiene lugar la administración del alma. Afirmar que realmente se conoce el alma del otro y estar en posición de dirigir esa alma hacia la buena conciencia y la salvación es una afirmación potente que solo ciertos individuos muy bien entrenados están en disposición de hacer. Al aceptar el conocimiento sobre ellos mismos que se ofrece, aquellos cuyas almas están siendo administradas de esta forma llegan a aceptar que el discurso del pastor posee la autoridad de la verdad acerca de lo que ellos son, y que les habla acerca de ellos a través del mismo discurso que la verdad. En el primer volumen de la *Historia de la sexualidad,* Foucault presenta la confesión como el modo mediante el cual llegamos a ser controlados por los discursos que detenta la autoridad. Decimos lo que hemos pensado o hecho y entonces esa información se convierte en el material a través del cual se nos interpreta. Es como si se nos abriera al discurso de autoridad de aquel que detenta el poder pastoral. En la confesión mostramos que no estamos totalmente reprimidos, ya que traemos a la luz los contenidos ocultos. El postulado que afirma que «el sexo está reprimido» está de hecho al servicio de un plan que nos hace revelar el sexo. La obligación de revelar que nos viene impuesta se basa en la conjetura de que el sexo está reprimido y la explota. En opinión de Foucault, la única razón por la cual decimos que el sexo está reprimido es para poder traerlo forzosamente a la luz. Así pues, la idea de que el sexo está reprimido allana el camino de nuestra confesión y, aparentemente, es nuestra confesión lo que más saboreamos.[3]

Pero ¿por qué disponemos todo de forma que podamos hablar, con dificultad y coraje, de nuestro deseo a otro ser humano y esperar a las palabras con las que nos corresponderá? Foucault imagina al psicoanalista como un juez desapasionado y como un «experto» que juzgará y tratará de ejercer el control, que solicitará la confesión con el fin de someter al que está siendo analizado a un juicio normalizado. En sus últimas obras, sin embargo, Foucault se retractó de su explicación del poder pastoral y retornó a la historia del confesionario en la Antigüedad tardía para descubrir que no se administraba exclusivamente al servicio de la regulación y el control. En «About the Beginning of the Hermeneutics of the Self» (1980),[4] Foucault ofrece una «autocrítica» (pág. 161) de su postura anterior en la cual reconsidera el papel de la confesión en los escritos de Séneca. Foucault afirma haber encontrado en Séneca un concepto de la confesión en el cual no se trata de revelar los «deseos profundos», sino que se lleva a cabo un esfuerzo para «transformar el puro conocimiento y la simple conciencia en una forma real de vida» a través del habla (pág. 167). En este caso, según Foucault, «la verdad [...] no está definida mediante una correspondencia con la realidad, sino como una fuerza inherente a los principios y que debe ser desarrollada en el discurso» (pág. 167). Aquí la confesión funciona sin la hipótesis represiva elaborada por Foucault en el primer volumen de la *Historia de la sexualidad*. No hay deseos que enmudezcan en manos de leyes represivas, sino que más bien se trata de una operación en la que el yo se constituye a sí mismo en el discurso con la asistencia de la presencia de otro y del habla. Foucault escribe: «El yo no es algo que deba ser descubierto o descifrado como una parte muy oscura de nuestro yo. Por el contrario, el yo no tiene que ser descubierto, sino constituido a través de la fuerza de la verdad. La fuerza se encuentra en la calidad retórica del discurso del maestro, y esta calidad retórica depende en parte de la revelación que realiza el discípulo, quien debe explicar cuán alejado se halla de los verdaderos principios que conoce en su modo de vida» (pág. 168).

En su estudio sobre Juan Casiano, uno de los padres de la Iglesia, Foucault considera cómo se construye la confesión como una «verbalización permanente» (pág. 178). El objetivo de esta verbalización es convertir el apego que el ser humano se tiene a sí mismo en un apego a algo que se halla más allá de lo humano: un apego a Dios. En este sentido, escribe Foucault, «la verbalización es un autosacrificio» (pág. 179). Según Foucault, para Casiano el sacrificio que se da en la confesión es la renuncia a un deseo y al cuerpo: «Debemos entender este sacrificio no solo como un cambio radical en el modo de vida, sino como una consecuencia de la fórmula: "Serás una manifestación de la verdad cuando y solo cuando desaparezcas o te destruyas a ti mismo como un cuerpo real y como una existencia real"» (pág. 179). Esta versión de la confesión implica un completo repudio del sujeto de la voluntad, un repudio que, sin embargo, se performa mediante la verbalización y, por tanto, se entiende como una forma de verbalización que suspende la voluntad misma.

Según esta versión de la confesión, parecería que la interpretación anterior de Foucault en la que define el poder pastoral como basado en propósitos de dominación y control no sería correcta. Se podría interpretar que el autosacrificio que fuerza el poder es una estrategia de contención, pero esto equivaldría a malinterpretar el deseo y su realización. No se trata de desentrañar deseos ni de exponer su verdad en público, sino más bien de constituir una verdad sobre uno mismo a través del acto mismo de verbalización. La primera interpretación se basa en la hipótesis represiva; en cambio, la segunda enfatiza la fuerza performativa de la elocución hablada. En esta última el papel del confesor es también ligeramente diferente: «El rol del intérprete es asumido por el trabajo de la verbalización continua de los más imperceptibles movimientos del pensamiento», ya que el intérprete presta atención a esos «movimientos imperceptibles» no con el fin de discernir una verdad preexistente, sino para facilitar un desapego del yo consigo mismo. En este sentido, el objetivo del sacrificio o, mejor dicho, de la reconstitución del yo bajo una luz divina implica «la apertura del yo como un campo de interpretación indefinida» (pág. 180).

Si la primera interpretación de Foucault sobre el poder pastoral resulta no ser imparcial o estar equivocada, y si el psicoanálisis continúa siendo identificado como un heredero del poder pastoral, ¿cómo debemos entender la forma en que el poder pastoral sobrevive dentro del psicoanálisis? Ya no se entiende el papel del confesor dentro del poder pastoral como regido por el deseo de aumentar su poder, sino como dirigido a facilitar la transición o la conversión mediante el proceso de verbalización, un proceso que abre el yo a la interpretación, pero también a un tipo diferente de autorrealización en el despertar del sacrificio.

Pero si Foucault se equivoca al considerar el psicoanálisis como heredero del poder pastoral que trata de utilizar la confesión para aumentar su propio control y poder, entonces ¿qué motivaría a alguien a escuchar tan detenidamente los deseos que a otra persona le resultan tan difíciles de explicitar? Si la motivación de aquellos que se convierten en testigos de la confesión de otros no es una simple cuestión de sadismo, ¿cómo explicamos este tipo de atención? Y si el asunto no es descubrir la «verdad de lo que ocurrió» y tratar el lenguaje del que está siendo analizado como si se correspondiera con una serie de sucesos internos y externos, ¿entonces qué es lo que hace el lenguaje en este intercambio?

Por supuesto, el psicoanálisis no solo escucha al deseo. Y parece justo decir que la mayoría de los terapeutas y analistas no se pronuncian sobre la verdad de lo que se dice en el contexto de sus despachos. De hecho, puede ser que encontrar significados sea muy diferente de encontrar verdades, y que una forma de llegar a los significados sea suspender el tipo de juicios que pueden bloquear la comunicación. Creo que la confesión es importante y que debemos someterla a estudio, puesto que, dentro del ámbito psicoanalítico, no solo constituye una comunicación de lo que ha sido el deseo o la acción de una persona, sino que la propia habla constituye otra acción, una acción que en el campo del contexto analítico confiere una cierta realidad al hecho, si se trata de un hecho, y que también implica al analista como aquel que escucha en la escena del deseo.[5] El analizado trata de expresar al analista un cierto deseo, pero lo que toma forma en el habla es otro deseo.

Cuando se formula la palabra, la persona que se somete al análisis desea que el analista sepa, y espera o teme algún tipo de reacción a lo que se dice. De esta forma, la confesión no solo presenta al analista un deseo ya existente o una acción ya realizada, sino que altera ese deseo y ese acto de forma que, una vez declarados al analista, se convierten en algo que no eran anteriormente.

Hagamos la confesión quizá más dramática. En sus primeros trabajos Foucault imaginó que lo que ocurre en la escena analítica es que todos hablan acerca de sus deseos subrepticios, que se da permiso para hablar sobre el sexo. También plantea un argumento psicoanalítico, quizá a pesar de sí mismo, al afirmar que lo que más se disfruta es hablar sobre sexo: la verbalización se convierte en la escena de la sexualidad. Aquí se deriva mi pregunta: ¿el goce de hablar sobre sexo es el goce sobre el sexo o sobre el habla? Y si estas son dos formas diferentes de goce, ¿están acaso relacionadas la una con la otra? ¿Cuál es el contenido de la confesión?, ¿es un hecho, un deseo, una ansiedad, una culpabilidad permanente sobre la que la forma confesional actúa como un bálsamo? Cuando empieza la confesión usualmente se centra en un hecho, pero puede ser que el hecho esconda la fuente del deseo de confesión. Pero comencemos por la presunción inicial del confesor que postula que hay un hecho que espera ser revelado en el habla. Al imaginar el contenido de la confesión como un hecho, un hecho del deseo, un acto sexual, la persona que está siendo analizada habla, pero el habla se convierte en el nuevo vehículo del deseo, pues el hecho se convierte en un nuevo hecho o da nueva vida al viejo hecho. Ahora no solo se ha realizado el hecho, sino que también se ha hablado de él, y algo en el habla, un habla que se encuentra *antes* de otro y, oblicuamente, *a* otro, un habla que presume y solicita el reconocimiento, constituye el primer acto como público, como conocido, como algo que realmente ha sucedido. Así pues, ¿el habla de la confesión en la escena psicoanalítica se convierte en un acto corporal diferente del acto que está siendo confesado pero que permanece estable entre los dos actos? El cuerpo que está en el diván es el mismo cuerpo que realizó la acción, pero en el diván esa acción se transmite verbalmente; el cuerpo actúa otra vez, pero esta vez a través del mismo acto corporal de hablar. ¿Hablar sobre el acto pone en juego el acto entre el analista y el analizado? ¿Y qué ocurre con el cuerpo? Este es el referente del acto; son sus actividades sobre las que se informa, las que se refieren, las que se comunican. Pero en la confesión el cuerpo actúa de nuevo, muestra su capacidad para realizar un acto y anuncia, aparte de lo que realmente se dice, que está allí sexualmente de una forma activa. Su habla se convierte en la vida presente del cuerpo y, aunque ese acto se convierta en más real al ser hablado, en el momento en que se habla extrañamente se convierte también en pasado, completado, se acaba. Quizá por esta razón las confesiones casi siempre se dan después del hecho y generalmente se posponen hasta el momento en que la persona que habla está preparada para el sacrificio del objeto que a veces conlleva el hablar.

Por supuesto, tener una confesión que hacer equivale también a poseer palabras que han sido retenidas durante algún tiempo. Tener una confesión que hacer significa que todavía no ha sido hecha, que está ahí, casi formulada en palabras, pero que el habla está contenida y que el hablante se ha retirado de la relación hasta cierto punto. Pero también significa que esas palabras no han sido todavía performadas para el analista, todavía no han sido ofrecidas como material. Las palabras, los hechos que comunican todavía no se han hecho vulnerables a otra perspectiva, perspectiva que puede someter a reinterpretación las palabras y los hechos, de forma que el significado pleno de catexis que ha sido atribuido a los actos todavía no se ha convertido en un suceso cuyo significado sea constituido intersubjetivamente. El secreto erosiona la presunción intersubjetiva de la escena psicoanalítica, pero también puede convertirse en un suceso, un suceso que se convierta en material para el análisis solo con la condición de que la confesión fuerce al secreto a dejar de serlo. Y puede ser que, en el momento en que se realiza la confesión, el retraso en hacerla se haya convertido en una nueva causa de culpabilidad y remordimiento. Voy a ofrecer otra perspectiva basada en la escena de la *Antígona* de Sófocles en la que ella confiesa a Creonte que ha desobedecido su ley y que ha enterrado a su hermano Polinices.[6] Su crimen no es exactamente sexual, aunque su relación con Polinices está intensamente cargada de un significado incestuoso e, incluso, sobredeterminada por dicho significado. Ella es culpable de desobedecer el edicto que Creonte ha dictado en el que se sentencia a muerte a quien entierre a Polinices. Pero ¿es Antígona culpable debido a otras razones, razones que quedan encubiertas por su crimen público, que es de mayor importancia? Y cuando ella hace su confesión, ¿no añade hierro a su culpa convirtiéndose así en culpable de más de lo que posiblemente hizo? De hecho, ¿su confesión no exacerba su culpabilidad?

Como recordarán, se nos presenta a Antígona mediante la acción a través de la cual ella desafía la soberanía de Creonte e impugna el poder de su edicto, pronunciado como imperativo, que prohíbe explícitamente enterrar el cuerpo de Polinices.[7] Así pues, Antígona le impugna verbalmente, sin negar que fue ella la que cometió el crimen: «Yo digo que lo hice y no lo niego» (*Antigone*, pág. 43); «Sí, lo confieso»; «Yo digo que lo hice»: así contesta a la pregunta que le hace otra autoridad, y así ella le concede a este otro autoridad sobre ella misma. «No negaré mi acción»; «No la niego»: no se me forzará a negarme —nos dice Antígona—, voy a resistirme a ser forzada por el lenguaje del otro a una negación, y no voy a negar mi acto; un acto que se convierte en su posesión, un acto que solo tiene sentido dentro del contexto de la escena en la que ella rehúsa una confesión forzada. En otras palabras: afirmar «No voy a negar mi acción» equivale a rehusar cometer una negación, pero no es precisamente reivindicar la acción. Decir «Sí, *yo digo* que yo lo hice» equivale a reivindicar la acción, pero también a cometer otra acción en la propia reivindicación, el acto de hacer pública la propia acción, una nueva empresa criminal que toma el lugar de la anterior y la redobla.

La acción de Antígona es ambigua desde el principio, pero no solo la acción desafiante por la cual ella entierra a su hermano, sino el acto verbal en el cual ella contesta a la pregunta de Creonte; así pues, la suya es una acción en el lenguaje. En cierto sentido, hacer pública la propia acción en el lenguaje es completarla; es el momento que la implica en el exceso masculino llamado *hibris*. Curiosamente, en este momento en el que se entiende que ella está oponiéndose ferozmente a Creonte aparecen al menos dos problemas preocupantes. En primer lugar, ella está empezando a parecerse a Creonte. Ambos buscan mostrar sus actos en público y obtener el reconocimiento público de sus actos. Y, en segundo lugar, ella habla a Creonte y habla delante de él, de forma que él se convierte en la audiencia de su confesión, aquel a quien se dirige la confesión, el que debe recibirla. Así pues, se requiere su presencia incluso cuando ella se le opone duramente. ¿Ella es como él? ¿Está ella, a través de su confesión, ligándose más estrechamente a él?

La primera acción es suficientemente mala. Ella desobedece la ley y entierra a su hermano. Lo hace en nombre de una ley superior, una base justificatoria diferente, pero no es capaz de aclarar con precisión de qué ley se trata; pero cuando empieza a confesarse y, por lo tanto, a actuar en el lenguaje, parece que sus motivaciones varían. Se supone que su habla debe subrayar su soberanía pero revela algo más. Aunque ella utilice el lenguaje para afirmar su acción, para hacer valer una autonomía «varonil» y desafiante, ella puede performar esa acción solo a través de la incorporación corporal de las normas del poder a las que se opone. De hecho, lo que concede poder a estos actos verbales es la operación normativa de poder que encarnan sin llegar a convertirse del todo en ella.

Por tanto, Antígona llega a actuar de formas que se llaman varoniles no solo porque está desafiando a la ley, sino porque, al cometer el acto contra la ley, también asume la voz de la ley. No solo comete el acto y se niega a obedecer el edicto, sino que lo comete de nuevo al no renegar de haberlo cometido, apropiándose así de la retórica de la agencia del mismo Creonte. Su agencia surge precisamente a través de la negativa de Antígona a respetar su orden, y aun así el lenguaje de esa negativa asimila los propios términos de soberanía que ella rechaza: después de todo, Creonte es el modelo de soberanía. Él espera que su palabra gobernará los actos de Antígona y ella le replica rebatiendo el acto soberano de habla de Creonte con la afirmación de su propia soberanía. La afirmación se convierte en una acción que reitera la acción que afirma, extendiendo el acto de insubordinación al performar su reconocimiento en el lenguaje. Pero, paradójicamente, este reconocimiento requiere un sacrificio de autonomía en el mismo momento en el que está siendo performado: ella se afirma a través de la apropiación de la voz de otro, el mismo al que se opone; así pues, obtiene su autonomía a través de la voz de la autoridad a la que se resiste, una apropiación que lleva dentro de sí, de forma simultánea, los restos de un rechazo y la asimilación de esa misma autoridad.

En su abierto desafío al Estado se trasluce algo más acerca de sus motivaciones. En el momento en que Antígona desafía a Creonte, ella se identifica con el hermano al que ha enterrado. Ella repite el acto desafiante de su hermano y, al afirmar su lealtad hacia su hermano, repite el desafío que la sitúa como alguien que puede sustituirlo, y por lo tanto, le reemplaza y quizá le territorializa, tal vez derrotándole en el nombre de la fidelidad hacia él. Ella asume la virilidad a través de la derrota de esta, pero solo la vence mediante su idealización. En cierto momento su acción parece que establece su rivalidad y su superioridad respecto a Polinices. Ella se pregunta: «¿Y cómo podría haber conseguido mayor gloria [*kleos*] que colocando a mi hermano en su tumba?».

Así que si pensábamos que era su amor imperecedero por su hermano lo que la llevó a actuar como lo hizo, sus propias palabras ponen en entredicho el propósito de su acción. Puede decirse que la acción empieza con el entierro del cuerpo y que se intensifica con la confesión. Y con la confesión, una confesión aparentemente sin culpa, Antígona a la vez asume su poder y procura su muerte. Ella parece desafiar a la ley, pero también se está entregando a una sentencia de muerte. ¿Por qué persiste en esta línea de actuación que conduce inexorablemente a la extinción? ¿Por qué solicita el mayor castigo a través de su acción y de su palabra?

En su ensayo «Criminals From a Sense of Guilt», Freud informa sobre pacientes que cometen fechorías porque están prohibidas y «su ejecución iba acompañada del alivio mental para el que la cometía».[8] El paciente parece aliviado por el acto porque «al menos ahora su sentido de culpabilidad se relacionaba con algo». Freud sostiene que «el sentimiento de culpabilidad estaba presente antes de la fechoría, pero no surgió de esta sino que, en cambio, fue la fechoría la que surgió del sentimiento de culpabilidad». Luego añade que este «oscuro sentimiento de culpabilidad», una culpabilidad que no conoce su razón de ser, puede «derivarse del complejo de Edipo y ser una reacción a las dos grandes intenciones criminales de matar al padre y de tener relaciones sexuales con la madre». Y entonces conjetura que «la conciencia de la humanidad, que ahora surge como una fuerza mental heredada, fue adquirida en conexión con el complejo de Edipo». Curiosamente, Freud se refiere a Nietzsche, que clasificó a aquellos que cometen fechorías debido a un sentimiento de culpabilidad como «criminales pálidos», pero esta conexión debera investigarse en otra ocasión.

Sin embargo, lo que aquí parece interesante es que Freud asume que las dos grandes intenciones criminales —matar al padre y acostarse con la madre— se derivan de Edipo, pero quizá en Antígona, quien también deriva de Edipo, está funcionando otro tipo de intención criminal que produce una oscura culpabilidad para la cual la muerte misma parece el castigo más apropiado.

Como ya sabemos, Antígona está en un dilema cuando grita que ha performado un crimen por su «más preciado hermano», ya que su hermano no solo es Polinices sino también Etéocles, también asesinado, y Edipo, hijo de su madre y su mujer, Yocasta. Ella ama a su hermano y por lo tanto le entierra. Pero ¿quién es este hermano? ¿Está Polinices, a quien se le niega un entierro como es debido como hermano suyo, sobredeterminado por el otro hermano también muerto, el mismo Edipo? Ella dice que ama a su hermano, de hecho, quiere «yacer con él», y por lo tanto se busca la muerte, a la que también denomina como «la cámara nupcial», con el fin de estar con él para siempre. Ella es hija del incesto, pero ¿de qué manera el incesto forma parte de su propio deseo? ¿Y de qué forma la intención criminal, por decirlo así, queda ocluida, precisamente por el crimen que ella comete? ¿Hay otro crimen, el espectro de un crimen, una premonición de crimen, un crimen no cometido del que una oscura culpabilidad ofrece testimonio? ¿Y esta culpabilidad no se da a conocer al mismo tiempo que continúa escondiéndose mientras ella comete el acto criminal de enterrar a Polinices y redobla después la acción al producir una confesión que le acarrea una sentencia de muerte que ella sabía que la estaba esperando? ¿Es su propia culpabilidad por la que se la puede castigar con la muerte o es la culpabilidad del padre? ¿Y hay alguna forma definitiva de distinguir entre ellos ya que ambos están malditos de formas aparentemente similares? ¿Es el castigo una forma de expiar el crimen, o produce la posibilidad de un escenario fantasmático en el cual ella es finalmente liberada del tabú cultural, libre de yacer con sus hermanos en la eternidad?

Aunque inicié este capítulo centrándome en el tema de la confesión como un acto que desplaza el deseo sobre el que informa, especialmente cuando tiene lugar dentro de la escena del análisis, quisiera finalizarlo observando que la confesión no solo «cambia al sujeto» de la fechoría en cuestión, sino que también puede funcionar para ocultar y racionalizar un sentimiento de culpa que se deriva de una acción que uno mismo no ha cometido. La confesión de Antígona no deja lugar a dudas sobre lo que ella ha hecho, pero no revela su deseo de una forma transparente. Y su confesión es el medio a través del cual ella se somete al castigo que Creonte le tiene preparado, acelerando así su propio movimiento hacia la muerte. Aunque se interprete como un desafío sin culpa, de hecho parece ser un acto suicida impulsado por un oscuro sentimiento de culpa. La confesión produce así una serie de consecuencias que iluminan retrospectivamente un deseo de ser castigada, un alivio final de la culpabilidad. Entonces se pone en evidencia que es importante que el analista sepa que puede que la confesión espere o solicite a Creonte.

Sin duda Foucault estaba equivocado al pensar que la confesión no es nunca nada más que la ocasión para que el analista asuma el control y la autoridad sobre la verdad de la propia alma. Pero quizá Foucault estaba articulando algo acerca de su miedo del análisis, en el cual el analista está siendo proyectado como un pastor o un juez, y la actividad de la persona que está siendo analizada se concibe como una confesión que conduce al castigo inevitable y recurrente. Por supuesto, es esta misma fantasía de análisis la que debe ser llevada a la escena analítica, la que debe ser interpretada para descubrir sus inversiones, especialmente como una fantasía defensiva. El analista no es Creonte, pero probablemente sigue siendo verdad que la expectativa del castigo de Creonte puede que estructure el deseo de la confesión, al menos, el deseo de confesión que Foucault imagina. El hablar del crimen es pues otra acción, un nuevo acto que o bien desafía, o bien se somete a una ley que le ajusticia, pero que todavía no sabe cómo someter a la reflexión esa fantasía de la ley. Alguien que entienda la autoexpresión como confesión puede que esté, como le ocurre a Antígona, a la espera de que el castigo de la culpabilidad sea expresado y externalizado. La culpabilidad funciona como una forma de castigo psíquico que preexiste al acto y a su confesión, y que se acrecienta al convertirse en la proyección de la amenaza del juicio que plantea el analista. Sin embargo, lo que parece claro es que, mientras se estructure el habla como una confesión, se planteará la cuestión de si el cuerpo será condenado. La confesión que nace de una culpabilidad oscura será una forma de habla que tema y solicite su propia denuncia. Por ello, el analista que se halle a sí mismo en la posición del confesor o confesora o, en la de Creonte, debe declinar tal honor y tomar esa habla como una solicitud de ayuda para deshacer la maldición cuyas fatales consecuencias a veces parecen garantizadas.

POST SCRIPTUM ACERCA DE LOS ACTOS DEL HABLA Y DE LA TRANSFERENCIA

El habla analítica tiende a ser retórica, y con esto quiero decir que lo que se dice en análisis no es siempre o solo considerado por lo que parece decir, sino también por lo que la propia habla expresa, lo que comunica el propio modo de expresión, lo que realiza la elección de las palabras. Por supuesto, se trata siempre de una cuestión delicada ya que la persona que está siendo analizada requiere, a cierto nivel, que sus intenciones sean respetadas, y aun así se da una cierta falta de respeto hacia la intención del hablante cuando el analista repara sobre el modo del acto del habla, las consecuencias del acto del habla, su ritmo, su musicalidad. Al centrarse en los aspectos retóricos del habla, el analista halla significados que exceden y, a veces, confunden la intención, y creo que la respuesta a dicha habla corre el riesgo de hacer algo que no tiene la intención de hacer, que ejerce efectos que exceden y a veces confunden las intenciones del analista.

Así pues, puede decirse que, en el contexto de la transferencia, un acto de habla trata de comunicar un contenido, pero también trata de mostrar o representar otra serie de significados que pueden o no tener relación con el contenido que se enuncia. Por supuesto, hay diferencia de opiniones sobre cómo tratar el «contenido» o el significado superficial de la elocución. Pero una cosa parece clara: el contenido, el significado deseado, no puede ser totalmente vencido o trascendido, ya que el modo en que se pronuncia ese contenido o lo que la articulación del contenido efectúa probablemente actuará como comentario del contenido, probablemente comentará la intención que conduce al contenido. Así pues, en este sentido, es la constelación del significado proyectado, cómo se declama y su efecto no intencionado lo que debe considerarse como un tipo especial de unidad, aún cuando cada uno de estos aspectos del acto del habla diverja en diferentes relaciones.

Un aspecto del acto del habla que se convierte en particularmente importante en este contexto es el hecho de que hablar es un acto corporal. Es una vocalización, requiere la laringe, los pulmones, los labios y la boca. Todo lo que se diga no solo pasa a través del cuerpo, sino que constituye una cierta presentación del cuerpo. No me estoy refiriendo aquí a qué aspecto tiene la boca, aunque puedo imaginar que en algunas sesiones terapéuticas puede que sea significativo, especialmente si el cliente se encuentra de cara al analista. El habla es un sonido que se lanza desde el cuerpo, es una mera afirmación, una afirmación estilizada de su presencia. Digo lo que quiero decir; pero tengo un cuerpo aquí y no puedo decir nada sin ese cuerpo, un hecho de la vida potencialmente humillante y productivo. Por supuesto, hay formas de utilizar el habla que ocultan al cuerpo como su condición, que actúan como si los significados que se transmiten emanaran de una mente sin cuerpo y estuvieran dirigidos a otra mente sin cuerpo. Pero esto todavía es, por así decirlo, una forma de hacer el cuerpo, una forma de hacer el cuerpo como desencarnado.

En el caso de la confesión sexual, la persona que habla usualmente está diciendo algo acerca de lo que ha hecho el cuerpo o acerca de lo que el cuerpo ha soportado. El habla está implicada en el acto que nos transmite porque es otra forma a través de la cual el cuerpo hace algo. Se podría decir que el habla es otro hecho corporal. Y el cuerpo que habla de su acción es el mismo cuerpo que hizo la acción, lo cual implica que hay una presentación de ese cuerpo en el habla, como si la culpabilidad empujara a través del cuerpo, quizá en la propia habla. La persona que habla puede estar relatando una serie de sucesos del pasado, pero al hablar también está haciendo algo más: está presentando el cuerpo que realizó el acto y al mismo tiempo está realizando otro acto, está presentando el cuerpo en su acción. Y en dicho caso se plantea implícitamente una cuestión retórica, la cuestión de si el habla será recibida, pero dado que el habla es una acción del cuerpo, hay una cuestión añadida: ¿será ese cuerpo recibido también?

Así pues, está claro que la transferencia es una cuestión de cómo se intercambia el lenguaje, pero debido a que el lenguaje es hablado, se trata siempre de una cuestión de cómo los cuerpos orquestan un intercambio, incluso cuando están sentados o tumbados y quietos. Extrañamente, las palabras habladas son ofrendas corporales: pueden ser indecisas o convincentes, seductoras o retraídas, o ambas cosas a la vez. El diván no deja al cuerpo fuera de juego, pero refuerza cierta pasividad del cuerpo, una exposición y una receptividad que implica que cualquier acto que el cuerpo sea capaz de mantener en esa posición será a través de la propia habla.

Si la transferencia es una forma de amor o, al menos, una representación de una cierta relación con el amor, entonces podemos decir que es un amor que tiene lugar en el lenguaje. No intento decir que el lenguaje sustituye al cuerpo, ya que esto no es del todo cierto. La palabra hablada es un acto corporal al mismo tiempo que forma una cierta sinécdoque con el cuerpo. La laringe y la boca son las partes del cuerpo que escenifican el drama de la totalidad; lo que el cuerpo da y recibe no es un roce, sino los contornos psíquicos de un intercambio corporal, el contorno psíquico que involucra al cuerpo al que representa. Sin este momento de exposición, un momento en el cual se muestra algo más de lo que uno tiene la intención de mostrar, no hay transferencia. Y, por supuesto, esta exhibición no puede representarse intencionalmente, ya que siempre se halla a una cierta distancia crítica de la intención misma. Podemos considerar que la importancia de la confesión en la práctica psicoanalítica reside en lo siguiente: en el hecho de que siempre mostramos algo más o algo diferente de lo que queremos, y de que entregamos esa parte de nosotros mismos que no sabe a otro para que nos la retorne en una forma que no podemos anticipar. Si este momento de confesión se encuentra en el psicoanálisis mismo, entonces no necesariamente nos tornamos vulnerables al control del otro, como Foucault sugirió en sus primeros trabajos. Tal como Foucault se dio cuenta en su relato sobre Casiano, la verbalización conlleva una cierta desposesión, una ruptura con el apego al yo, pero no por esa razón se sacrifica el apego en su totalidad. El momento «relacional» llega a estructurar el habla, de manera que se habla a otro, en la presencia de otro, a veces, a pesar de otro. Además, no se descubre la prioridad del yo en ese momento, sino que está siendo elaborado de una forma nueva a través del habla, en el curso de una conversación. En estas escenas del habla, ambos interlocutores se dan cuenta de que, hasta cierto punto, lo que dicen está fuera de control. Si decir es una forma de hacer y parte de lo que se está haciendo es el yo, entonces la conversación es un modo de hacer algo juntos y de convertirse en algo diferente; algo que se llevará a cabo durante el transcurso de este intercambio, pero nadie sabrá qué o quién se está haciendo hasta que esté hecho.

¿El fin de la diferencia sexual?

No estoy segura de que el cambio de milenio sea una forma significativa de marcar el tiempo o, incluso, de marcar el tiempo del feminismo, pero siempre es importante hacer balance sobre la situación actual del feminismo, aunque el esfuerzo de reflexión sea necesariamente fallido. Nadie puede situarse en una perspectiva que le permita una visión global del feminismo. Nadie puede situarse dentro de una definición del feminismo que no haya sido impugnada. Sin embargo, creo que es justo decir que por todas partes hay feministas que buscan una igualdad más sustancial para las mujeres y una organización más justa de las instituciones políticas y sociales. Pero mientras nos situamos en cualquier posición para considerar lo que queremos decir y cómo podemos actuar, rápidamente se nos confronta con la dificultad de los términos que necesitamos utilizar. Aparecen diferencias acerca de si la igualdad significa que los hombres y las mujeres deberían ser tratados sin distinción. En Francia, el Movimiento por la Paridad ha defendido que esa no es una noción apropiada de igualdad, dadas las desventajas sociales que las mujeres sufren bajo las actuales circunstancias políticas. Sin duda vamos a discutir también sobre la justicia y acerca de qué medios deberían ser utilizados para conseguirla. ¿Es lo mismo la justicia que el «tratamiento justo»?

¿Es diferente de la concepción de igualdad? ¿Cuál es su relación con la libertad? Y ¿qué libertades se desean? ¿Cómo se valora? ¿Qué podemos hacer ante los graves desacuerdos entre mujeres acerca de la definición de libertad sexual y acerca de si esta puede formularse de una forma significativa para el ámbito internacional?

A todas estas áreas de desacuerdo deben añadirse los continuos interrogantes acerca de qué es una mujer, cómo vamos a decir «nosotras», quién lo puede decir y en nombre de quién. Parece que el feminismo está hecho un lío y que es incapaz de estabilizar los términos que facilitarían un plan significativo. Las críticas al feminismo que no prestan atención a las cuestiones de raza ni a las condiciones de desigualdad global que condicionan su articulación euroamericana continúan poniendo en duda el poder del movimiento para lograr una amplia coalición. En Estados Unidos, el abuso de la doctrina del acoso sexual por parte de la derecha conservadora y sus investigaciones persecutorias sobre el sexo en el ámbito laboral constituyen un serio problema de relaciones públicas para las feministas de izquierdas. De hecho, la relación entre el feminismo *y* la izquierda es otro tema peliagudo, ya que actualmente existen formas de feminismo a favor de los negocios que se centran en la renovación del potencial de las mujeres como empresarias, y que secuestran así modelos de autoexpresión pertenecientes a un período anterior del movimiento que era más progresista.

La tentación sería caer en la desesperación, pero creo que estas son algunas de las cuestiones no resueltas más interesantes y productivas a principios del siglo actual. El programa del feminismo no se puede asumir como una serie de premisas comunes y luego proceder a construir de una forma lógica un programa a partir de tales premisas. En cambio, este es un movimiento que se mueve hacia delante precisamente aplicando una atención crucial a sus premisas para aclarar lo que significan y para empezar a negociar las interpretaciones conflictivas, la irreprimible cacofonía democrática de su identidad. Como iniciativa democrática, el feminismo ha tenido que deshacerse de la suposición de que podemos estar todas de acuerdo sobre algunas cosas o, dicho de otra forma, ha asumido que cada uno de nuestros valores más preciados está siendo disputado y que continuarán siendo zonas políticas disputadas. Puede que esto suene como si estuviera diciendo que el feminismo nunca podrá construir desde algo, que se perderá en la reflexión sobre sí mismo, que nunca se moverá más allá de este movimiento de autorreflexión hacia un compromiso activo con el mundo. Por el contrario, es precisamente en el decurso del compromiso y de la práctica política que estas formas de disensión interna emergen. Yo añadiría categóricamente que precisamente la resistencia a resolver esta disensión y convertirla en una unidad es lo que mantiene vivo el movimiento.

La teoría feminista nunca está del todo diferenciada del feminismo como movimiento social. La teoría feminista no tendría contenido si no hubiera movimiento y el movimiento, en sus varias direcciones y formas, ha estado siempre involucrado en el acto de la teoría. La teoría es una actividad que no está restringida al ámbito académico. Se da cada vez que se imagina una posibilidad, que tiene lugar una reflexión colectiva, que emerge un conflicto sobre los valores, las prioridades o el lenguaje. Creo que tiene mérito que el feminismo haya superado el miedo de la crítica inmanente y haya logrado mantener los valores democráticos en un movimiento que defiende interpretaciones contradictorias sobre cuestiones fundamentales sin llegar a domesticarlas. Dado que yo llegué tarde a la segunda ola del feminismo, me aproximo a este desde la suposición de que no se debe llegar a ningún acuerdo sobre premisas no cuestionadas en el contexto global. Así pues, por razones prácticas y políticas, el feminismo no debe silenciar ningún conflicto. Ahora bien, ¿cuál es la mejor forma de plantearlos? ¿Cuál es la forma más productiva de representarlos? ¿Cómo debemos actuar para que se reconozca la irreversible complejidad de lo que somos?

En este ensayo me propongo considerar una serie de términos que han entrado en conflicto: la diferencia sexual, el género y la sexualidad. Tal vez su título sugiera que estoy anunciando el final de la «diferencia sexual» en su supuesta facticidad o como un ítem teórico útil para las cuestiones del feminismo. En realidad, solo cita una pregunta escéptica, una pregunta que a menudo se plantea a los teóricos que trabajan sobre el género y la sexualidad, un desafío que espero entender y al que espero dar respuesta. Mi propósito no es ganar el debate, sino tratar de comprender por qué aquellos que utilizan esos términos los consideran tan importantes, y cómo se podría reconciliar este conjunto de necesidades que se perciben cuando entran en conflicto unas con otras. En este ensayo analizaré no solo las razones teóricas que se aducen para justificar la utilización de un marco en lugar de otro, sino también las posibilidades institucionales que los términos alternativamente abren o cierran en diversos contextos.

No formulo la pregunta acerca del fin de la diferencia sexual con el propósito de alegar a su favor. Tampoco me propongo enumerar las razones por las cuales pienso que tal marco, o tal «realidad», dependiendo del punto de vista, ya no se puede sostener. Creo que para muchos la realidad estructuradora de la diferencia sexual no es algo que se pueda desear que desaparezca, ni algo contra lo que se pueda argumentar, ni tampoco algo sobre lo que se puedan hacer afirmaciones razonables. Más bien es una base necesaria para la posibilidad de pensar, un lenguaje, una forma de ser un cuerpo en el mundo. Y aquellos que no están de acuerdo están argumentando desde la misma estructura que hace posible el argumento. Siempre hay una respuesta burlona y desdeñosa al problema: se piensa que es posible deshacerse de la diferencia sexual, pero el mismo deseo de deshacerse de ella es una evidencia más de su fuerza duradera y de su eficacia. Los defensores de la diferencia sexual se refieren desdeñosamente a la famosa «protesta» femenina elaborada por el psicoanálisis y de esta forma se derrota la protesta antes de ser articulada. Desafiar esta noción de feminidad es un acto consumadamente femenino, una protesta que puede leerse como la evidencia de aquello que busca refutar. ¿Debe pensarse la diferencia sexual como un marco que nos vence de antemano? Cualquier cosa que pueda decirse en contra de él es una prueba indirecta de que estructura lo que decimos. ¿Está ahí en un sentido primario, atormentando las diferenciaciones primarias del destino estructural de las cuales procede todo significado?

Irigaray aclara que la diferencia sexual no es un hecho, no es un cimiento de ningún tipo, y tampoco es la ineludible presencia de lo «real» del vocabulario lacaniano. Por el contrario, es una pregunta, una pregunta de nuestros tiempos. Como pregunta no está asentada ni resuelta, permanece como aquello que todavía no se ha formulado, o no se ha formulado nunca en términos asertivos. Su presencia no presupone la forma de los hechos ni las estructuras, sino que persiste como aquello que nos hace pensar, aquello que no está del todo explicado y que no puede explicarse del todo. Si es la pregunta de nuestro tiempo, como Irigaray insiste en *The Ethics of Sexual Difference*,[1] entonces no es una pregunta entre otras, sino más bien un momento particularmente denso de no resolución dentro del lenguaje, un momento que señala el horizonte contemporáneo de nuestro lenguaje como propio. Como Drucilla Cornell, Irigaray tiene en mente una ética que no se deriva *de* la diferencia sexual, sino que es una cuestión que plantea la diferencia sexual misma: ¿cómo atravesar esta otredad? ¿Cómo atravesarla sin atravesarla, sin domesticar sus términos? ¿Cómo permanecer sintonizado con lo que se mantiene permanentemente sin asentar en esta cuestión?

Irigaray no argumenta a favor o en contra de la diferencia sexual, sino que más bien ofrece una vía para pensar sobre la cuestión que plantea la diferencia sexual, o la pregunta que la diferencia sexual *es*, una pregunta cuya no resolución traza una cierta trayectoria histórica para nosotros, para aquellos que nos planteamos esa pregunta, para aquellos sobre los cuales se plantea esa pregunta. Tanto los argumentos a favor como los que están en contra indican la persistencia de esta cuestión, una persistencia cuyo estatus no es eterno sino que, según Irigaray, pertenece *a los tiempos actuales*. Es una pregunta que Irigaray plantea sobre la modernidad, una pregunta que para ella marca la modernidad. Así pues, es una pregunta que inaugura una cierta problemática de tiempo, una cuestión cuya respuesta no va a llegar en un futuro próximo, una pregunta que abre un período de no resolución y que señala ese tiempo de no resolución como el nuestro propio.

Creo que para muchas de nosotras el feminismo está pasando por un momento triste, quizá incluso un momento de derrota. En cierta ocasión una amiga me preguntó qué contenidos enseñaría en un curso de teoría feminista en la actualidad, y yo le contesté que la teoría feminista debe dar respuesta a aquellos puntos en los que se desafía al feminismo. Y entiendo que responder a estos desafíos no conlleva apuntalar de una forma defensiva los términos y los compromisos, ni recordarnos a nosotras mismas lo que ya sabemos, sino algo bien diferente, algo como someterse a la demanda de rearticulación, una demanda que surge de la crisis. Yo argumentaría que no tiene sentido aferrarse a los paradigmas teóricos ni a las terminologías preferidas para defender el feminismo sobre la base de la diferencia sexual, o para defender esa noción frente a las afirmaciones del género, de la sexualidad, de la raza o de aquellas que se presentan en los estudios culturales. He empezado citando a Irigaray porque creo que su invocación de la diferencia sexual no es fundacional. La diferencia sexual no es un hecho dado, no es una premisa, no es una base sobre la cual se pueda construir el feminismo; no es aquello con lo que ya nos hemos encontrado y que llegamos a conocer; más bien es *la cuestión* que provoca la investigación feminista, es algo que no puede ser del todo expuesto, que desestructura la gramática de la afirmación y que persiste, de forma más o menos permanente, como algo a lo que interrogar.

Cuando Irigaray se refiere a la cuestión de la diferencia sexual como una pregunta de nuestros tiempos, parece referirse a la modernidad. Confieso no saber qué es la modernidad, pero sé que muchos intelectuales se ocupan de ese término, ya sea para defenderlo o para criticarlo. Aquellos que se consideran reñidos con la modernidad o que se consideran posmodernos son aquellos que «cuestionan términos como la razón, el sujeto, la autenticidad, la universalidad, la visión progresiva de la historia». Lo que siempre me choca de este tipo de generalizaciones es que se presupone que «cuestionar» significa «desacreditar» (en lugar de, por ejemplo, «revitalizar») y que nunca se le da juego intelectual al estatus de la pregunta misma. ¿Se cuestionan esos términos porque ya no pueden ser utilizados?; ¿porque dichos términos quedan prohibidos por el superego del posmodernismo teórico o porque ya no pueden explicar la realidad?; ¿o sencillamente se trata de decir que no funcionan exactamente de la misma forma en la que acostumbraban a hacerlo?

Hace unos años, participé en un debate sobre el libro de Leo Bersani, *Homos*. Me di cuenta de que Bersani ya no estaba seguro de si podía decir que las lesbianas eran mujeres y yo me vi obligada a asegurarle que nadie había dictado una prohibición sobre la utilización de tal palabra. Ciertamente, no tengo reparos en utilizar esos términos y posteriormente en este ensayo voy a reflexionar sobre cómo puede continuarse interrogando y utilizando los términos de la universalidad *al mismo tiempo*. Si el concepto de sujeto, por ejemplo, ya no es un hecho dado, ya no se presume; esto no implica que no tenga un significado para nosotros o que ya no pueda ser utilizado. Solo significa que el término no es simplemente una piedra angular sobre la que nos basamos, una premisa no interrogada para la argumentación política. De hecho, se ha convertido en un objeto de atención teórica, algo que estamos obligados a explicar. Supongo que esto me coloca en la línea divisoria entre lo moderno y lo posmoderno en la cual se siguen utilizando dichos términos, aunque ya no de un modo fundacional.

Otros han argumentado que todos los términos clave de la

modernidad se basan en la premisa de la exclusión de las mujeres y de la gente de color, y que llevan implícitas divisiones de clase, así como fuertes intereses coloniales. Pero, siguiendo a Paul Gilroy en *The Black Atlantic: Modernity and Double Consciousness*, también sería importante añadir que la lucha en contra de estas exclusiones a menudo termina apropiándose de esos mismos términos de la modernidad, apropiándoselos precisamente para iniciar una entrada en la modernidad, así como también para iniciar la transformación de los parámetros de la modernidad. Así, la libertad viene a significar lo que nunca había significado anteriormente; y la justicia llega a abrazar precisamente aquello que no podía ser contenido en su descripción anterior.[2]

De la misma forma que los términos de una modernidad excluyente han sido utilizados con fines progresistas, los términos progresistas pueden servir a objetivos regresivos. Los términos que utilizamos en ciertos movimientos políticos y que luego han sido empleados por la derecha o con fines misóginos no se quedan estratégicamente fuera de campo por esta causa. Estos términos nunca están completa ni definitivamente ligados a un solo uso. La tarea de la apropiación es ilustrar la vulnerabilidad de estos términos, a menudo comprometidos, ante la inesperada posibilidad de un uso progresista; dichos términos no pertenecen a nadie en particular; asumen una vida y un propósito que excede a la utilización que conscientemente se les ha dado. No deben ser vistos como bienes manchados, demasiado ligados a la historia de la opresión, pero tampoco deben ser vistos como si tuvieran un significado puro que pueda ser destilado de sus varias utilizaciones en contextos políticos. Parece que se trata de forzar los términos de la modernidad para que acojan aquellos que tradicionalmente han sido excluidos, y que la acogida no sirva para domesticar y neutralizar al término que se reconoce de nuevo; dichos términos deberían seguir siendo problemáticos para el concepto actual de lo político, deberían exponer los límites de su alegación de universalidad y forzar un replanteamiento radical de sus parámetros. Que un término forme parte de una política de la que convencionalmente ha estado excluido implica que surge como una amenaza a la coherencia de esa política y que la política sobrevive a esa amenaza sin aniquilar el término. El término se abre entonces a un futuro desconocido y causa inquietud a aquellos que buscan controlar sus límites convencionales. Si puede haber modernidad sin fundacionalismo, entonces será una modernidad en la que los términos claves de su funcionamiento no estén garantizados de antemano, que asuma una forma de futuro para la política que no pueda ser anticipada, una política de esperanza y ansiedad.

El deseo de cerrar un futuro abierto puede ser intenso y puede que nos amenace con la pérdida, la pérdida de un sentido de certeza sobre cómo son las cosas (y cómo deben ser). Sin embargo, es importante no subestimar la fuerza de ese deseo ni el potencial político de la inquietud.[3] Precisamente por esta razón se considera peligroso hacer ciertas preguntas. Imaginen que alguien ha leído y reflexionado sobre este libro, pero no puede formular las preguntas que se plantean aquí porque hacerlo equivale a introducir una duda acerca de sus convicciones políticas, e introducir la duda en sus convicciones políticas podría conducir a la disolución de esas convicciones. Entonces, el miedo a pensar, el miedo a preguntar, se convierten en imperativos morales que actúan en defensa de la política. Y la política se convierte en aquello que requiere un cierto antiintelectualismo. No estar dispuesto a repensar las propias convicciones políticas debido a las preguntas que se plantean es optar por una posición dogmática al precio tanto de la vida como del pensamiento.

Cuestionar un término como feminismo es preguntar cómo funciona, qué inversiones conlleva, qué objetivos consigue, qué alteraciones soporta. La variabilidad en la vida del término no excluye su utilización. Si un término se torna cuestionable, ¿significa eso que ya no se puede utilizar y que solo podemos utilizar los términos que *ya sabemos cómo dominar*? ¿Por qué plantear una pregunta acerca de un término se considera lo mismo que efectuar una prohibición en contra de su uso? ¿Por qué a veces sentimos que si se desplaza un término de su lugar fundacional, no seremos capaces de vivir, de sobrevivir, de utilizar el lenguaje, de hablar por nosotros mismos? ¿Qué tipo de garantía ejerce la sujeción fundacional y qué tipo de terror impide? ¿Es que en el modo fundacional se «deben» asumir los términos (por ejemplo, el sujeto y su universalidad) en un sentido *moral*, tomando la forma de un imperativo que, como algunas de las prohibiciones morales, nos defiende de lo que más nos aterroriza? ¿No estamos paralizados por un tipo de compulsión moral que nos impide interrogar los términos, arriesgarnos a vivir los términos que seguimos cuestionando?[4]

Con el fin de mostrar cómo la pasión por los fundamentos y los métodos dificulta a veces el análisis de la cultura política contemporánea, propongo considerar la forma mediante la cual los esfuerzos para procurar una base teórica para la lucha política a menudo se interpretan precisamente como opuestos a los cambios de ciertos significantes políticos clave dentro de la cultura pública contemporánea. Lo que más me confunde es la utilización del término «género» en el feminismo, por una parte, y en los estudios sobre gays y lesbianas, por otra. Quizá de una forma naif, me enteré por mis amigos que trabajan en estudios queer que la metodología que se propone para los estudios de gays y lesbianas se basa en la noción que entiende que el *género* es el objeto de estudio del feminismo y que el objeto «adecuado» de los estudios de lesbianas y gays es *el sexo y la sexualidad*. Se nos dice que no se debe confundir el género con la sexualidad, lo que parece cierto de alguna forma, pero imaginen cuál fue mi sorpresa cuando el Vaticano anunció que el género debía ser eliminado de la plataforma para el estatus de las mujeres de las organizaciones no gubernamentales (ONG) de las Naciones Unidas porque no era más que una clave para referirse a la homosexualidad.[5] Otra de mis preocupaciones es que algunos de mis más cercanos colaboradores dentro de la teoría feminista se burlan del concepto de género. Afirman que prefieren utilizar el término «diferencia sexual» porque este indica una diferencia fundamental, mientras que el género solo indica un efecto construido o variable.

La reunión de las Naciones Unidas sobre el Estatus de las Mujeres, celebrada en Pekín en 1995, expuso otro reto más a los investigadores académicos. En concreto, ¿cuál es el estatus de las afirmaciones universales dentro del ámbito del trabajo sobre los derechos humanos internacionales? Aunque muchas feministas han llegado a la conclusión de que lo universal siempre es una tapadera para un cierto imperialismo epistemológico insensible a la textura cultural y a la diferencia, el poder retórico de la reivindicación de la universalidad del derecho a la autonomía sexual y de los derechos relacionados con la orientación sexual dentro del ámbito de los derechos humanos parece indiscutible.

Consideremos, en primer lugar, la sorprendente utilización del género en el contexto de las Naciones Unidas. El Vaticano no solo denunció el término «género» como una clave para la homosexualidad, sino que insistió en que el lenguaje de la plataforma retornara al concepto de sexo, en un esfuerzo aparentemente dirigido a garantizar la asociación entre la feminidad y la maternidad como una necesidad ordenada por la naturaleza y la divinidad. A finales de abril de 1995, durante los preparativos de las reuniones de las ONG en Pekín —llamadas las *prepcom*—,* varios estados de la ONU, guiados por la Iglesia católica, trataron de eliminar la palabra «género» de la Plataforma para la Acción y reemplazarla por la palabra «sexo». Esta propuesta fue calificada por alguien del comité preparatorio como «un intento insultante y humillante de dar marcha atrás a los logros conseguidos por las mujeres, de intimidarnos y de bloquear el progreso».[6] Además escribieron: «No nos forzarán a volver al concepto de "la biología es el destino", que trata de definir, confinar y reducir a las mujeres y a las

---

* Abreviatura de *Preparatory Comitees*: comités preparatorios. *(N. de la t.).*

niñas a sus características sexuales físicas. No vamos a dejar que esto ocurra; no va a ocurrir en nuestros hogares, ni en nuestros lugares de trabajo, ni en nuestras comunidades, ni en nuestros países y, desde luego, no va a ocurrir en las Naciones Unidas, donde mujeres de todas partes del mundo defienden los derechos humanos, la justicia y el liderazgo». La declaración afirma:

> El significado de la palabra «género» ha evolucionado como término diferenciado de la palabra «sexo» para expresar la realidad de la construcción social de los roles de los hombres y las mujeres y de su estatus, así como también su variabilidad. En el contexto actual, el término «género» reconoce los múltiples roles que las mujeres cumplen a lo largo de sus ciclos vitales, la diversidad de nuestras necesidades, nuestras preocupaciones, habilidades, experiencias vitales y aspiraciones [...] el concepto de «género» está embebido del discurso social, político y legal contemporáneo. Ha sido integrado dentro del plan conceptual, el lenguaje, los documentos y los programas del sistema de las Naciones Unidas. La difusión de la perspectiva del género en todos los aspectos de las actividades de las Naciones Unidas es un compromiso importante aprobado en conferencias anteriores y debe [ser] reafirmado y reforzado en la 4ª conferencia mundial.[7]

Este debate fue liderado por Russell Baker en el diario *The New York Times*, en donde se preguntaba si el término «género» no había suplantado al de sexo de tal forma que pronto nos encontráramos en relación con nuestras vidas eróticas confesando haber tenido «género» con alguien.

Mientras que en el debate de las Naciones Unidas se utilizaba el género como una clave para designar la homosexualidad, los campos locales de la teoría queer y del feminismo se movían en una dirección bien diferente, al menos aparentemente. La analogía ofrecida desde un ángulo metodológico por los teóricos queer según la cual el feminismo se ocupaba del género mientras que los estudios de lesbianas y gays trataban del sexo y de la sexualidad parecía quedar muy lejos del debate mencionado anteriormente. Pero es sorprendente observar como en un caso el género parece entenderse como homosexualidad y en el otro parece entenderse como justo lo contrario.

La cuestión no es simplemente la deplorable falta de sintonía entre el debate académico y la utilización política de dicho término, sino que el esfuerzo para distanciarse del género marca dos movimientos políticos radicalmente diferentes. En el debate internacional, el Vaticano denuncia la utilización del término «género»: 1) porque es una clave para designar la homosexualidad, o 2) porque es una forma de entender la homosexualidad como un género entre otros que amenaza con ocupar un lugar entre lo masculino, lo femenino, lo bisexual y lo transexual, o, más bien, que amenaza con usurpar completamente el lugar del hombre y la mujer. El miedo del Vaticano —citan a Anne Fausto-Sterling[8] hablando de este tema— es que la homosexualidad conlleve la proliferación de géneros (el diario *La Repubblica* afirma que en Estados Unidos el número de géneros ha aumentado a cinco: masculino, femenino, lesbiano, homosexual y transexual). Esta visión de la homosexualidad como un género que prolifera parece estar basada en la teoría que sostiene que, en cierto sentido, los homosexuales se han apartado de su género, que al convertirse en homosexuales cesan de ser hombres o mujeres y que el género tal como ahora lo conocemos es radicalmente incompatible con la homosexualidad; de hecho, es tan incompatible que la homosexualidad debe convertirse en su propio género, desplazando así por completo la oposición binaria entre lo masculino y lo femenino.

Es curioso que el Vaticano comparta ciertos principios con aquellos que convertirían los estudios queer en una metodología diferente de la del feminismo: mientras que el Vaticano teme que la sexualidad amenace con desplazar el objetivo reproductivo del sexo y la necesidad de la heterosexualidad, aquellos que aceptan la división metodológica entre la teoría queer y el feminismo sostienen que la sexualidad puede exceder y desplazar al género. La homosexualidad, en particular, deja atrás al género. Sexo y género no solo son dos ámbitos separados, sino que persisten en una tensión mutuamente excluyente en la cual las sexualidades queer aspiran a una vida utópica más allá del género, como Biddy Martin sugirió tan acertadamente.[9] El Vaticano trata de deshacerse del género en un esfuerzo por rehabilitar el sexo, pero la teoría queer —con una orientación más metodológica— trata de deshacerse del género en un intento de situar la sexualidad en primer plano. El Vaticano teme la separación entre el sexo y la sexualidad, ya que introduce una noción de práctica sexual que no está constreñida por fines naturales supuestamente reproductivos. Y en este sentido, parece que, al temer al género, el Vaticano teme la separación de la sexualidad y el sexo y, por lo tanto, teme a la teoría *queer*. Sin embargo, la metodología queer insiste en la sexualidad e incluso, según *The Lesbian and Gay Studies Reader*, en «la sexualidad y el sexo». También prescinde del género, pero porque el género representa al feminismo y a su supuesta heterosexualidad.[10]

En ambos contextos, los debates se centraban en la terminología, en si se podría permitir el término «género» en el lenguaje de las plataformas para las reuniones de las ONG, y en sobre si el término «orientación sexual» formaría parte del lenguaje definitivo de las resoluciones de la conferencia de las Naciones Unidas (la respuesta a lo primero es sí; a lo segundo es no, pero el lenguaje concerniente a la autonomía sexual fue considerado aceptable). Términos como género, orientación sexual e, incluso, universalidad fueron refutados públicamente debido precisamente a la imprecisión de su significado, y en julio de 1995 se convocó una reunión especial de las Naciones Unidas para comprender el significado del «género».

Mi punto de vista es que no bastará ninguna definición simple del género y que es más importante poder seguirle la pista al término a través de la cultura popular que elaborar una definición estricta y aplicable. El término «género» se ha convertido en el emplazamiento para la pugna entre varios intereses. Considérese, por ejemplo, lo que sucede en Estados Unidos, donde se percibe el género como una forma de desactivación de la dimensión política del feminismo, una forma en la que el género se convierte en una mera diferenciación discursiva de lo masculino y lo femenino, entendidos estos como construcciones que podrían ser estudiadas fuera de un marco feminista o, sencillamente, como autoproducciones o efectos culturales manufacturados de algún tipo. Considérese también la introducción de los programas y los centros de estudios de género en la Europa del Este, donde la victoria sobre el «feminismo» está ligada a la victoria sobre la ideología marxista del Estado según la cual se entendía que los objetivos feministas solo podían lograrse con la condición de que se hicieran realidad los objetivos del comunismo.

Por si esta lucha interna en el ámbito del género no fuera suficiente, el desafío de una perspectiva teórica dentro de la academia lanza dudas sobre el valor de una construcción excesivamente sociológica del término. Así pues, se confronta al género en nombre de la diferencia sexual precisamente porque el género promueve una visión de la masculinidad y de la feminidad socialmente constructivista, que desplaza o devalúa el estatus *simbólico* de la diferencia sexual y de la especificidad política de lo femenino. Estoy pensando aquí en las críticas que Naomi Schor, Rosi Braidotti, Elizabeth Grosz y otras autoras han dirigido al término.

Mientras tanto, está claro que la diferencia sexual no goza de los favores de algunos de los paradigmas reinantes en la teoría queer. Incluso cuando la teoría queer trata de demostrar que el feminismo es anacrónico, describe al feminismo como un proyecto comprometido con el género sin ningún tipo de ambigüedades. Creo que dentro de los estudios críticos de la raza se encuentran muy pocas referencias a la diferencia sexual como término.[11]

Pero ¿en qué consiste esta diferencia sexual? No es un simple hecho, pero tampoco es un mero efecto de lo factible. Y aunque la diferencia sexual es psíquica, también es social en un sentido que todavía no ha sido elaborado. Muchas investigaciones recientes tratan de comprender cómo se implica la estructura psíquica en la dinámica del poder social. ¿Cómo vamos a entender esta coyuntura o disyuntura? y ¿qué relación tiene con la teorización de la diferencia sexual?

Quisiera sugerir que en todos los debates relacionados con la prioridad teórica de la diferencia sexual sobre el género, del género sobre la sexualidad o de la sexualidad sobre el género, subyace otro tipo de problema, que es el problema que plantea la diferencia sexual, a saber, la permanente dificultad de determinar dónde empieza y dónde termina lo biológico, lo psíquico, lo discursivo y lo social. Si el Vaticano trata de reemplazar el lenguaje del género con el lenguaje del sexo es porque le gustaría volver a *biologizar* la diferencia sexual, es decir, restablecer una noción de la reproducción reducida a lo biológico como el destino social de las mujeres. Sin embargo, cuando Rosi Braidotti, por ejemplo, insiste en que debemos retornar a la diferencia sexual, su llamamiento difiere mucho de la solicitud del Vaticano cuando requiere dicho retorno; si para ella la diferencia sexual es una diferencia que no puede reducirse ni a la biología, ni a la cultura, ni a la construcción social, entonces ¿cómo debemos comprender el registro ontológico de la diferencia sexual? Quizá la cuestión es que el registro ontológico de la diferencia sexual es sumamente difícil de determinar.[12] La diferencia sexual nunca viene totalmente dada, ni está totalmente construida, sino que es ambas cosas de una forma parcial. Ese sentido de lo «parcial» se resiste a cualquier significado claro de «partición»; por tanto, la diferencia sexual funciona como una escisión, pero quizá sea menos importante que los términos que se superponen y se tornan borrosos sean la feminidad y la masculinidad más que la problemática misma de la construcción; que lo que se construya sea necesariamente anterior a la construcción, incluso cuando aparentemente no se puede acceder a este momento previo si no es a través de la construcción.

Tal como yo la entiendo, la diferencia sexual es el lugar donde se plantea y se replantea la pregunta de la relación entre lo biológico y lo cultural, donde debe y puede plantearse, pero donde, hablando rigurosamente, no se puede contestar. Entendido como un concepto fronterizo, la diferencia sexual tiene dimensiones psíquicas, somáticas y sociales que nunca pueden confundirse del todo entre ellas, pero que no por esta razón son, en último término, diferentes. ¿Vacila entonces la diferencia sexual como una frontera fluctuante que exige una rearticulación de sus términos sin ningún sentido de finalidad? En ese caso, ¿podríamos decir que no es una cosa, ni un hecho, ni una presuposición, sino más bien la exigencia de rearticulación que nunca desaparece del todo, pero que tampoco aparece del todo?

¿Qué efecto tiene esta forma de pensar la diferencia sexual sobre nuestra comprensión del género? Cuando hablamos de género, ¿nos estamos refiriendo a esa parte de la diferencia sexual que *sí* aparece como social (el género es así el extremo de la socialidad en la diferencia sexual), como lo que es negociable, como lo que está construido —precisamente lo que el Vaticano trata de reconvertir en «sexo»—, lo que se puede llevar al lugar de lo natural, donde lo natural se imagina como fijo e innegociable? ¿Es el proyecto del Vaticano tan irrealizable como el proyecto de producir el género *ex nihilo*, tanto si se parte de los recursos de lo cultural como de cualquier otra voluntad fabulosa? ¿El esfuerzo de los queer va dirigido a superar el género o a relegarlo a un pasado suplantado como el objeto apropiado para otra investigación, la feminista por ejemplo, pero no la suya propia? ¿No es este un intento de inmovilizar la diferencia sexual como algo que se puede separar de la sexualidad de forma radical? La reglamentación del género siempre ha formado parte del trabajo de la normatividad heterosexista, e insistir en una separación radical entre género y sexualidad equivale a perder la oportunidad de analizar esa operación específica del poder homofóbico.[13]

El intento de asociar el género con viles objetivos feministas continúa en otras líneas desde un ámbito muy distante. En una preocupante apropiación del discurso antiimperialista, el Vaticano llegó a sugerir que el género era una importación extraída de algunas corrientes decadentes dentro del feminismo occidental que había sido impuesta sobre los «países del Tercer Mundo», término utilizado a menudo como sinónimo de «países en desarrollo».

Aunque está claro que el género se convirtió en una cuestión aglutinadora para algunas de las feministas que organizaban la conferencia de las Naciones Unidas de 1995, la tensión acerca del género llegó a su punto culminante cuando un grupo de mujeres de Honduras se opuso al nombramiento de una delegación cristiana ultraconservadora para que representara al gobierno hondureño en la conferencia de septiembre. Al intento de oponerse a un tipo de feminismo etiquetado como «occidental», que lideró Óscar Rodríguez, el presidente de la Conferencia Episcopal Latinoamericana, se opusieron movimientos de mujeres de base dentro del país, que incluían al combativo Centro de Derechos de las Mujeres de Honduras.[14] Así pues, el aparato del Estado conjuntamente con la Iglesia se apropió de un lenguaje opuesto al imperialismo cultural con el fin de despojar a las mujeres del poder en su propio país. Además de afirmar que en Pekín se iba a representar un feminismo que era una «cultura de la muerte» que consideraba «la maternidad como una esclavitud», esta forma de feminismo que todavía no tiene denominación también afirmó que las preocupaciones de la conferencia de Pekín representaban un falso feminismo (también el Vaticano, en una carta de disculpa por su propio patriarcalismo, trató de distinguir entre un feminismo que sigue estando comprometido con la esencia de la dignidad de las mujeres y un feminismo que destruiría la maternidad y la diferencia sexual). Tanto Rodríguez como el Vaticano se opusieron también a los «géneros no naturales», los homosexuales y los transexuales. El Centro de Derechos de las Mujeres (CDM) respondió señalando que no tenía interés en destruir la maternidad, sino en luchar para que no se abusara de las madres, y que el tema central de la conferencia de Pekín no eran los «géneros no naturales», sino «los efectos de los planes de ajuste estructural que conciernen al estatus económico de las mujeres, así como la violencia contra las mujeres». Es significativo que el grupo cristiano que representaba a Honduras también se opusiera vehementemente al aborto y que distinguiera claramente entre los géneros llamados no naturales, la destrucción de la maternidad y la promoción del derecho al aborto.

En la plataforma del lenguaje, finalmente se admitió el género, pero la palabra «lesbiana» tuvo que ponerse «entre paréntesis». De hecho, en San Francisco vi que algunas delegadas que se preparaban para las reuniones llevaban camisetas en las que se podía leer «lesbiana» entre paréntesis. Por supuesto, los paréntesis indicaban que este era un lenguaje en disputa, que no había un acuerdo sobre el uso apropiado del término. Aunque se supone que los paréntesis mitigan el poder de la palabra y ponen en duda su aceptabilidad, en realidad presentan el término como una expresión compuesta diacríticamente, una expresión que adquiere una gran visibilidad en virtud de su cuestionabilidad.

El término «lesbiana» pasó de estar entre paréntesis a ser omitido del lenguaje completamente. Pero el éxito de esta estrategia parece que solo avivó la sospecha de que el término estaba reapareciendo en otros lugares lingüísticos: a través de la palabra «género», a través del discurso de la maternidad, a través de las referencias a la autonomía sexual, e incluso en la expresión «otro estatus» —entendida como la base sobre la cual los derechos podían ser violados; es decir, que tienen «otro estatus»—, un estatus que no podía ser nombrado directamente, pero que designaba a las lesbianas indirectamente: el estatus que es «otro», aquel del que no se puede hablar, aquel que se ha convertido en innombrable, el estatus que no es uno.

Dentro del marco discursivo de esa reunión internacional, parece crucial preguntarse qué es lo que da lugar a la asociación entre la inclusión de los derechos de las lesbianas, la producción del género no natural y la destrucción de la maternidad, así como también la introducción de una cultura de la muerte (presumiblemente antivida, según una conocida traducción de la derecha de la posición a favor del derecho al aborto). Aquellos que se oponen a los derechos de las lesbianas aduciendo tales razones (y hubo otros que se oponían a ellas por otras cuestiones) asumen que las lesbianas no son madres o, si lo son, entienden que, de todas formas, están participando en la destrucción de la maternidad. Pues que así sea.

Sin embargo, creo que es importante que veamos en estas circunstancias un cierto número de cuestiones que están en juego de forma simultánea y que no pueden separarse fácilmente la una de la otra. Presuponer que el género es una clave para la homosexualidad, que la introducción de las lesbianas equivale a la introducción de un nuevo género, un género no natural que conducirá a la destrucción de la maternidad y que está ligado a las luchas feministas por los derechos reproductivos, es una presuposición irredimiblemente homofóbica y misógina a la vez. Además, el razonamiento presentado por la alianza Iglesia-Estado, un razonamiento que fue también repetido por la delegación de Estados Unidos, es que los derechos sexuales son una imposición occidental. Este razonamiento fue esgrimido para desacreditar y contener las reivindicaciones de los movimientos de base de las mujeres latinoamericanas que trataban de representar los derechos de las mujeres en la conferencia. Así pues, se observa un aumento del poder ideológico de la alianza Iglesia-Estado sobre el movimiento de las mujeres precisamente a través de la apropiación del discurso antiimperialista de dichos movimientos.

Por encima y en contra de la alianza Iglesia-Estado, que, en un esfuerzo por impedir las reivindicaciones a favor de la autonomía sexual, trató de rehabilitar y defender las purezas étnicas tradicionales, en las reuniones feministas surgió una alianza que trató de hallar un lenguaje que defendiera los derechos reproductivos, el derecho a no sufrir abusos dentro del matrimonio y los derechos de las lesbianas.

De forma significativa, la organización de las conferencias sobre orientación sexual no se escondió, como presumía el Vaticano, detrás del término «género»; la «orientación sexual», a pesar de ser un término extraño al lenguaje legal y médico, y «lesbiana» se convirtieron en el vocabulario que la *International Gay and Lesbian Human Rights Commission* [Comisión para los Derechos Humanos de Gays y Lesbianas] intentó que se incluyera para referirse a una de las bases en las que se fundamentan las violaciones de los derechos humanos de las mujeres.

Sin embargo, parece digno de mención que la conferencia de las Naciones Unidas logró llegar a un consenso sobre el lenguaje. El lenguaje es importante a nivel retórico puesto que representa el consenso internacional que prevalece sobre un tema y puede ser utilizado por los gobiernos y por los organismos no gubernamentales de diversos países con el fin de impulsar políticas que sean coherentes con la terminología del párrafo 96 de la Plataforma para la Acción de la conferencia:

> Los derechos humanos de las mujeres incluyen su derecho a controlar y decidir libre y responsablemente sobre cuestiones relacionadas con su sexualidad, incluyendo la salud sexual y reproductiva, en circunstancias no coercitivas, sin discriminación ni violencia. Las relaciones de igualdad entre mujeres y hombres en materia de relaciones sexuales y de reproducción, incluyendo el respeto total a la integridad de la persona, requieren respeto mutuo, consentimiento y responsabilidad compartida acerca del comportamiento sexual y de sus consecuencias.

Finalmente, parece importante investigar el lenguaje mismo de las Naciones Unidas, un lenguaje que se supone debe llevar implícito el consenso internacional, aunque no la unanimidad, y que se supone representa el consenso sobre lo que son las reivindicaciones y los derechos que se presumen universales. Que lo que entra dentro del término «universal» se entienda que depende de un «consenso» parece sesgar parte de la fuerza de la universalidad misma, pero quizá no sea así. El proceso presupone que lo que se incluirá y lo que no se incluirá dentro del lenguaje de los derechos no está decidido de una vez por todas, que su forma futura no se puede anticipar en ese momento. Las deliberaciones de las Naciones Unidas se convirtieron en el lugar para el ritual público en el que se articula y rearticula el consenso acerca de lo que serán los límites de la universalidad.

Se ha demostrado que el significado de «lo universal» es culturalmente variable y que las articulaciones culturales específicas de «lo universal» operan en contra de su derecho a un estatus transcultural. Esto no significa que no deba hacerse referencia a lo universal o que se haya tornado, para nosotros, en una imposibilidad. Poner entre paréntesis lo universal solo significa que existen convicciones culturales para su articulación que no son siempre las mismas, y que el término obtiene su significado precisamente a través de las condiciones culturales de su rearticulación, que están, decididamente, lejos de ser universales. Esta es una paradoja con la que se topará cualquier exigencia de adoptar una actitud universal. Porque puede ser que en una cultura en particular una serie de derechos se consideren universales, y que en otra cultura estos mismos derechos marquen el límite de la universalidad, es decir, «si les damos esos derechos a esa gente estaremos rebajando los cimientos de lo humano tal como los conocemos». Esto se puede observar de forma especialmente clara en el área de los derechos humanos de gays y lesbianas, donde «lo universal» es un término en disputa, y donde diversos gobiernos y varios de los principales grupos de derechos humanos dudan de si los humanos gays y lesbianas deberían incluirse en «lo humano» y de si sus supuestos derechos encajan con las convenciones actuales que rigen el ámbito de los derechos que se consideran universales.

Para mí no es ninguna sorpresa que el Vaticano aluda a los derechos de las lesbianas como «antihumanos». Quizá sea cierto. Admitir a la lesbiana dentro del reino de lo universal puede que deshaga lo humano, al menos en su forma actual, pero también puede que sea equivalente a imaginar lo humano más allá de sus límites convencionales.

La noción de universalidad no es un cimiento sobre el cual podamos construir ni tampoco es una presuposición que nos permita continuar; es un término que se ha convertido en escandaloso, que amenaza con incluir lo humano en ese «otro» en contra del cual se definió a lo humano. En este sentido, en una utilización más radical, la «universalidad» funciona en contra y destruye los fundamentos que han sido convencionalmente aceptados como tales. La «universalidad» se convierte en antifundacionalismo. Afirmar que algunos derechos son universales cuando las actuales convenciones que rigen el ámbito de la universalidad excluyen precisamente dicha afirmación implica destruir un concepto de lo universal y, a la vez, admitir lo que ha sido su «exterior constitutivo»; al hacerlo se performa lo contrario del mismo acto de asimilación a una norma *existente*. Yo insistiría en que esta afirmación corre el riesgo productivo de provocar y exigir una rearticulación radical de lo universal mismo, forzando lo universal entre paréntesis, por así decirlo, hacia un sentido importante de no saber lo que es y lo que podría incluir en un futuro que no está predeterminado de antemano.

Estar excluido de lo universal y, a pesar de ello, hacer una afirmación dentro de sus términos es pronunciar una contradicción performativa de un cierto tipo. Podría parecer una locura y una acción condenada al fracaso, como si tal afirmación pudiera solo suscitar mofas; o la apuesta podría funcionar del modo opuesto, es decir, provocando la revisión y la elaboración de estándares históricos universales más apropiados para el movimiento futuro de la democracia misma. Afirmar que lo universal todavía no ha sido articulado equivale a insistir en que el «todavía no» es una característica propia de lo universal mismo: aquello que permanece «irrealizado» por lo universal es lo que lo constituye esencialmente. Lo universal empieza a ser articulado precisamente a través de los desafíos a la formulación que ya *existe*, y el desafío proviene de aquellos a quienes no incluye, de aquellos que no tienen derecho a ocupar el lugar del «quién», pero que, sin embargo, exigen que lo universal como tal les incluya. En este sentido, los excluidos constituyen el límite contingente de la universalización. Esta vez, los paréntesis desaparecen del término «lesbiana» para aparecer en «otro estatus», el estatus de lo que queda fuera del lenguaje tal como lo hablamos. Es esta otredad, a través de la cual se instituye aquello de lo que se puede hablar, la que acecha en sus fronteras y la que amenaza con entrar dentro de aquello de lo que se puede hablar a través de sustituciones que no siempre pueden detectarse. Aunque el género no fue la vía a través de la cual la homosexualidad ingresó en el lenguaje oficial de las Naciones Unidas, la libertad sexual se convirtió en la rúbrica que unió a las lesbianas y a las mujeres heterosexuales por una vez, a través de la cual se valoró la autonomía y se rechazó la noción de destino biológico. El hecho de que la libertad sexual del sujeto femenino desafiara el humanismo que subyace a la universalidad demuestra lo importante que es considerar las formas sociales, tales como la familia patriarcal heterosexual, que todavía subyacen a nuestras concepciones «formales» de la universalidad. Parece ser que para volver a alcanzar lo humano en otro plano, lo humano debe convertirse en algo extraño a sí mismo, en algo monstruoso incluso. Este humano no será «único», no tendrá una forma definitiva, sino que será lo que está negociando constantemente la diferencia sexual de forma que no tenga consecuencias naturales o necesarias para la organización social de la sexualidad. Al insistir en que esta será una pregunta constante y abierta, quiero sugerir que no tomemos ninguna decisión sobre lo que es la diferencia sexual, sino que dejemos la cuestión abierta, que se convierta en una pregunta preocupante, sin resolver, propiciadora.

Respuesta a *Metamorfosis* de Rosi Braidotti

Metamorfosis es el tercero de los grandes libros de Braidotti sobre teoría feminista, después de *Patterns of Dissonance* y *Nomadic Subjects*. Es el primero de dos volúmenes, el segundo de los cuales aparecerá próximamente en la editorial Polity Press. Antes de empezar a discutir el libro en detalle, quisiera considerar qué es lo que Braidotti trata de conseguir en esta obra: aunar una perspectiva deleuziana del cuerpo y el devenir con una perspectiva feminista de la diferencia sexual y del devenir de la Mujer; su libro es un estudio sustancial de la crítica filosófica y cultural del cine y, específicamente, de las formas en las que los cuerpos, las máquinas y los animales se mezclan bajo condiciones sociales específicas de producción y de consumo. Además, no solo es una bien fundamentada defensa de Irigaray, sino también un esfuerzo pedagógico para conseguir que los lectores de Irigaray la lean de otra forma. A pesar de algunas protestas deleuzianas en contra de la perspectiva psicoanalítica, el texto también utiliza una conceptualización psicoanalítica del sujeto que enfatiza la falta de coincidencia entre el sujeto y su propia constitución psíquica, la persistencia del deseo del inconsciente y la estructuración cultural y social de los propósitos inconscientes. El texto también pone de relieve la fe de la autora en el uso continuado del psicoanálisis como cura para ciertos tipos de sufrimiento psíquico. Si antes de leer *Metamorfosis* pensábamos que combinar Deleuze y Lacan sería difícil, o que someter a ambos autores a una lectura feminista que insistiera en la primacía de la diferencia sexual podría resultar oneroso, o que sería difícil concertar todas estas teorías con un análisis cultural bien informado sobre un cierto número de conocidas películas, sin duda teníamos razón. Pero el texto logra un cierto sincretismo entre los diferentes puntos de vista y dicho sincretismo se moviliza al servicio de una teoría de la afirmación, una teoría que no solo busca contrarrestar la lógica de la negatividad que se asocia con Hegel, sino que también implica la posibilidad de un activismo que no descansa sobre una ontología liberal del sujeto.

El texto ofrece también una crítica compleja y competente de la tecnología, al mismo tiempo que rechaza recurrir a un pasado pretecnológico. En su lugar, Braidotti propone una aproximación filosófica al origen de la vida en la diferencia sexual ya que, desde su punto de vista, esta tiene implicaciones éticas concretas para las intervenciones tecnológicas en la vida corporal y reproductiva. A la vez que abarca la ruptura entre las distinciones entre lo animal, lo humano y la máquina que apoya el humanismo, Braidotti afirma que no podemos producir y transformar el cuerpo en *cualquier* dirección. La transformación es la tarea explícita de su texto, e incluso se podría decir que es el evento de su texto; sin embargo, sería erróneo pensar que la nomadología, tal como la concibe Braidotti, o que el trabajo de la metamorfosis, del cambio literal de forma, es una tarea infinita, una tarea que puede tener lugar sin ningún límite. Hay modos de transformación que funcionan con y a través del cuerpo, pero, desde su punto de vista, hay otros que tratan de sobreponerse a la vida corporal o de exceder los parámetros de la diferencia corporal. Es a estos últimos a los que se opone Braidotti por razones éticas y políticas. Conviene a los objetivos del falogocentrismo, por ejemplo, construir la «transformación» como la superación de la diferencia sexual con el fin de utilizarla como una ocasión para volver a instalar formas masculinistas de dominio y autonomía, de modo que se borre la diferencia sexual y el dominio simbólico específico de lo femenino, su futuro simbólico. De forma similar, se opone a cualquier forma de capitulación ante el rehacer del cuerpo a través de la tecnología que se aúna con la somatofobia, un esfuerzo para escapar por completo del cuerpo (para Braidotti, la diferencia y el cuerpo no solo condicionan la transformación, sino que son el propio vehículo e instrumento de transformación, aquel sin el cual la transformación en un sentido normativo no podría darse).

El punto de vista de Braidotti sobre la transformación no solo está relacionado con cierta herencia filosófica, sino que también constituye una de las dimensiones más significativas de su propia contribución filosófica. Su explicación de la incorporación, que es una teoría del activismo o una teoría activista, funciona de una forma filosófica y política a la vez, puesto que contruye la transformación en ambas formas a la vez. Mientras que algunos críticos del postestructuralismo sostienen que no se puede dar la «agencia» sin un sujeto situado y unitario, Braidotti muestra que la actividad, la afirmación y la propia capacidad de transformar las condiciones se derivan de un sujeto constituido de una forma múltiple y que se mueve en varias direcciones. La línea que Braidotti sigue desde Spinoza a través de Deleuze, que incluye ciertas lecturas del psicoanálisis y que también puede compartir algunas afinidades con Nietzsche, argumenta que la voluntad de vivir, la afirmación de la vida, tiene lugar a través del juego de la multiplicidad. La interacción dinámica de los múltiples efectos da lugar a la transformación misma. A aquellos que afirman que un agente constituido de forma múltiple es difuso o disperso, se les debería indicar que para Braidotti la multiplicidad es una forma de entender el juego de fuerzas que actúan una sobre la otra y que generan nuevas posibilidades de vida. La multiplicidad no es la muerte de la agencia sino su condición misma. Estamos malentendiendo el origen de la acción si no logramos comprender las múltiples fuerzas que interaccionan y que producen el propio dinamismo de la vida.

La transformación es producida por el juego de fuerzas; es importante indicar que algunas de ellas son inconscientes, pero operan a través de medios corporales, de modo que, cuando la creatividad tiene lugar y algo nuevo se inaugura, esto es el resultado de una actividad que precede al sujeto que conoce, pero que no es —por esta razón— totalmente externa al sujeto. Algo que me precede no constituye lo que yo soy, y esta paradoja articula una concepción del sujeto que no puede reducirse a la conciencia. No nos estamos refiriendo a un sujeto dominante —un individuo liberal que sabe y decide el curso de una acción—, como si el sujeto solo inaugurara la acción y sobre el cual no se actuara de diversas formas. Para Braidotti, el hecho de que el sujeto se produzca en la diferencia sexual parece significar que es un cuerpo sobre el que actúan otros cuerpos, produciendo así la posibilidad de una cierta transformación. Es una inducción a la vida, una seducción a la vida, cuando la vida misma no puede ser comprendida aparte de la transformación dinámica a través de la cual tratamos de explicarla.

Este punto de vista filosófico tiene una especial relevancia global y cultural para aquellos que tratan de analizar la transformación en el contexto de las redes globales dinámicas. Mientras que algunos dirían, con un enfoque marxista por ejemplo, que el mundo social es la suma de efectos totalizantes y totalizados, creo que Braidotti se opondría a este estado de cosas y trataría de saber cómo desde diversas redes, tecnológicas y económicas, se condicionan y se producen las posibilidades de transformación. Pero esta transformación únicamente puede darse si entendemos los procesos corporales como su condición y su emplazamiento. Para Braidotti, los procesos corporales deben especificarse en términos de la diferencia sexual. Y la diferencia sexual nombra un simbólico del futuro que llega a valorar lo que uno mismo no es como la condición de la vida misma.

En cierta manera, y sin ser enteramente consciente, he producido algunos de los textos a los que la postura de Braidotti se opone. Como Braidotti, he llegado a representar una versión del postestructuralismo feminista que mantiene compromisos paralelos a los suyos, pero que tiende a funcionar con textos diferentes y con problemáticas diferentes. El posestructuralismo no es monolítico; no es una teoría o un grupo de textos unitario, sino una amplia serie de trabajos que surgen como consecuencia de la obra de Ferdinand de Saussure, del Hegel francés, del existencialismo, de la fenomenología y de varias formas de formalismo lingüístico. Yo creo que tendría sentido decir, como hace Braidotti, que a veces yo me mantengo dentro de la teología de la falta, que a veces me centro en el trabajo que realiza lo negativo, en el sentido hegeliano, y que esto me lleva a considerar la melancolía, el duelo, la conciencia, la culpabilidad, el terror y temas parecidos. Yo tiendo a pensar que esto es simplemente lo que ocurre cuando una niña judía con una herencia psíquica del Holocausto se sienta a leer filosofía a una edad temprana, especialmente si recurre a la filosofía en circunstancias violentas. También podría ser que a menudo estuviera interesada por las cuestiones de supervivencia porque no estaba segura de que ni mi propio género ni mi sexualidad —cualquiera que sea el significado último de estos términos— me permitirían ser inmune a la violencia social de varios tipos. La supervivencia no es lo mismo que la afirmación, pero no hay afirmación sin supervivencia (a menos que interpretemos ciertos actos suicidas como afirmativos). Sin embargo, la supervivencia no es suficiente, aunque no le puede acontecer nada más a un sujeto si no hay supervivencia.[15] Cuando Braidotti considera el dolor y el sufrimiento y la limitación, se siente impulsada a buscar el camino a través y más allá de ellos, a involucrarse en cierto tipo de activismo que supera la pasividad sin transformarse en dominio o control. Este es un difícil arte que se desarrolla a base de insistir en encontrar las posibilidades tanto para la afirmación como para la transformación, en temas que pueden resultar difíciles, cuando no potencialmente peligrosos, como las nuevas tecnologías corporales, las redes de comunicación global y los patrones de inmigración y desplazamiento transnacional.

Supongo que algunas de las preguntas que me siento impulsada a formular acerca de la inmigración forzosa serían: ¿qué formas de pérdida sufren aquellos que son forzados a emigrar? ¿Qué tipo de disonancia experimentan aquellos que ya no tienen un hogar en un país y que todavía no tienen un hogar en un nuevo país, sino que viven en una zona de ciudadanía en suspenso? ¿Qué formas toman el dolor y el sufrimiento en los procesos de colonización continuada? ¿Qué es lo que significa estar desplazado en el propio hogar, lo que sin duda es la experiencia actual de los palestinos bajo la ocupación?

Creo que Braidotti no desestimaría dichas escenas de sufrimiento *como* tal, sino que, metodológicamente, trataría de identificar dichos lugares de fractura y de movilidad como las condiciones para abrir nuevas posibilidades. En este sentido, su modo crítico de lectura trata de identificar las posibles localizaciones para la transformación, trata de abrir lo que de otra manera podría considerarse como una trampa o un *cul de sac*, y encontrar allí una nueva condición social para la afirmación. Un estado fracturado, o un estado de desplazamiento, es sin duda un lugar de sufrimiento, pero también puede ser el emplazamiento para una nueva posibilidad de agencia. Podemos lamentar la pérdida de la proximidad y de la privacidad como condiciones para la comunicación humana, pero también considerar las posibilidades tanto para la transformación mediante redes globales como para una alianza global.

Creo que en *Metamorfosis* no se presenta un programa para la transformación que ofrezca un plan detallado acerca de lo que debería transformarse y cómo. Más bien, el trabajo de transformación está ejemplificado en el propio libro, en su práctica de lectura, en su incansable búsqueda de lo que se mueve y genera. Por otra parte, Braidotti contesta a las predicciones pesimistas de una izquierda que cree que los procesos sociales ya han hecho todo el trabajo sucio y que actualmente vivimos como las consecuencias inertes de su previa eficacia. Además, critica las formas de agencia —usualmente presentadas como el falogocentrismo dominador— que, o bien niegan el cuerpo, o bien rechazan la diferencia sexual; así pues, en términos de Braidotti, son formas de agencia que no logran comprender cómo la vida misma requiere el juego de la multiplicidad.

Por supuesto, hay algunas cuestiones en las que Braidotti y yo disentimos. Voy a tratar de formularlas en forma de preguntas con la esperanza de que este texto, como otros de mis escritos, sea considerado como parte de una conversación crítica permanente.

LA DIFERENCIA SEXUAL

Braidotti sostiene que, a menudo, los teóricos rechazan la diferencia sexual porque el significado de la feminidad misma se entiende de una forma peyorativa. A ella le desagrada este uso peyorativo del término, pero piensa que el término mismo puede ser liberado y orientado hacia un futuro diferente. Puede ser que esto sea cierto. Pero ¿es justo decir que aquellos que se oponen a este marco rebajan o degradan la feminidad, o más bien creen que la feminidad solo puede tener un significado degradado? ¿Es justo decir que aquellos que no admiten este marco están, como consecuencia, en contra de lo femenino o, incluso, que son misóginos? Me parece que el simbolismo del futuro será aquel en que la feminidad tenga múltiples posibilidades, cuando, como afirma la misma Braidotti, sea liberada de la exigencia de ser una sola cosa o de cumplir con una sola norma, la norma creada para ella a través de medios falogocéntricos. Pero ¿debe el marco de la conceptualización de la diferencia sexual ser binario para que esta multiplicidad femenina emerja? ¿Por qué no puede el marco de la diferencia sexual moverse más allá del binarismo y aceptar la multiplicidad?

EL DESEO *BUTCH*

Podríamos completar el comentario anterior con la siguiente observación: puede que haya mujeres que amen a otras mujeres, que amen incluso lo que podríamos llamar la «feminidad», pero que no encuentren una forma de entender su propio amor dentro de la categoría de mujer ni tampoco como una permutación de la feminidad.[16] Como dicen algunos, el deseo *butch* puede ser experimentado como parte del «deseo de las mujeres», pero también puede ser experimentado, es decir, nombrado e interpretado, como un tipo de masculinidad, una masculinidad que no se halla en los hombres. Hay muchas formas de tratar la cuestión del deseo y el género. Podríamos culpar inmediatamente a la comunidad *butch* y decir que ellas/nosotras sencillamente somos antifemeninas o que hemos rechazado una feminidad primaria, pero entonces nos quedaríamos con la duda de si la mayoría de las mujeres *butch* (aunque no solo ellas) están profunda y fatalmente atraídas por lo femenino y, por tanto, aman lo femenino.

Si extendiéramos el marco de referencia de Braidotti, se podría decir que este juicio negativo del deseo *butch* es un ejemplo de lo que ocurre cuando lo femenino se define demasiado estrechamente como un instrumento del falogocentrismo; sin embargo, la serie completa de las posibilidades de la feminidad no se encuentra dentro de sus propios términos, y, por tanto, el deseo *butch* debería ser apropiadamente descrito como permutación del deseo femenino. Este último punto de vista explora una comprensión más abierta de la feminidad que va en contra de los fundamentos de la versión falogocéntrica. Este punto de vista es mejor que el primero, el cual simplemente atribuye una disposición psicológica de aversión a una misma o de misoginia al sujeto *butch* que desea. Pero si existe una masculinidad que está funcionando en el deseo *butch*, es decir, si este es el nombre a través del cual el deseo adquiere sentido, entonces ¿por qué temer el hecho de que puede que haya formas en las que la masculinidad surja en las mujeres y que lo femenino y lo masculino no pertenecen a cuerpos que han sido sexualizados de forma diferente? ¿Por qué no debería ser el caso que estuviéramos al borde de la diferencia sexual para el cual el lenguaje de la diferencia sexual no es suficiente, y que esto sea, en cierta manera, consecuencia de una manera de entender el cuerpo como constituido por múltiples fuerzas y constituyente de múltiples fuerzas? Si esta construcción específica del deseo excede el marco binario o confunde sus términos, ¿por qué no podría ser un ejemplo del múltiple juego de fuerzas que Braidotti acepta en otras ocasiones?

DELEUZE

Aunque Braidotti se refiere a mi libro de 1987, *Subjects of Desire*, para sostener la afirmación de que yo rechazo a Deleuze, debo hacerle saber que cada año recibo varios ensayos y comentarios en los que se me define como deleuziana. Creo que para ella puede ser terrible pensar esto, pero yo le pediría que considerara que el *conatus* de Spinoza está en el centro de mi propio trabajo. Al igual que ella, estoy a favor de la filosofía desinstitucionalizada (una filosofía «minoritaria») y también estoy buscando lo nuevo, buscando las posibilidades que surgen del fracaso de la dialéctica y que exceden a la dialéctica misma. Sin embargo, confieso que no soy muy buena materialista. Cada vez que intento escribir acerca del cuerpo termino escribiendo sobre el lenguaje. Esto no es porque crea que se puede reducir el cuerpo al lenguaje; no se puede. El lenguaje surge del cuerpo y constituye una especie de emisión. El cuerpo es aquello sobre lo cual el lenguaje vacila, y el cuerpo lleva sus propios signos, sus propios significantes, de formas que permanecen en su mayor parte inconscientes. Aunque Deleuze se opuso al psicoanálisis, Braidotti no se opone. Para Deleuze, el psicoanálisis se centra en el problema de la falta; en cambio, yo tiendo a centrarme en el problema de la negatividad. Una de las razones por las que me opongo a Deleuze es que no hallo ninguna referencia a lo negativo en su trabajo, y me temo que lo que él propone es una defensa a ultranza frente a la negatividad. Braidotti vuelve a enlazar a Deleuze con el psicoanálisis de una forma nueva y, por tanto, posibilita una nueva lectura de Deleuze. Pero ¿cómo reconcilia Braidotti el rechazo del inconsciente de Deleuze con un psicoanálisis que, de forma correcta, insiste sobre el inconsciente?

Habla, cuerpos y performatividad

Desde mi punto de vista, la performatividad no trata solo de los actos del habla. También trata sobre los actos corporales. La relación entre los dos es complicada y yo la llamé «quiasmo» en *Cuerpos que importan*. Siempre existe una dimensión de la vida corporal que no puede ser totalmente representada, aunque funcione como la condición por excelencia y, en concreto, como la condición activadora del lenguaje.

En términos generales, estoy de acuerdo con el punto de vista que Shoshana Felman expone en *The Scandal of the Speaking Body*: siguiendo a Lacan, Felman afirma que el cuerpo da lugar al lenguaje y que el lenguaje conlleva propósitos corporales y performa actos corporales que no siempre pueden ser comprendidos por aquellos que utilizan el lenguaje para lograr ciertos objetivos conscientes. Entiendo que es aquí donde reside la importancia de la transferencia, no solo para la situación terapéutica, sino también para la teorización del lenguaje a la que da lugar. Decimos algo y queremos dar a entender algo con lo que decimos, pero también hacemos algo con nuestra habla, y lo que hacemos, cómo actuamos sobre cada uno de nosotros con nuestro lenguaje, no es lo mismo que el significado que conscientemente expresamos. Es en este sentido que los significados del cuerpo exceden las intenciones del sujeto.

La heterosexualidad

Sería un error decir que estoy en contra de la heterosexualidad. Sencillamente creo que no pertenece solo a los heterosexuales. Además, las prácticas heterosexuales no son lo mismo que las normas heterosexuales; la normatividad heterosexual me preocupa y ocasiona mi crítica. Sin duda, los heterosexuales tienen todo tipo de perspectivas críticas y cómicas sobre la normatividad heterosexual. En las ocasiones en las que he tratado de dilucidar la melancolía heterosexual, es decir, el rechazo al apego homosexual que surge dentro de la heterosexualidad como la consolidación de las normas de género («soy una mujer, por lo tanto, no quiero a una mujer»), intento mostrar cómo una prohibición de ciertas formas de amor se instala como una verdad ontológica acerca del sujeto: el «soy» de «yo soy un hombre» lleva codificada en sí la prohibición «no puedo amar a un hombre», de forma que la afirmación ontológica conlleva la fuerza de la prohibición misma. Sin embargo, esto solo ocurre bajo las condiciones de la melancolía, y no significa que la heterosexualidad se estructure de esta forma o que, por parte de algunos heterosexuales, no pueda haber una simple «indiferencia» hacia la cuestión de la homosexualidad más que un repudio inconsciente (he tomado este punto de Eve Kosofsky Sedgwick). Tampoco trato de sugerir que defiendo un modelo de desarrollo en el cual se dé en primer lugar un amor homosexual, pero que ese amor se reprime y que entonces la heterosexualidad surge como consecuencia. Sin embargo, me parece interesante que esta concepción parece seguir los propios postulados de Freud.

Estoy totalmente de acuerdo con el punto de vista de Braidotti según el cual el niño siempre está enamorado de una madre cuyo deseo se dirige a otra parte, y que esta triangulación es la condición del sujeto que desea. Si esta es su formulación de la edipalización, entonces ninguna de nosotras rechaza la edipalización, aunque ella *no* la interpretará a través de la falta, y yo incorporaré la prohibición en mi explicación de la heterosexualidad obligatoria. Solo tiene sentido preguntar, como lo hizo Freud en *Tres ensayos sobre teoría sexual*, cómo se lleva a cabo la heterosexualidad dentro del modelo que postula la disposición heterosexual en el niño como un hecho dado. En otras palabras, solo si partimos de la tesis de una heterosexualidad primigenia surge la cuestión de la homosexualidad previa, ya que se necesita alguna explicación sobre cómo se establece la heterosexualidad. Mi compromiso crítico con estos esquemas de desarrollo ha tratado de mostrar cómo la teoría de las disposiciones heterosexuales presupone lo que las vencería, a saber, una historia erótica previa a la heterosexualidad de la cual esta surge. Si existe una triangularidad a la que llamamos edipalización, esta solo surge sobre la base de una serie de prohibiciones o restricciones. Aunque acepto que, sin duda, la triangularidad es una condición del deseo, también me cuesta aceptarla. Que me cueste sin duda prueba que ya está operativa, dado que es lo que introduce la dificultad en el deseo, considerado de una forma psicoanalítica. Sin embargo, lo que más me interesa es desarticular la edipalización de la tesis de una heterosexualidad primigenia o universalizada.

MIMESIS

Braidotti relata el placer que le produjo hallar en el Instituto de Arte Contemporáneo de Londres una pieza que contenía la frase «la mimesis irónica no es una crítica». Me pregunto si esta afirmación es cierta. ¿El tipo de mimesis crítica que performa Luce Irigaray en *The Speculum of the Other Woman* debe ser incluida en ese punto de vista? ¿Es que Braidotti quiere deshacerse de aquella parte de Irigaray que entra en el lenguaje de la filosofía como su sombra, para infiltrar sus términos, para manifestar lo femenino que queda oculto, y para trastornarla mediante la escritura que cuestiona la autoridad de la filosofía masculina basada en sí misma? ¿Por qué no debería considerarse este tipo de mimesis como crítica? Creo que es erróneo pensar que este tipo de mimesis solo deriva en una moralidad de esclavo, que acepta y refuerza los términos de la autoridad. Irigaray hace algo más con estos términos. Ella les da la vuelta; crea un lugar para la mujer donde antes no lo había; expone las exclusiones a través de las cuales proceden algunos discursos; y muestra que dichos lugares de la ausencia pueden ser movilizados. La voz que surge actúa como un «eco» del discurso del amo; sin embargo, este eco deja claro que existe una voz, que hay un cierto poder de articulación que no ha sido obliterado y que está reflejando las palabras mediante las cuales tiene lugar su propia obliteración. Hay algo que persiste y que sobrevive, y las palabras del amo suenan diferente cuando son pronunciadas por alguien que, mediante su habla, su recitado, está socavando los efectos supresores de su afirmación.

La separación angloeuropea

Según Braidotti, en Europa la teoría feminista ha estado sujeta a la hegemonía del feminismo norteamericano, y yo supongo que se está refiriendo también a la teoría de las mujeres blancas. Para ella es importante defender un feminismo europeo con el fin de tratar de cuestiones claves, como, por ejemplo, la inmigración, los nuevos racismos europeos, la ética de las tecnologías reproductivas y las políticas del medio ambiente, para nombrar solo algunas. Es notoria la dificultad que tienen las feministas de Estados Unidos y los teóricos en general para tener en cuenta los privilegios de los que gozan en el Primer Mundo sin caer en una culpabilidad autoengrandecedora o en una autoocultación histriónica. La teoría surge de la situación y la situación misma está en crisis en Europa, ya que sus fronteras son precisamente lo que está siendo cuestionado en las disputas acerca de quién pertenece a la Unión Europea y quién no, acerca de las leyes concernientes a la inmigración (especialmente en Bélgica, Francia y Holanda), así como los efectos culturales de las comunidades islámicas y de las poblaciones árabes y norteafricanas. Yo soy norteamericana, pero he sido formada en filosofía europea. Hace solo unas décadas yo formaba parte de una familia que se definía a sí misma como judía europea y crecí rodeada de adultos que hablaban en varias lenguas que no entendía y en un inglés con un acento muy marcado. Cuando fui a Alemania a estudiar el idealismo alemán mi abuela consideró que estaba «volviendo» adonde yo pertenecía, y que esto era bueno y apropiado. Sus hermanos fueron a la escuela en Praga y ella sabía que existía una herencia intelectual germanojudía. Yo pasé demasiados domingos leyendo a Benjamin y a Scholem, y puede que esta herencia (que puede trazarse a través de Derrida) sea más importante para mí que cualquier sociología o antropología norteamericana. Yo escucho a Braidotti hablar en inglés sabiendo que el italiano es su primera lengua (aunque vivió en Australia durante muchos años), y soy consciente de que su inglés es más ágil que el mío. Cuando reflexiono sobre ello apostaría a que ella tiene más amigas que yo en la comunidad feminista norteamericana. Mi alemán no es del todo malo y paso más tiempo discutiendo con seguidores de Habermas de lo que la mayoría de la gente está dispuesta a creer. Hay un intercambio transatlántico que funciona entre nosotras: ambas cruzamos hasta la otra orilla. Braidotti ha contribuido a mostrarnos lo que es este proceso y cómo las múltiples situaciones que habitamos producen nuevos lugares para la transformación. ¿Podemos entonces volver con facilidad a la distinción bipolar entre Estados Unidos y Europa? Está claro que las guerras contra Afganistán e Irak han producido una nostalgia de la izquierda europea entre muchos norteamericanos progresistas, aunque en su forma más naif este anhelo tienda a olvidar la resurgencia de la soberanía nacional y el extendido racismo institucional en contra de los nuevos emigrantes que inundan Europa en la actualidad. Sin embargo, no hay duda de que se necesita la distinción entre lo europeo y lo norteamericano para poder señalar el funcionamiento hegemónico del feminismo norteamericano. Pero quizá en este momento sea más importante considerar los feminismos que no salen en la foto, aquellos que surgen de localizaciones subalternas, de los países «en desarrollo», del hemisferio sur, de Asia y de las nuevas comunidades de emigrantes tanto dentro de Estados Unidos como de Europa.

Si el feminismo norteamericano se muestra preocupado por el género, entonces parecería que lo «norteamericano» está aliado con lo sociológico, con la teoría de la construcción social, y que la doctrina de la diferencia corre el riesgo de perder su preeminencia. Pero quizá lo más importante sea reflexionar en profundidad sobre los debates acerca del cuerpo, ya que puede que sea cierto que la construcción cultural borra tanto la diferencia sexual como el proceso corporal. Si el «impulso» es la convergencia de la cultura y la biología, entonces este sustenta la posibilidad de un intercambio productivo entre aquellos que hablan en nombre del cuerpo y aquellos que hablan en nombre de la cultura. Y si la diferencia no es una clave para referirse a la normatividad heterosexual, entonces está claro que necesita ser articulada de forma que la diferencia se entienda como aquello que trastorna la coherencia de cualquier postulado identitario. Si las nuevas políticas de género arguyen en contra de la idealización del dimorfismo, entonces ¿están arguyendo en contra de la primacía de la misma diferencia sexual? Y si las tecnologías del cuerpo (quirúrgicas, hormonales, atléticas) generan nuevas formas de género, ¿lo hacen precisamente para conseguir una mayor habitabilidad del cuerpo o constituyen una peligrosa desaparición? Parece crucial mantener abiertas estas preguntas de forma que se pueda trabajar política y teóricamente en amplias coaliciones. Las líneas que señalamos son invitaciones para cruzar al otro lado, y cruzar al otro lado, como sabe todo sujeto nomádico, constituye lo que somos.

La cuestión de la transformación social

El feminismo se ocupa de la transformación social de las relaciones de género. Probablemente todas estaremos de acuerdo sobre este punto, aunque el «género» no sea el término preferido de todas. Aun así, la relación entre el feminismo y la transformación social es un terreno difícil. Podría pensarse que se trata de un asunto que debería ser obvio, sin embargo, hay algo que lo complica. Aquellos a los que se nos plantea esta cuestión se nos solicita que aclaremos cuáles son nuestras presuposiciones, las cuales no deberían ser dadas por hechas en absoluto. Podemos imaginar la transformación social de una forma diferente. Podemos tener una idea de cómo sería o debería ser el mundo al ser transformado por el feminismo. Podemos tener visiones diferentes sobre lo que es la transformación social o lo que puede calificarse como un ejercicio transformador. Pero también debemos tener una visión de cómo se relaciona la teoría con el proceso de transformación, es decir, si la teoría es en sí misma una obra transformadora que coadyuva al cambio social. A continuación, voy a argumentar que la teoría es en sí misma transformadora, así que lo afirmo ya de entrada. Pero también debe tenerse en cuenta que yo no creo que la teoría sea suficiente para la transformación política y social. Debe darse algo junto a la teoría, por ejemplo, intervenciones a niveles políticos y sociales que impliquen ciertas acciones, un trabajo continuado y una práctica institucional, que no es exactamente lo mismo que el ejercicio de la teoría. Sin embargo, añadiría que en todas estas prácticas se presupone la teoría. En el mismo acto de transformación social todos somos filósofos legos que presuponemos una visión del mundo, una visión de lo que es lo correcto, de lo que es lo justo, de lo que es detestable, de lo que es la acción humana y de lo que puede ser, de lo que constituyen las condiciones de vida necesarias y suficientes.

Son muchas las preguntas que constituyen los diversos focos de la investigación feminista y no quisiera identificar ninguno de ellos como el foco más esencial o el definitivo. No obstante, diría que la cuestión de la vida se halla de diversas maneras en el centro de gran parte de la teoría feminista y, en particular, de la filosofía feminista. La cuestión sobre la vida podría ser planteada de diversas formas: ¿qué es la buena vida? ¿Cómo se ha concebido la buena vida de forma que las vidas de las mujeres no hayan sido incluidas en su conceptualización? ¿Qué sería la buena vida para las mujeres? Pero quizá hay otro asunto previo a estas cuestiones, todas ellas importantes, otro tema: la cuestión de la supervivencia misma. Cuando consideramos lo que podría ser el pensamiento feminista en relación con la supervivencia, surgen una serie de preguntas diferentes: ¿la vida de quién se considera como vida? ¿A quién pertenece la prerrogativa de vivir? ¿Cómo se decide cuándo se inicia y cuándo finaliza la vida, y cómo se piensa la vida en contra de la vida? ¿Bajo qué condiciones debería devenir la vida y a través de qué medios? ¿Quién cuida de la vida cuando surge? ¿Quién cuida de la vida cuando mengua? ¿Quién cuida de la vida de la madre y cuál es el valor que, en último término, se le da? ¿Y hasta qué punto el género, el género coherente, garantiza una vida habitable? ¿Qué amenaza de muerte se lanza sobre aquellos que no viven el género de acuerdo con las normas aceptadas?

Que el feminismo siempre haya pensado acerca de las cuestiones de la vida y la muerte implica que el feminismo ha sido siempre, hasta cierto punto y en cierta manera, filosófico. Se pregunta cómo organizamos la vida, cómo le otorgamos su valor, cómo la salvaguardamos de la violencia, cómo obligamos al mundo y a sus instituciones a cobijar nuevos valores, lo cual implica que sus actividades filosóficas están en cierto sentido aunadas con el objetivo de la transformación social.

Sería más fácil si pudiera exponer cómo creo que debería ser la relación ideal entre los géneros, lo que debería ser el género como norma y experiencia, en qué consistiría la igualdad y la justicia. Entonces conocerían ustedes las normas que guían mi pensamiento y podrían juzgar si he logrado o no los objetivos que me había marcado. Pero para mí las cosas no son tan fáciles. La dificultad no surge de la testarudez o de mi voluntad de ser impenetrable. La dificultad surge simplemente de una doble verdad, del hecho de que, aunque necesitamos normas para vivir y para vivir bien, y para saber en qué dirección debería transformarse nuestro mundo social, también estamos constreñidos por normas que a veces nos violentan y a las que debemos oponernos por razones de justicia social. Quizá aquí se dé una confusión, ya que muchos dirán que la oposición a la violencia debe darse *en nombre de la norma*, una norma de no violencia, una norma de respeto, una norma que rige u obliga a respetar la vida misma. Pero piensen que la normatividad tiene un doble sentido. Por una parte se refiere a los propósitos y a las aspiraciones que nos guían, los preceptos por los cuales estamos obligados a actuar o hablar el uno al otro, las presuposiciones que se manifiestan habitualmente, mediante las cuales nos orientamos y que orientan nuestras acciones. Por otra parte, la normatividad se refiere al proceso de normalización, a la forma en que ciertas normas, ideas e ideales dominan la vida incorporada (*embodied*) y proporcionan los criterios coercitivos que definen a los «hombres» y a las «mujeres» normales. Y en este segundo sentido, vemos que las normas son lo que rige la vida «inteligible», a los hombres «reales» y a las mujeres «reales». Pero cuando desafiamos estas normas no está claro si estamos todavía viviendo o deberíamos estarlo, si nuestras vidas son valiosas o si pueden convertirse en tales, si nuestros géneros son reales, o incluso si pueden verse como tales.

Un buen pensador de la Ilustración simplemente sacudiría la cabeza y diría que, al objetar en contra de la normalización, se objeta en nombre de una norma diferente. Pero ese crítico también tendría que considerar que la normalización y la normatividad están relacionadas. Dado que puede ser que cuando intentamos hallar un lazo en común hablamos acerca de lo que nos une como humanos, de nuestras formas de habla o de pensamiento, quizá no podemos evitar recurrir a relaciones socialmente instituidas que han sido formadas en el tiempo y que nos proporcionan un sentido de lo «común» a partir de la exclusión de aquellas vidas que no encajan con la norma. En este sentido, vemos la «norma» como aquello que nos ata, pero también vemos cómo la «norma» únicamente crea la unidad a través de una estrategia de exclusión. Sería necesario pensar sobre este problema, sobre este doble aspecto de la norma. No obstante, en este ensayo quisiera empezar preguntándome acerca del tipo de normas que rigen el género, en concreto, cómo constriñen y posibilitan la vida, cómo designan por adelantado qué es lo que será o no una existencia habitable.

Quisiera proceder con esta primera tarea mediante una reseña de *El género en disputa*, el libro en el que originalmente presenté mi teoría del género. Quisiera considerar explícitamente esta teoría del género en términos de las cuestiones de violencia y de la posible transformación de las circunstancias de la violencia de género hacia un futuro de supervivencia social. En segundo lugar, quisiera considerar esta doble naturaleza de las normas mostrando cómo no podemos estar sin ellas y cómo no debemos asumir que su forma nos viene dada o que está fijada de antemano. De hecho, incluso si no podemos estar sin ellas, tampoco podemos aceptarlas tal como son. Quisiera explorar esta paradoja hacia el final de mis notas con el fin de elucidar lo que, a mi entender, son los intereses políticos de la teoría feminista.

EL GÉNERO EN DISPUTA Y LA CUESTIÓN DE LA SUPERVIVENCIA

Cuando escribí *El género en disputa* yo era más joven que ahora y no tenía una posición estable en la academia. Lo escribí para unos pocos amigos e imaginé que quizá cien o doscientas personas lo leerían. En ese momento yo tenía dos objetivos: el primero era exponer lo que percibía como un heterosexismo que imperaba en la teoría feminista; el segundo era tratar de imaginar un mundo en el que aquellos que viven a una cierta distancia de las normas de género, que viven en la confusión del género, pudieran sin embargo concebirse a sí mismos no solo como seres que viven existencias habitables, sino también como seres merecedores de cierto tipo de reconocimiento. Pero voy a ser todavía más sincera. De acuerdo con algún ideal humanista, quería conseguir que se comprendiera algún aspecto de la problematización del género (*gender trouble*) y que se le acordara dignidad, pero también quería desbaratar los fundamentos sobre los cuales la teoría feminista y social piensan sobre el género y que resultara excitante, explicar algún aspecto del deseo que es la problematización del género, del deseo que solicita, del deseo que expresa.

Así que voy a plantear de nuevo estos dos puntos, ya que ambos han cambiado mi forma de pensar y, como consecuencia, me han obligado a considerar de nuevo la cuestión del cambio. En primer lugar, voy a tratar la teoría feminista. ¿Qué entendía yo por ese heterosexismo y cómo lo entiendo ahora? En aquel momento yo entendía la teoría de la diferencia sexual como una teoría de la heterosexualidad. También pensaba que el feminismo francés, con la excepción de Monique Wittig, entendía la inteligibilidad cultural en función de la diferencia fundamental entre lo masculino y lo femenino, pero también la reproducción. La teoría feminista se derivaba de Lévi-Strauss, de Lacan y de Saussure, y se podían trazar varias rupturas con esos maestros. Al fin y al cabo, fue Julia Kristeva quien dijo que Lacan no dejaba lugar para la semiótica e insistió en ofrecer ese dominio no solo como un suplemento de lo simbólico, sino como una forma de deshacerlo. Y fue Cixous, por ejemplo, quien vio en la escritura femenina una forma de hacer viajar el signo de formas que Lévi-Strauss no podía imaginar al final de *Las estructuras elementales del parentesco*. Y fue Irigaray quien imaginó que se juntaban los bienes e incluso teorizó implícitamente un cierto tipo de amor homoerótico entre mujeres cuando esos labios se enlazaban hasta el punto de no poder distinguir el uno del otro (y donde no poder distinguir la diferencia entre ellos no equivale a «ser lo mismo»). El punto culminante de la época fue ver cómo estas feministas francesas entraban en un área que se consideraba fundamental para el lenguaje y para la cultura con el fin de afirmar que el lenguaje se daba a través de la diferencia sexual. Como consecuencia, el sujeto que habla era el que surgía en relación con la dualidad de los sexos y la cultura, tal y como la delineaba Lévi-Strauss, se definía a través del intercambio de las mujeres, y la diferencia entre los hombres y las mujeres se instituía al nivel del intercambio primario, un intercambio que forma la posibilidad de la comunicación misma.

Para comprender el júbilo que esta teoría suscitaba en aquellas que trabajan en ella y en aquellas que todavía lo hacen, se debe entender que este cambio tuvo lugar cuando los estudios feministas pasaron de ser el análisis de la «imagen» de la mujer en esta o aquella disciplina o esfera de la vida, a ser un análisis de la diferencia sexual como la base de la comunicabilidad cultural y humana. De repente, éramos fundamentales. De repente, ninguna ciencia humana podía continuar sin nosotras.

Y no solo éramos fundamentales, sino que estábamos cambiando ese fundamento. Apareció una nueva escritura, una nueva forma de comunicabilidad que desafiaba a los tipos de comunicabilidad que estaban totalmente constreñidos por el simbólico patriarcal. Y se dieron también nuevas formas para las mujeres, como el don de juntarse, de los nuevos y poéticos modos de alianza y de producción cultural. Teníamos, por así decirlo, el perfil de una teoría del patriarcado ante nosotras y estábamos también interviniendo en él para producir nuevas formas de intimidad, de alianza y de comunicabilidad que se hallaban en el exterior de sus términos, pero que también cuestionaban su inevitabilidad y su demanda totalizadora.

Así pues, todo pintaba bastante bien, pero produjo algunos problemas para muchas de nosotras. En primer lugar, parecía que el modelo de cultura, en el modo patriarcal y feminista, asumía la continuidad de la diferencia sexual y para algunas de nosotras la problematización del género era la misma contestación de la diferencia sexual. Muchas se preguntaban si eran en realidad mujeres y algunas trataban de descubrir alternativas a esa categoría. En *Am I that Name?*, Denise Riley escribió que ella no quería ser consumida por la categoría, pero Cherríe Moraga y otras también estaban empezando a teorizar las categorías *butchfemme*, las cuales ponían en cuestión si los tipos de masculinidades que se ponían en juego para una *butch* estaban siempre determinadas por una diferencia sexual que ya estaba operando previamente, o si estaban cuestionando la diferencia sexual.[1]

Las *femmes* plantearon una cuestión importante: ¿esta feminidad se definía en relación con una masculinidad que ya estaba operando en la cultura, que formaba parte de una estructura normativa que ya no podía ser cambiada, o era el desafío a esa estructura normativa un desafío lanzado desde sus términos más preciados? ¿Qué ocurre cuando términos como *butch* y *femme* surgen no solo como simples copias de la masculinidad heterosexual y la feminidad heterosexual, sino como expropiaciones que muestran el estatus no necesario de sus significados asumidos? De hecho, el argumento que presenté en *El género en disputa*, y que tan profusamente se ha citado, fue el siguiente: que categorías como *butch* y *femme* no son copias de una heterosexualidad más originaria, sino que muestran cómo los así llamados originales, los hombres y mujeres dentro del marco heterosexual, están construidos de una forma similar y también se establecen performativamente. Así pues, la copia ostensible no se explica a través de la referencia a un origen, sino que se entiende que el origen es tan performativo como la copia. A través de la performatividad, se igualan las normas de género dominantes y las no dominantes. Pero algunos de estos logros performativos reclaman el lugar de la naturaleza o reclaman el lugar de la necesidad simbólica, y lo hacen ocultando las formas a través de las cuales se establecen performativamente.

Volveré a tratar la teoría de la performatividad más adelante, pero, de momento, quisiera explicar cómo he reformulado mi punto de vista sobre la escisión entre la primera teoría feminista estructuralista y la problematización de género postestructuralista.

En primer lugar, cabe destacar que en mi exposición de esta transición de la diferencia sexual a la problematización del género o, más bien, de la diferencia sexual a la teoría queer (las cuales no son lo mismo, ya que la «problematización del género» no es más que un momento de la teoría queer), se da un deslizamiento entre la diferencia sexual como categoría que condiciona la aparición del lenguaje y la cultura, y el género como concepto sociológico, entendido como norma. La diferencia sexual no es lo mismo que las categorías de mujer y hombre. Mujer y hombre existen, podríamos decir, como normas sociales y son, de acuerdo con la perspectiva de la diferencia sexual, formas en las que la diferencia sexual ha asumido un contenido. Muchos lacanianos, por ejemplo, argumentan que en mi trabajo la diferencia sexual solo tiene un carácter formal, que del concepto de diferencia sexual mismo no se deriva nada de los roles sociales o de los significados que el género pudiera tener. De hecho, algunos de ellos evacuan la diferencia sexual de cualquier posible significado semántico, y la alían con la posibilidad estructural de la semántica, pero sin tener un contenido semántico ni apropiado ni necesario. Es más, incluso argumentan que la posibilidad de la crítica surge cuando uno llega a comprender cómo la diferencia sexual no solo se ha concretado en ciertos ejemplos culturales y sociales, sino cómo ha sido reducida a esos ejemplos, lo cual constituye un error fundamental, una forma de obstruir la apertura fundamental de la distinción misma.

Esta forma de contestar a mis argumentos procede de lacanianos formalistas como Joan Copjec y Charles Shepherdson, pero también de Slavoj Žižek. Por otro lado, existe un potente argumento feminista que, de forma implícita o explícita, disputa la trayectoria que he presentado. Quizá la autora que articula este argumento de forma más animada y persuasiva sea Rosi Braidotti, de cuya obra más reciente he tratado en el capítulo «¿El fin de la diferencia sexual?».[2] Creo que el argumento propone algo así: debemos mantener el marco de la diferencia sexual porque pone de relieve la continuación de la realidad cultural y política de la dominación patriarcal, porque nos recuerda que, cualesquiera que sean las permutaciones de género que tengan lugar, no desafían de una forma fundamental el marco dentro del cual se dan, ya que dicho marco persiste a un nivel simbólico sobre el que es más difícil intervenir. Algunos críticos, como Carol Anne Tyler, han argumentado, por ejemplo, que siempre será diferente para una mujer y para un hombre entrar en las normas transgresivas de género, y que en *El género en disputa* no se distingue suficientemente entre estas diferentes posiciones de poder dentro de la sociedad.

Otras críticas sugieren que el problema tiene relación con el psicoanálisis y con el lugar que ocupa la edipalización y su significado. El niño y la niña entran en el deseo a través de la triangulación, y tanto si hay una pareja heterosexual que haga de padres como si no la hay, de todos modos, la niña y el niño localizarán un punto de salida maternal y paternal. Esta díada heterosexual tendrá una relevancia simbólica para el niño y la niña y se convertirá en la estructura a través de la cual se da forma al deseo.

En un cierto sentido, hay alternativas importantes que deben pensarse conjuntamente. No estoy sugiriendo que puedan o deban ser reconciliadas. Puede que se relacionen de una forma tensa y que esta necesaria tensión estructure ahora el campo de la teoría feminista y queer, que produzca así una tensión inevitable entre ellas y que haga necesario un diálogo contencioso entre ellas. Es importante distinguir entre aquellos teóricos de la diferencia sexual que se basan en la biología para defender que es necesaria la diferencia entre los sexos (la feminista alemana Barbara Duden sigue esta tendencia),[3] y aquellos que argumentan que la diferencia sexual es un nexo fundamental a través del cual surgen el lenguaje y la cultura (adoptan esta posición tanto los estructuralistas como los postestructuralistas que no problematizan el género). Pero todavía se da otra distinción: la de aquellos a quienes el paradigma estructuralista solo les parece útil porque traza la continuidad del diferencial de poder entre los hombres y las mujeres en el lenguaje y la sociedad, y porque nos proporciona una forma de comprender la profundidad de su acción al establecer el orden simbólico en el cual vivimos. Creo que en estos últimos se puede diferenciar entre aquellos que consideran que el orden simbólico es inevitable y, por tanto, ratifican el patriarcado como una estructura inevitable de la cultura, y aquellos que piensan que la diferencia sexual es inevitable y fundamental, pero que su forma patriarcal puede ser contestada. Rosi Braidotti pertenece a este último grupo. Así pues, es obvio por qué yo he podido sostener un fructífero intercambio intelectual con ella.

El problema surge cuando tratamos de comprender si la diferencia sexual es necesariamente heterosexista. ¿Lo es? De nuevo, depende de la versión que se acepte. Si se afirma que la edipalización presupone la paternidad heterosexual o un simbólico heterosexual que supera cualquier arreglo parental —si es que hay alguno—, entonces el tema está más bien cerrado. Si se cree que la edipalización produce el deseo heterosexual y que la diferencia sexual es una función de la edipalización, entonces parece que el tema vuelve a cerrarse. A algunos teóricos, por ejemplo, a Juliet

Mitchell, les preocupa esta cuestión, aunque fue precisamente Mitchell quien, en *Psychoanalysis and Feminism*, declaró que el orden simbólico patriarcal no es un conjunto de reglas que puedan cambiarse, sino una «ley primordial» (pág. 370).

Acepto que los conceptos sociológicos del género, entendidos como mujeres y hombres, no se pueden reducir a la diferencia sexual. Pero todavía sigo preocupada por que se entienda que la diferencia sexual funciona como un orden simbólico. ¿Qué significa para dicho orden ser simbólico más que social?[4] ¿Y qué ocurriría con la tarea de la teoría feminista de pensar sobre la transformación social si se aceptara que la diferencia sexual está orquestada y constreñida a un nivel simbólico? Si es simbólica, ¿se puede variar? Cuando les hago esta pregunta a los lacanianos generalmente me responden que los cambios en el simbólico llevan mucho tiempo. Me pregunto cuánto tiempo más tendré que esperar. O bien me muestran algunos pasajes de lo que se denomina el *Discurso de Roma* y me pregunto si esos pasajes son a lo que se supone tengo que aferrarme para tener la esperanza de que las cosas pueden llegar a cambiar. Además, me siento impulsada a preguntar si realmente es verdad que la diferencia sexual al nivel simbólico no tiene contenido semántico. ¿Puede llegar a ser verdad alguna vez? ¿O lo único que hemos hecho ha sido abstraer un significado social de la diferencia sexual y exaltarlo como una estructura simbólica y, por lo tanto, presocial? ¿Es esta una forma de asegurarse de que la diferencia sexual está más allá de cualquier oposición social?

Después de todo esto, se podría preguntar por qué quiero rechazar la diferencia sexual, pero la suposición a la que me atuve en mi anterior teoría del género era que el género se produce de una forma compleja a través de prácticas identificatorias y performativas, y que el género no es tan claro o tan unívoco como a veces se nos hace creer. Me esforcé en combatir las formas de esencialismo que afirmaban que el género es una verdad que está ahí de alguna manera, que se halla en el interior del cuerpo, como un núcleo o una esencia interna, algo que no podemos negar, algo que, sea natural o no, se trata como algo que nos es dado. La teoría de la diferencia sexual no realiza ninguna de las afirmaciones que asevera el esencialismo natural. Al menos en una versión de la diferencia sexual se argumenta que es la «diferencia» de cada identidad la que impide la posibilidad de una categoría unificada de la identidad. En este sentido, *El género en disputa* respondía a dos tipos de desafíos; ahora soy consciente de que necesitaba separar las diversas cuestiones y espero haber iniciado esta labor en los trabajos que siguieron. Sin embargo, me sigue preocupando que aceptemos algunos marcos porque describen bien la dominación patriarcal mientras que, a su vez, es posible que dichos marcos nos estén obligando a considerar toda dominación como inevitable o como primaria, más primaria de hecho que otras operaciones de poder diferencial. ¿Es lo simbólico un campo para la intervención social? ¿Realmente la diferencia sexual existe aparte de su forma institucionalizada, teniendo en cuenta que la forma institucionalizada dominante es la heterosexualidad misma?

¿Qué es lo que yo imaginé? ¿Y cómo ha cambiado la cuestión de la transformación social y política?

El género en disputa finaliza abordando el *drag*, y el capítulo final se llama, de hecho, «De la parodia a la política». Varios críticos han analizado este capítulo con el fin de resolver la cuestión: ¿cómo podemos llegar a la política desde la parodia? Hay algunos que creen que el texto ha minusvalorado la importancia de la política y que la ha reducido a la parodia; algunos afirman que el *drag* se convierte en un modelo de resistencia o, de forma más general, en un modelo para la intervención política y la participación. Así pues, volvamos a considerar el controvertido final de un texto que probablemente escribí demasiado rápido y cuyo futuro no anticipé.

¿Por qué el *drag*? Bueno, hay buenas razones biográficas, ya que la única forma de describirme durante mis años de juventud en Estados Unidos es como una lesbiana de bar que se pasaba el día leyendo a Hegel y la noche en un bar gay que ocasionalmente se convertía en un bar *drag*. Yo tenía algunos parientes que estaban, por así decirlo, «en el ambiente» y, de una forma significativa, yo me identificaba con esos «chicos». Así que allí estaba, experimentando un momento cultural en medio de una lucha social y política. Pero en ese momento también experimenté una cierta teorización implícita del género: rápidamente me di cuenta de que algunas de esas personas a las que se llamaba hombres podían hacer* la feminidad mucho mejor de lo que yo nunca podría hacerla, o de lo que yo nunca he querido hacer o nunca haría. Así pues, se me confrontó con lo que solo puede denominarse como la transferibilidad del atributo. Estaba claro que la feminidad, que, de todas formas, nunca me había pertenecido, pertenecía a otro lugar; yo me sentía más feliz formando parte de su público, de hecho, siempre me he sentido más feliz siendo su público que siendo su encarnación (por cierto, esto no implica que yo carezca de cuerpo, como algunos críticos mal intencionados han dicho o han dado a entender implícitamente). Pero, tanto si se persiste en el marco de la diferencia sexual como si se sigue en el de la problematización del género, yo tendería a esperar a que todos siguiéramos comprometidos con el ideal de que nadie debería ser obligado por la fuerza a ocupar una norma de género que se experimenta como una violación insufrible. De una forma teórica, se podría decir que las categorías sociales que se imponen desde otro lugar son siempre «violaciones», en el sentido de que, de entrada y por necesidad, no son elegidas. Pero esto no significa que hayamos perdido la capacidad de distinguir entre las violaciones que posibilitan y las que imposibilitan. Cuando las normas de

---

* Butler se refiere a la conocida expresión *doing gender*, «haciendo el género», popularizada por Suzanne J. Kessler y Wendy MacKenna en su obra *Gender. An Ethnomethodological Approach* (John Wiley & Sons, 1978) y que encapsula una forma de entender el género como un proceso de actuación. (*N. de la t.*).

género funcionan como violaciones, operan como una interpelación que solo se rehúsa cuando se acepta pagar las consecuencias, tales como perder el propio trabajo, el hogar, las perspectivas del deseo o de la vida. Existen también una serie de leyes, códigos penales y psiquiátricos según los cuales las posibles consecuencias son todavía la prisión y la encarcelación. La disforia de género aún puede ser utilizada en muchos países para negar el empleo o para quitar la custodia de los hijos. Las consecuencias son duras. No es suficiente con llamarlo simplemente un juego o una diversión, aunque esos constituyan momentos significativos. No quiero decir que el género no sea a veces un juego, un placer, una diversión y una fantasía; sin duda lo es. Solo quiero decir que seguimos viviendo en un mundo en el que se corren graves riesgos de marginación y violencia física a causa del placer que se persigue, la fantasía que se encarna, el género que uno performa.

Así pues, a continuación, presentaré algunas proposiciones para su consideración:

- Que lo que está funcionando al nivel de la fantasía cultural en último término no puede disociarse de las formas en las que se organiza la vida material.
- Cuando una actuación (*performance*) se considera real y otra falsa, o cuando una presentación del género se considera auténtica y otra una falsificación, se puede llegar a la conclusión de que una cierta ontología del género está condicionando estos juicios, una ontología (una explicación de lo que es el género) que también entra en crisis a causa de la actuación (*performance*) de género, de forma que estos juicios se socavan o se convierten en imposibles de hacer.
- Se debe enfatizar que no es que el *drag* subvierta las normas de género, sino que vivimos de forma más o menos implícita con nociones de la realidad heredadas, con explicaciones ontológicas implícitas que determinan qué tipos de cuerpos y de sexualidades serán considerados reales y verdaderos, y cuáles no.

- El efecto diferencial que tienen estas presuposiciones ontológicas sobre la vida corporal de los individuos tiene ciertas consecuencias. Y lo que el *drag* nos señala es que (I) esta serie de suposiciones ontológicas está siendo operativa y que (II) las suposiciones ontológicas están abiertas a la rearticulación.

La cuestión de quién y qué se considera real y verdadero es aparentemente una cuestión de conocimiento, pero también es, como Foucault aclara, una cuestión de poder. Tener o mostrar la «verdad» y la «realidad» es una prerrogativa enormemente poderosa dentro del mundo social, una forma por la cual el poder se disimula como ontología. Según Foucault, una de las primeras tareas de la crítica es discernir la relación «entre los mecanismos de coerción y los elementos de conocimiento».[5] Aquí nos confrontamos con los límites de lo que se puede conocer, con límites que ejercen una cierta fuerza pero que no están basados en ninguna necesidad, con límites que solo se interrogan arriesgando la propia ontología segura y disponible: «[Nada] puede existir como un elemento de conocimiento si, por una parte ,[...] no se conforma a una serie de reglas y restricciones características, por ejemplo, a un cierto tipo de discurso científico en un período particular, y si, por otra parte, no posee los efectos de coerción o los incentivos de aquello que es validado científicamente o que es sencillamente racional o simplemente aceptado de forma general, etc.» (pág. 52).

El saber y el poder no pueden separarse en último término, pero trabajan juntos para establecer una serie de criterios sutiles y explícitos para pensar el mundo: «Por lo tanto, no se trata de describir lo que es el saber y lo que es el poder, ni de describir cómo uno reprime al otro y cómo el otro abusa del primero, sino que más bien lo que debe describirse es un nexo de podersaber, de forma que podamos comprender qué constituye la aceptabilidad de un sistema» (págs. 52-53).

Si se considera esta relación del saber y el poder en relación con el género, es ineludible preguntarse por el funcionamiento de la organización del género como una presuposición sobre la estructura del mundo. No hay una aproximación meramente epistemológica al género, no hay una forma simple de preguntarse cuáles son las formas femeninas de conocimiento, o qué podría significar el saber de las mujeres. Por el contrario, las formas en las que se dice que las mujeres «saben» o «son conocidas» están de antemano orquestadas por el poder, precisamente en el momento en que se instituyen los términos de la categorización de lo «aceptable».

Desde el punto de vista de Foucault, el crítico tiene, pues, una doble tarea: mostrar cómo operan el saber y el poder para constituir una forma más o menos sistemática de ordenar el mundo dentro de sus propias «condiciones de aceptabilidad de un sistema» y «seguir los puntos de ruptura que indican cómo surgen».[6] Por tanto, no basta con aislar e identificar los peculiares nexos de poder y saber que dan lugar al campo de las cosas inteligibles. Lo que es necesario es localizar la forma en la que el campo se encuentra con su punto de ruptura, los momentos de sus discontinuidades y los lugares donde no logra constituir la inteligibilidad que promete. Esto implica que se buscan las condiciones mediante las cuales se constituye el campo del objeto, así como los límites de dichas condiciones, el momento donde indican su contingencia y su susceptibilidad de ser transformadas. En términos de Foucault, «hablando de forma esquemática, tenemos una movilidad perpetua, una fragilidad esencial o, más bien, la interacción compleja entre lo que replica el mismo proceso y lo que lo transforma» (pág. 58). Por lo tanto, lo que esto implica para el género es que no solo es importante comprender cómo se instituyen los términos del género, cómo se naturalizan y cómo se establecen como presuposiciones, sino trazar los momentos en los que se disputa y se reta al sistema binario del género, en los que se cuestiona la coherencia de las categorías y en los que la misma vida social del género resulta ser maleable y transformable.

En parte, mi atención hacia la actuación de *drag* no solo fue una forma de pensar sobre cómo se performaba el género, sino también de cómo se resignificaba a través de sus términos colectivos. Por ejemplo, los intérpretes del *drag* tienden a vivir en comunidades y a desarrollar fuertes lazos rituales, como los que se pueden ver en el documental *Paris is Burning*,[7] que nos hacen ver la resignificación de los lazos sociales que pueden forjar y forjan las minorías de género que se hallan dentro de comunidades de color. Así pues, estamos hablando de una vida cultural de la fantasía que no solo organiza las condiciones materiales de la vida, sino que también produce lazos comunitarios que sostienen a sus miembros y mediante los cuales se posibilita el reconocimiento, además de rechazar la violencia, el racismo, la homofobia y la transfobia. Esta amenaza de violencia pone de relieve aspectos fundamentales de la cultura en la que vivimos, una cultura que no es radicalmente diferente de lo que muchos de nosotros experimentamos, aunque probablemente no es exactamente lo mismo que lo que cualquiera de nosotros viva. No obstante, la razón por la cual entendemos el documental, si es que lo hacemos, es porque su belleza, su tragedia, su *pathos* y su valentía atraviesan fronteras. En cierta manera, es un placer atravesar fronteras culturales porque lo que también las atraviesa, aunque no lo haga siempre de la misma forma, es la amenaza de la violencia, la amenaza de la pobreza y la lucha por la supervivencia —todo lo cual resulta más acentuado para la gente de color—. Es importante indicar que la lucha por la supervivencia no puede realmente separarse de la vida cultural de la fantasía. Es parte de ella. La fantasía es lo que nos permite imaginarnos a nosotros mismos y a otros de una forma diferente. La fantasía es lo que establece que lo posible puede exceder a lo real; la fantasía señala una dirección, señala hacia otra posibilidad, y cuando esta otra posibilidad está incorporada, entonces la hace propia.

Esto me lleva a la cuestión de la política. ¿Cómo el *drag* o, de hecho, mucho más que el *drag*, el transgénero mismo ingresa en el campo de lo político? Sugiero que lo hace no solo haciéndonos cuestionar lo que es real y qué es lo que tiene que serlo, sino también mostrándonos cómo las nociones contemporáneas de realidad pueden ser cuestionadas y cómo nuevos modos de realidad pueden ser instituidos. La fantasía no es simplemente un ejercicio cognitivo, una película interna que proyectamos dentro del teatro interior de la mente. La fantasía estructura la relacionalidad y se pone en juego en la estilización de la incorporación misma. Los cuerpos no se habitan como hechos espaciales dados. En su espacialidad, están también inmersos en el tiempo: envejecen, cambian de forma, dependiendo de sus interacciones se altera su significado y la red de relaciones visuales, discursivas y táctiles que se convierte en parte de su historicidad, su pasado constitutivo, su presente y su futuro.

Como consecuencia de estar en el modo del devenir, y de estar siempre viviendo con la posibilidad constitutiva de devenir de otra forma, el cuerpo es aquello que puede ocupar la norma en una miríada de formas, que pueden exceder la norma, volver a dibujar la norma y exponer la posibilidad de la transformación de realidades a las cuales creíamos estar confinados. Estas realidades corpóreas están habitadas activamente, y esta «actividad» no está totalmente constreñida por la norma. A veces las condiciones para conformarse a la norma son las mismas que las condiciones para resistirla. Cuando la norma aparece tanto para garantizar como para amenazar la supervivencia social (es lo que necesitas para vivir y, al mismo tiempo, es lo que, si lo vives, amenaza con borrarte), entonces conformarse y resistir se convierten en una relación compuesta y paradójica con la norma, una forma de sufrimiento y un lugar potencial para la politización. Así, la cuestión de cómo se incorpora la norma a menudo se enlaza con la cuestión de la supervivencia, de si la vida misma será posible. Creo que no deberíamos subestimar el efecto que tiene el pensamiento de lo posible sobre aquellos que experimentan la supervivencia misma como una cuestión candente.

Hay una forma mediante la cual tal cuestión es y continúa siendo política. Pero hay algo más, ya que de lo que se trataba con el ejemplo del *drag* era de cuestionar los medios a través de los cuales se hace la realidad y considerar la forma en la que ser llamado real y ser llamado irreal no llega a ser no solo un medio de control social, sino una forma de violencia deshumanizadora. Yo lo expondría así: ser llamado irreal y, por así decirlo, institucionalizar esta designación como una forma de tratamiento diferencial es convertirse en el otro en contra del cual se hace a lo humano. Es lo inhumano, lo que está más allá de lo humano, lo que es menos que humano, el límite que garantiza a lo humano su ostensible realidad. Así pues, ser llamado una copia, ser llamado irreal, es una forma de opresión. Pero debemos considerar que es algo incluso más fundamental. Porque para ser oprimido se debe existir como un sujeto de cierto tipo, se está allí como el otro visible y oprimido del sujeto señor, como un sujeto posible y potencial. Pero ser irreal es otra cosa. Porque para ser oprimido se debe primero ser inteligible. Darse cuenta de que se es fundamentalmente ininteligible (es más, que las leyes de la cultura y del lenguaje te consideran una imposibilidad) es darse cuenta de que todavía no se ha logrado el acceso a lo humano. Es hallarse en la situación de hablar siempre como si se fuera humano, pero con la sensación de que no se es humano. Es darse cuenta de que el propio lenguaje es hueco y que no se va a alcanzar ningún reconocimiento porque las normas mediante las cuales se da el reconocimiento no están a favor de uno mismo.

Si el género es performativo, entonces se deduce que la realidad del género misma está producida como un efecto de la actuación de género. Aunque haya normas que rigen lo que será y lo que no será real, y lo que será o no inteligible, se cuestionan y se reiteran en el momento en que la performatividad empieza su práctica citacional. Sin duda, se citan normas que ya existen, pero estas normas pueden ser desterritorializadas a través de la citación. También pueden ser expuestas como no naturales y no necesarias cuando se dan en un contexto y a través de una forma de incorporación que desafía la expectación normativa. Lo que esto significa es que, a través de la práctica de la performatividad de género, no solo podemos observar cómo se citan las normas que rigen la realidad, sino que también podemos comprender uno de los mecanismos mediante los cuales la realidad se reproduce *y* se altera en el decurso de dicha reproducción. Lo importante del *drag* no es simplemente que produzca un espectáculo placentero y subversivo, sino que alegoriza las formas espectaculares y llenas de consecuencias mediante las cuales la realidad se reproduce y se contesta.

La desrealización de la violencia de género tiene implicaciones para comprender cómo y por qué ciertas presentaciones de género son criminalizadas y convertidas en patológicas, cómo los sujetos que traspasan el género se arriesgan a ser internados y encarcelados, por qué la violencia en contra de las personas transgénero no se reconoce como tal y por qué a veces la inflingen los propios Estados que deberían estar protegiendo a dichos sujetos. ¿Y qué ocurre si resulta que nuevas formas de género son posibles?; ¿cómo afectaría esto a nuestras formas de vida y a las necesidades concretas de la comunidad humana? ¿Cómo se debe distinguir entre las posibilidades de género que resultan ser valiosas y las que no? Estas cuestiones son las que, comprensiblemente, se me han planteado como réplica a mis argumentos. Mi respuesta sería que no es meramente una cuestión de producir un nuevo futuro para los géneros que todavía no existen. Los géneros que tengo en mente existen desde hace mucho tiempo, pero no han sido admitidos entre los términos que rigen la realidad. Se trata de desarrollar un nuevo léxico legitimador para la complejidad de género que siempre hemos estado viviendo, un nuevo léxico dentro de la ley, dentro de la psiquiatría, dentro de la teoría social y literaria. Dado que las normas que rigen la realidad no han admitido estas formas de ser real, por fuerza tendremos que llamarlas nuevas. Pero espero que cuando lo hagamos, si lo hacemos, nos reiremos porque sabremos que esto no es así. El concepto de política que está operando aquí está principalmente centrado en la cuestión de la supervivencia, en cómo creamos un mundo en el que aquellos que entiendan su género y su deseo de una forma no normativa puedan vivir y prosperar, libres no solo de la amenaza de la violencia proveniente del exterior, sino libres también de prescindir de la extendida sensación de su propia irrealidad, la cual puede llegar a conducirlos al suicidio o a una vida suicida. Finalmente, yo cuestionaría el lugar que ocupa el pensamiento de lo posible dentro de la teoría política. Se podría objetar diciendo: «solo estás tratando de posibilitar la complejidad de género». Pero esto no nos informa sobre qué formas son buenas o malas; no nos proporciona la medida, la indicación, la norma. Sin embargo, nos hallamos ante una aspiración normativa que tiene relación con la habilidad de vivir y de respirar y de moverse, y sin duda pertenece a lo que se denomina la filosofía de la libertad. El pensar sobre una vida posible es un lujo solo para aquellos que ya saben que son posibles. Para aquellos que todavía están tratando de convertirse en posibles, esa posibilidad es una necesidad.

DE LAS NORMAS A LA POLÍTICA

En el ensayo «El reglamento del género» argumento que el significado de la norma y lo que, en último término, es «normativo» dependen del tipo de teoría social de la cual surjan dichos términos. Por una parte, las normas parecen indicar la función reguladora y normalizadora del poder, pero, desde otra perspectiva, las normas son precisamente lo que une a los individuos y lo que forma la base de sus exigencias éticas y políticas. En el análisis precedente, cuando me opongo a la violencia ejercida por las normas restrictivas, parece que esté apelando a una norma de no violencia. Aparentemente podría deducirse que las normas pueden funcionar a la vez como restricciones inaceptables y como parte de cualquier análisis crítico que trata de mostrar lo que hay de inaceptable en esta operación restrictiva. Este segundo significado de las normas se encuentra asociado al trabajo de Jürgen Habermas, quien las considera como la base que posibilita la comunidad o cualquier idea sobre lo que comparten los humanos. Si no podemos aceptar que existe esta posibilidad de comunalidad en el sentido que Habermas defiende, entonces ¿estamos impidiendo de antemano la posibilidad de realizar afirmaciones políticas enérgicas en contra, por ejemplo, de la violencia de género? Si consideramos el argumento de Habermas en *Facticidad y validez*, queda claro que él confía en que las normas proporcionarán a los actores sociales y a los hablantes una base para la mutua comprensión: «Al reclamar la validez de sus elocuciones, los participantes luchan por alcanzar un acuerdo entre ellos sobre algo [...] el uso cotidiano del lenguaje no pivota exclusivamente, ni tan solo de una forma primaria, sobre sus funciones representativas (o la afirmación de hechos): aquí se ponen en juego todas las funciones del lenguaje y las relaciones entre el mundo y el lenguaje, de forma que el espectro de las afirmaciones de validez conlleva más que las afirmaciones de verdad» (*Between Facts and Norms*, pág. 16). Además, Habermas expone que «al explicar el significado de las expresiones lingüísticas y la validez de las afirmaciones, tocamos las idealizaciones que están conectadas con el medio del lenguaje» (pág. 17). Él deja claro que sin estas idealizaciones que se encuentran en el corazón del lenguaje, no podríamos disponer de los recursos que nos sirven de orientación entre tipos dispares de afirmaciones hechas por cualquier número de actores sociales. De hecho, la presuposición de una serie común de idealizaciones es lo que otorga orden a nuestra acción y lo que la ordena de antemano; y es también lo que tenemos en cuenta cuando tratamos de ordenarnos a nosotros mismos en relación con los otros y en relación con un futuro común: «Con el concepto de la acción comunicativa, que conlleva la comprensión mutua como un mecanismo de coordinación de la acción, las presuposiciones en contra de los hechos de aquellos actores que orientan su acción hacia afirmaciones de validez adquieren también una *relevancia inmediata para la construcción y la preservación de los órdenes sociales; ya que estos órdenes* existen *a través del reconocimiento de las afirmaciones de validez normativa»* (pág. 17; la cursiva es mía).

Aquí se puede observar que las normas, las cuales orientan la acción hacia el bien común y pertenecen a una esfera «ideal», no son precisamente sociales en el sentido que les otorga Ewald. No pertenecen a órdenes sociales variables y no son, en el sentido de Foucault, una serie de «ideales reguladores» y, por lo tanto, no forman parte de la vida ideal del poder social. Por el contrario, funcionan como parte del proceso de razonamiento que condiciona todo orden social, y otorgan coherencia a dicho orden. Sin embargo, sabemos que Habermas no podría aceptar la característica de «ordenación» de cualquier orden social como un bien necesario. Está claro que hay buenas razones por las cuales algunos órdenes deberían ser desbaratados. El orden de la inteligibilidad de género, por ejemplo, bien puede calificarse como uno de estos tipos de órdenes. Pero ¿tenemos alguna forma de distinguir entre la función de la norma como socialmente integradora y el valor de la «integración» bajo condiciones sociales opresivas? En otras palabras: cuando se dice que la norma está preservando el orden, ¿no es esta una función inherentemente conservadora de la norma? ¿Qué ocurre si el propio orden es excluyente o violento? Podríamos responder, siguiendo a Habermas, que la violencia va en contra de las idealizaciones normativas que operan en el lenguaje cotidiano de una forma implícita. Pero si la norma es socialmente integradora, ¿entonces cómo es que, de hecho, está rompiendo un orden social en el que el «orden» se adquiere y se mantiene a través de medios violentos? ¿Es la norma parte de dicho orden social, o es solo «social» en un sentido hipotético, como parte de un «orden» que no se halla ejemplificado en el mundo social tal como se vive y se negocia? Si el argumento de Habermas es que no podemos pretender vivir en consenso o en una orientación común sin asumir dichas normas, entonces ¿no es lo «común» instituido precisamente a través de la producción de lo que no es común, mediante lo que se halla fuera de su ámbito, o lo que le trastorna desde su interior, o lo que plantea un desafío a su integridad? ¿Cuál es el valor de lo «común»? ¿Necesitamos saber que, a pesar de nuestras diferencias, estamos todos orientados hacia el mismo concepto de la deliberación y la justificación racional? ¿O lo que necesitamos saber es precisamente que lo «común» ya no está disponible, si es que alguna vez lo estuvo, y que, en estos tiempos de multiculturalismo, aproximarse a la diferencia de una forma amplia y autolimitadora no es solo la función de la traducción cultural, sino también la vía más importante hacia la no violencia?

Lo importante no es aplicar las normas sociales a los casos sociales reales, ni ordenarlos, ni definirlos (como Foucault criticó), ni tampoco encontrar mecanismos justificatorios sobre los cuales basar las normas sociales que son en realidad extrasociales (aunque funcionen bajo el nombre de lo «social»). Hay momentos en los que ambas actividades tienen y deben tener lugar. Emitimos juicios sobre criminales a causa de actos ilegales y los sometemos así a procedimientos normalizadores; consideramos nuestras bases para la acción en los contextos colectivos y tratamos de encontrar modos de deliberación y de reflexión acerca de los cuales podamos estar de acuerdo. Pero nada de esto resume todo lo que hacemos con las normas. A través del recurso a las normas, se circunscribe la esfera de lo humanamente inteligible, y esta circunscripción tiene consecuencias para cualquier ética y para cualquier concepto de transformación social. Se podría decir que «debemos conocer los aspectos fundamentales de lo humano con el fin de actuar para preservar y promover la vida humana tal como la conocemos». Pero ¿qué ocurre si las propias categorías de lo humano han excluido a aquellos que deberían estar incluidos en sus términos, a quienes no aceptan los modos de razonamiento y las «afirmaciones de validez» justificatorias que han sido proferidas por las formas occidentales de racionalismo? ¿Hemos conocido alguna vez lo «humano»? ¿Qué esfuerzo representaría aproximarse a este conocimiento? ¿Deberíamos evitar saberlo demasiado pronto? ¿Deberíamos ser cautelosos con cualquier forma final o definitiva de saber sobre lo «humano»? Si se da por sentado el campo de lo humano, entonces no logramos pensar críticamente —ni éticamente— acerca de las consecuencias que conlleva el modo en que lo humano se produce, se reproduce y se deproduce. Esta última investigación no agota el campo de la ética, pero no puedo concebir una ética «responsable» ni una teoría de la transformación social que puedan funcionar sin ella.

Llegados a este punto, y como forma de ofrecer un debate que finalice este ensayo, me permito sugerir la necesidad de mantener abierto nuestro concepto de lo «humano», dado que su futura articulación es esencial para el proyecto de un discurso y una política de los derechos humanos con un carácter crítico e internacional. Esto puede observarse una vez y otra vez cuando se presupone la propia noción de lo «humano», ya que está definida de antemano y en términos que son claramente occidentales, a menudo norteamericanos y, por lo tanto, de miras estrechas. La paradoja surge cuando lo «humano» de los derechos humanos ya se conoce de antemano, ya está previamente definido y, aun así, se supone que es la base para una serie de derechos y obligaciones que son internacionales. Cómo se realiza la progresión de lo local a lo internacional es una cuestión importante para la política internacional, pero toma una forma específica para el feminismo internacional. Yo sugeriría que una concepción antiimperialista, o al menos no imperialista, de los derechos humanos internacionales debe cuestionar qué es lo que se significa con lo humano y aprender de las varias formas y maneras mediante las cuales se define en diferentes ámbitos culturales. Esto implica que los conceptos locales de lo que es lo «humano» o, es más, de lo que son las condiciones y las necesidades básicas de una vida humana deben someterse a reinterpretación, ya que hay circunstancias históricas y culturales en las que lo «humano» se define de forma diferente o se resignifica y, por lo tanto, también se definen de forma diferente sus necesidades básicas y, como consecuencia, sus derechos básicos.

LA RESIGNIFICACIÓN COMO POLÍTICA

¿La resignificación constituye una práctica política o una parte de la transformación política? Bien podría decirse que tanto los políticos de la derecha como los de la izquierda pueden utilizar estas estrategias. Sin duda, podemos ver cómo el «multiculturalismo» tiene sus variantes de derecha y de izquierda, así como la «globalización» tiene sus variantes de derecha y de izquierda. En Estados Unidos la palabra «compasivo» ha sido asociada a lo «conservador» y esta asociación a muchos nos ha parecido una «resignificación» abominable. Se puede indicar de una forma correcta y justificada que el término nacionalsocialismo fue una resignificación de «socialismo». Así pues, parece que la resignificación por sí sola no es una política, no es suficiente para una política, no basta. Se puede argumentar que los nazis se apropiaron del poder utilizando el lenguaje y las preocupaciones de la democracia en contra de sí misma, o que los revolucionarios haitianos se apropiaron del poder utilizando los términos de la democracia en contra de aquellos que la habían negado. Así pues, la apropiación puede ser utilizada por la derecha y por la izquierda y las consecuencias éticas de la «apropiación» no son necesariamente saludables. Se da una apropiación queer del término «queer» y, en Estados Unidos, una apropiación rap del discurso racista, y una apropiación izquierdista de la frase «no al gran gobierno», etc. Así pues, la apropiación en sí misma tiene un número de consecuencias, algunas de las redes nos pueden parecer aceptables y otras detestables. Pero ¿cómo podría funcionar la resignificación si se pusiera al servicio de una política democrática radical?

¿La resignificación funciona como una política? Quisiera

sugerir que, al extender la influencia de la universalidad, adqui-
rimos más conocimiento sobre lo que implica la justicia, se in-
crementan las posibilidades para la vida; pero teniendo en
cuenta que el propio término «vida» está siendo contestado y
que tiene seguidores reaccionarios y progresistas, debemos asumir que nuestras convenciones ya establecidas acerca de lo que
es lo humano, lo que es universal, lo que podría ser el significado y la sustancia de la política internacional no son suficientes.
Para cumplir con los objetivos de la transformación democrática
radical, necesitamos saber que nuestras categorías más fundamentales pueden y deben ser expandidas para tornarse más incluyentes y más sensibles a toda la gama de poblaciones culturales.
Esto no significa que un ingeniero social determine a distancia
cómo incluir mejor a todos en sus categorías. Significa que la
categoría misma debe estar sujeta a una revisión desde una multitud de direcciones, y que debe surgir de nuevo como el resultado de la traducción cultural a la que se la somete. Lo que me
motiva políticamente y lo que quiero alcanzar es aquel momento en el cual un sujeto —una persona, un colectivo— afirma su
derecho a una vida habitable en ausencia de una autorización
previa, de una convención clara que lo posibilite.

Se podría dudar y objetar argumentando que hay fascistas que
invocan derechos para los cuales no existe una licitación previa.
Ahora bien, no se puede invocar el derecho a una «vida habitable» cuando esa misma vida está basada en el racismo o en la misoginia o en la violencia o en la exclusión. Por supuesto, yo estoy
de acuerdo con este punto de vista. Por ejemplo, antes de la derrota del régimen del *apartheid*, algunos sudafricanos negros acu-
dieron a las urnas preparados para votar. En aquel momento no
tenían autorización para votar. Simplemente se presentaron allí.
Invocaron su derecho a votar de una forma performativa, a pesar
de no existir la autorización previa, a pesar de no darse ninguna
convención que lo hiciera posible. Por otra parte, podríamos decir que Hitler también invocó el derecho a un cierto tipo de vida

para el cual no existía ningún precedente constitucional o legal, ni local, ni internacional. Pero puede distinguirse entre estas dos invocaciones, y esta diferencia es crucial en mi argumentación.

En ambos casos, los sujetos en cuestión invocaban derechos para los cuales no tenían autorización conforme a ninguna ley existente, aunque en ambos casos la «ley existente» tenía versiones internacionales y locales que no eran del todo compatibles con ella. Aquellos que se oponían al *apartheid* no estaban restringidos por ninguna convención preexistente (aunque en este caso claramente estaban invocando y citando la convención internacional en contra de la convención local). El surgimiento del fascismo en Alemania, así como también la consecuente aparición del gobierno constitucional en la Alemania de posguerra, tampoco estaba limitado por las convenciones preexistentes. Así pues, ambos fenómenos políticos implicaban una innovación. Pero esto no contesta la pregunta: ¿cuál es el mejor camino, qué innovación resulta valiosa y cuál no? Las normas que deberíamos consultar para responder a esta pregunta no pueden derivarse de la resignificación. Deben derivarse de una teoría y una práctica democrática y radical; así pues, la resignificación tiene que ser contextualizada de esta forma. Uno debe tomar decisiones sustantivas acerca de lo que será un futuro menos violento, sobre lo que será una población más inclusiva, sobre qué es lo que ayudará a satisfacer, de una forma sustancial, las reclamaciones de universalidad y de justicia que intentamos comprender según su especificidad cultural y su significancia social. En ese contexto, cuando decidimos qué líneas de acción son correctas y cuáles no, es crucial preguntarse: ¿qué formas de comunidad han sido creadas, y a través de qué violencias y qué exclusiones se han creado? Hitler trató de intensificar la violencia de la exclusión; el movimiento anti*apartheid* trató de contrarrestar la violencia del racismo y la exclusión. Esta es la base sobre la cual condenamos a uno y absolvemos al otro. ¿Qué recursos debemos tener para incluir en la comunidad humana a aquellos humanos que no han sido considerados como parte de lo que se reconoce como humano? Esta es la tarea de una teoría y una práctica radical y democrática que trate de extender a aquellas comunidades previamente privadas del voto las normas que sostienen una vida viable.

Así pues, parece ser que he concluido con un llamamiento para extender las normas que sostienen una vida viable; por lo tanto, voy a considerar la relación entre las normas y la vida, ya que, hasta el momento, esta relación es el foco central de mi investigación. El tema de la vida es un tema político, aunque quizá no exclusivamente político. La cuestión del «derecho a la vida» se ha planteado en los debates sobre la legalización del aborto. A las feministas que están a favor de este último derecho se las ha llamado «antivida» y ellas han respondido con la pregunta: «¿la vida de quién?». ¿Y cuándo empieza la «vida»? Creo que si se preguntara a las feministas qué es la vida o, simplemente, cuándo empieza la vida, se darían muchas respuestas diferentes. Por esta razón, a nivel internacional no todos los movimientos de mujeres comparten el mismo punto de vista. Se da la pregunta de cuándo se inicia la «vida» y la pregunta de cuándo se inicia la «vida humana», de cuándo empieza lo «humano»; ¿quién lo sabe?, ¿quién está preparado o tiene derecho a saberlo?, ¿de quién será el conocimiento que prevalezca sobre este tema?, ¿de quién será el saber que funcionará aquí como poder? Las feministas han defendido que la vida de la madre debería ser igual de importante. Así pues, se trata de una cuestión de una vida contra la otra. Las feministas han argumentado que cada hijo o hija debería ser querido, que debería tener la posibilidad de llevar una vida vivible, y que hay condiciones para la vida que deberían ser cumplidas. La madre debe estar bien, debe existir la posibilidad de alimentar al hijo o hija; debe haber alguna posibilidad de tener un futuro, un futuro viable y sostenible, ya que un ser humano sin futuro pierde su humanidad y corre el riesgo de perder también su vida.

Por tanto, el término «vida» funciona dentro del feminismo, y también entre el feminismo y sus oponentes, como un lugar para la contestación, un término no definido, cuyos múltiples significados están siendo multiplicados y debatidos de diversas formas en el contexto de los diferentes Estados nación que poseen diversos conceptos religiosos y filosóficos del problema. Quizá algunos de mis oponentes argumenten que si se considera «la extensión de las normas que sostienen una vida viable» como el valor más importante, entonces, según las definiciones de uno mismo, puede deducirse que debería valorarse al «bebé no nacido» por encima de todo. Esta no es mi postura, ni tampoco la conclusión a la que llego.

El argumento que planteo para rebatir esta conclusión está relacionado con el propio uso de la «vida» como si supiéramos lo que significa, lo que requiere, lo que exige. Cuando se pregunta sobre lo que constituye una vida habitable, nos estamos preguntando acerca de qué condiciones normativas deben cumplirse para que la vida se convierta en vida. Así pues, hay al menos dos sentidos de la vida: uno que se refiere a la forma mínima de vida biológica; y otro sentido, que interviene al principio, que establece las condiciones mínimas para una vida habitable en relación con la vida humana.[8] Y esto no implica que podamos desconsiderar lo que está meramente vivo a favor de la «vida habitable», sino que debemos cuestionar, de la misma forma que cuestionamos la violencia de género, qué humanos se requieren con el fin de mantener y reproducir las condiciones de su propia habitabilidad. Y ¿cuál ha de ser nuestra política de forma que estemos, de todas las maneras posibles, conceptualizando la posibilidad de la vida habitable a la vez que organizamos su soporte institucional? Siempre habrá desacuerdo sobre lo que significa esto, y estarán equivocados los que afirmen que, en virtud de este compromiso, se necesita una única dirección política. Pero únicamente es así porque vivir es vivir una vida de una forma política, en relación con el poder, en relación con los otros, en el acto de asumir la responsabilidad por un futuro colectivo. Pero asumir la responsabilidad sobre el futuro no implica conocer exactamente y de antemano la dirección que va a tomar este, ya que el futuro, especialmente el futuro con y para los otros, requiere estar abierto y aceptar el desconocimiento. Implica también que se pondrá en juego, y debería ponerse en juego, un cierto grado de pugna y de debate. Ambos deben ponerse en juego para que la política se convierta en democrática.

La democracia no habla al unísono; su tono es, necesariamente, disonante. No es un proceso predecible; debe ser padecido, como debe padecerse una pasión. También podría ser que se impida la vida misma cuando se decide de antemano cuál es el camino correcto, o cuando imponemos lo que es correcto para todos, sin encontrar una forma de entrar en la comunidad y descubrir lo «correcto» mediante la traducción cultural. Puede que lo «correcto», y lo «bueno», sea mantener abiertas las tensiones que asedian las categorías más fundamentales que necesitamos, saber que el desconocimiento está en el corazón de lo que sabemos y lo que necesitamos, y reconocer el signo de la vida y sus perspectivas.

Más allá del sujeto con Anzaldúa y Spivak

En Estados Unidos había y hay diversas formas de cuestionar el estatus fundacional de la categoría del sujeto. Cuestionar el fundamentalismo de esa categoría no es lo mismo que deshacerse completamente de la categoría. Además, no implica negar su utilidad, ni tampoco su necesidad. Cuestionar al sujeto es arriesgar lo que sabemos, no por la excitación que suscita el riesgo, sino porque ya hemos sido cuestionados como sujetos. Como mujeres ya hemos sido seriamente puestas en duda: ¿tienen significado nuestras palabras? ¿Somos capaces de consentir? ¿Nuestro razonamiento funciona como el de los hombres? ¿Somos parte de la comunidad universal de la especie humana?

En su libro *Borderlands/La Frontera*, Gloria Anzaldúa escribe en español y en inglés, y también en dialectos nativos americanos, obligando así a sus lectoras a leer todas estas lenguas cuando se enfrentan a su obra. Está claro que su obra atraviesa la frontera entre la escritura académica y la no académica, y enfatiza el valor de la vida en la frontera, de vivir como una frontera en relación con una serie de proyectos culturales diferentes. Anzaldúa cree que para lograr la transformación social se debe ir más allá del sujeto «unitario». Se declara a favor de una transformación social por la que ha luchado toda su vida, ha enseñado en la universidad y ha formado parte de los movimientos feministas. ¿Se puede decir que forma parte del grupo de las «feministas académicas»? Bien, sería ridículo excluirla de ese grupo.[9] Su obra se lee en la academia. A veces imparte clases en la Universidad de California. Lucha junto a diferentes movimientos, especialmente a favor de las mujeres latinoamericanas que viven en Estados Unidos, donde sufren debido a la falta de asistencia médica, a la explotación del mercado laboral y, a menudo, debido también a cuestiones relacionadas con la inmigración. Cuando Anzaldúa declara que no hay un sujeto unitario, que no acepta las oposiciones binarias de la modernidad, está diciendo que, como chicana, ella está definida por su propia capacidad de atravesar fronteras. Dicho de otra manera: ella es una mujer que fue obligada a cruzar la frontera entre México y Estados Unidos y para quien la frontera constituye un imaginario geopolítico dentro del cual (y a través del cual) escribe su obra de ficción. Anzaldúa se debate en la compleja mezcla de tradiciones culturales y formaciones que la constituyen por lo que es: chicana, mexicana, lesbiana, norteamericana, académica, pobre, escritora, activista. ¿Todas estas hebras se agrupan de una forma unificada o Anzaldúa vive su inconmensurabilidad y simultaneidad como el propio significado de su identidad, una identidad culturalmente representada y producida por las muy complejas circunstancias históricas de su vida?

Anzaldúa nos pide que consideremos que la fuente de nuestra capacidad de transformación social se halla precisamente en nuestra capacidad de mediación entre diferentes mundos, de involucrarnos en la traducción cultural y de, a través de la experiencia del lenguaje y de la comunidad, recibir la diversa serie de conexiones culturales que nos convierte en nosotros mismos. Se podría decir que para Anzaldúa el sujeto es «múltiple» más que unitario; esto demostraría entender su argumento, pero solo hasta cierto punto. Yo creo que su argumento es más radical. Nos pide que permanezcamos en el linde de lo que conocemos, que pongamos en cuestión nuestras certezas epistemológicas y que, a base de arriesgarnos y abrirnos a otro modo de conocimiento y de vivencia del mundo, ampliemos nuestra capacidad de imaginar lo humano. Ella nos pide que seamos capaces de formar coaliciones que atraviesen las diferencias, con el fin de construir un movimiento más incluyente. Así pues, lo que Anzaldúa argumenta es que solamente a través de la existencia en el modo de traducción, de la constante traducción, aparece la posibilidad de producir un conocimiento multicultural de las mujeres o, de hecho, de la sociedad. El sujeto unitario es el que ya sabe quién es, el que entra en la conversación de la misma forma que sale de ella; aquel que, cuando se encuentra con el otro, no arriesga sus propias certezas epistemológicas; así pues, se queda en su lugar, guarda su lugar y se convierte en un emblema de la propiedad y del territorio e, *irónicamente, rehúsa la autotransformación en nombre del sujeto.*

Gayatri Chakravorty Spivak adopta una posición similar, aunque ella diría, y ha dicho, que mientras que Anzaldúa sostiene una noción de un sujeto múltiple, su noción es la del sujeto fracturado. Desde su punto de vista, no podemos apreciar la opresión que han experimentado las mujeres de color en el marco del imperialismo global, de carácter político y económico, del Primer Mundo sin llegar a la conclusión de que la categoría «mujeres» como categoría unitaria no puede sostenerse, que no es descriptiva, que esta categoría debe sufrir una crisis y exponer sus fracturas en el discurso público. En su obra, Spivak se pregunta una y otra vez no solo qué es lo que significa escuchar a quienes están privados de derechos, sino qué significa «representar» esas voces en el trabajo propio. Por una parte, es posible tratar a los que están privados de derechos como si no tuvieran voz y erigirse como su portavoz. Creo que descubrimos esto de una forma bastante problemática cuando la feminista norteamericana Catharine MacKinnon anunció en el Fórum de los Derechos Humanos de Viena de hace unos años que ella «representaba a las mujeres de Bosnia». Quizá pensó que las mujeres de Bosnia no tienen voz, pero ciertamente se percató de lo contrario cuando las mujeres de Bosnia mostraron clara y públicamente su oposición al intento de MacKinnon de apropiarse y colonizar su posición.

Dada la historia de expansión misionera y colonial que se da en nombre de la «cultura» y la «modernidad» y del «progreso» y la «ilustración», de «la tarea del hombre blanco», las feministas deben también preguntarse si la «representación» de los pobres, de los indígenas y de los que se hallan radicalmente privados de derechos dentro de la academia es un esfuerzo condescendiente y colonizador, o si se trata de reconocer las condiciones de traducción que lo hacen posible, de reconocer el poder y el privilegio del intelectual, de reconocer los lazos históricos y culturales que hacen posible un encuentro entre, por ejemplo, la pobreza y la escritura académica.

Spivak ha traducido el trabajo de Mahasweta Devi, una escritora de ficción que es también una activista y cuya obra, gracias a Spivak, se dio a conocer en el mundo académico, al menos en el de habla inglesa. Devi escribe como una mujer tribal, para mujeres tribales y acerca de ellas, pero lo «tribal» es precisamente lo que se convierte en algo difícil de identificar en su escritura. Su voz llega al Primer Mundo a través de una traducción, una traducción ofrecida por Spivak, a la cual se nos pide que respondamos como lectores. Spivak insiste en que la escritura de Devi, del Sudeste Asiático, no puede simplemente denominarse «tribal» o hacer que represente lo «tribal» porque en esa escritura también hay en juego, vía lo tribal, una visión de la internacionalidad. En las historias de Devi, las mujeres sufren en parte porque la tierra es explotada y violada, porque las formas tradicionales de cultivo son eliminadas sistemáticamente o explotadas por sus promotores. En este sentido, se trata de una historia local. Pero esos promotores están también asociados a corrientes más amplias del capital global. En palabras de Spivak: «Existe una fuerte conexión, incluso una complicidad, entre la burguesía del Tercer Mundo y los emigrantes del Primer Mundo que no puede ser ignorada».[10]

Si leemos a Devi con detenimiento, observaremos que establece conexiones, conexiones vivas, entre lo tribal y lo global, y que ella misma, como autora, es una vía de tránsito entre ambos. Sin embargo, no deberíamos pensar que este tránsito es fluido, ya que tiene lugar a través de una ruptura en la representación misma. Devi me llega a través de Spivak, lo que no significa que Spivak sea su autora, sino que la autoría misma está dividida; sin embargo, lo que surge de esta traducción es una visión política que sostiene que las posibilidades de supervivencia global a largo plazo, de una política medioambiental radical a largo plazo y de la no violencia como práctica política *no* dependen de una «razón» desencarnada que se presenta en nombre de la universalidad, sino de la elaboración del sentido de lo sagrado. Así pues, Spivak declara: «El cambio mental a gran escala casi nunca es posible si está solo basado en la razón. Por ejemplo, con el fin de movilizar la no violencia se confía, aunque sea de una forma remota, en construir la convicción de lo "sagrado" de la vida humana» (pág. 199). Spivak también denomina a Devi como «filósofa» y le ofrece el siguiente consejo para el pensamiento radical y el activismo: «No tengo ninguna duda sobre la necesidad de *aprender* a aprender de los filósofos ecológicos originales del mundo a través de la lenta y atenta singularidad ética que cambia las mentes (de ambas partes) y que merece el nombre de "amor" con el fin de que complemente los necesarios esfuerzos colectivos para cambiar las leyes, los modos de producción, los sistemas de educación y de cuidado de la salud. Esta es, para mí, la lección de Mahasweta [Devi], activista, periodista y escritora» (pág. 201).

Para Spivak, la mujer activista subalterna ha sido excluida de los parámetros del sujeto occidental y de la trayectoria histórica de la modernidad. Esto implica que la mayor parte de las veces, la mujer tribal es una espectadora de los avances históricos. De forma similar, si consideramos las tradiciones de la escritura afroamericana, podemos también preguntarnos si estos escritos entran dentro de las tradiciones de la modernidad, o si están siempre comentando de formas diversas lo que es vivir «fuera de la historia». En este punto debería quedar claro que yo creo que es necesaria una relación crítica con la modernidad.

Hemos sido testigos de la violencia que se ejerce en el nombre de Occidente y de los valores occidentales mientras el escepticismo público de Estados Unidos y de Europa ha sido avivado con preguntas como: ¿Tuvo el islam su modernidad? ¿El islam ha logrado ya su modernidad? ¿Desde qué punto de vista son posibles dichas cuestiones y desde qué marco resultan razonables? ¿El que plantea dichas preguntas conoce las condiciones de su propia acción de preguntar? Sin las traducciones árabes de los textos clásicos griegos, algunos de estos textos se habrían perdido para siempre. Sin las bibliotecas de las ciudades islámicas de todo el mundo no se habría transmitido la historia de los valores occidentales. Es revelador que precisamente se olvide la función preservadora de la traducción cultural cuando nos preguntamos si los árabes tienen alguna relación con la modernidad.

Cuando nos hacemos esta pregunta ponemos en evidencia que no conocemos nuestra propia modernidad, ni las condiciones de su propio surgimiento, ni las de su preservación. O, más bien, estamos mostrando que lo que llamamos «modernidad» es una forma de olvido y de supresión cultural. Más importante todavía es la violencia que se hace en nombre de la preservación de los valores culturales occidentales; y debemos preguntarnos si esta violencia es uno de los valores que tratamos de defender, es decir,

¿es esta violencia otra marca de «occidentalidad» que tememos que se pierda si acordamos vivir en un mundo culturalmente más complejo e híbrido? Está claro que Occidente no es el causante de toda la violencia, pero, en casos como la reacción al sufrimiento o la anticipación a un daño, Occidente impone la violencia para preservar sus fronteras, sean reales o imaginarias.[11]

Algunos de los que vivimos en Estados Unidos tenemos ciertas dudas sobre si alguna vez habrá un discurso público significativo, aparte del que procede del periodismo y de los medios de comunicación de la izquierda, sobre, por ejemplo, cómo un colectivo trata su vulnerabilidad a la violencia. Las mujeres conocemos bien esta cuestión, la hemos conocido en casi todos los tiempos, y ningún aspecto del advenimiento del capitalismo ha disminuido nuestra vulnerabilidad a la violencia. Hay la posibilidad de presentarse como impermeable, de repudiar la vulnerabilidad misma. Hay la posibilidad de tornarse violento. Pero quizá haya alguna otra manera de vivir de forma que no se tema a la muerte, ni a estar socialmente muerto por miedo a ser asesinado, ni a tornarse violento y matar a otros, o someterlos a una vida de muerte social basada en el miedo a una muerte literal. Quizá esta otra forma de vivir requiere un mundo en el cual se encuentren los medios colectivos para proteger la vulnerabilidad del cuerpo precisamente sin erradicarla. Sin duda, habrá algunas normas que serán útiles para construir dicho mundo, pero serán normas que nadie poseerá, normas que no funcionarán a través de la normalización o la asimilación racial o étnica, sino a base de convertirse en los medios colectivos para la continuación de la labor política.

¿Puede hablar el «Otro» de la filosofía?

Escribo este ensayo como una filósofa formada en la historia de la filosofía, aunque ahora escriba más a menudo en contextos interdisciplinarios en los que dicha formación aparece solo de una forma refractaria. Así pues, por esta razón y, seguramente, también debido a otras razones, lo que usted va a leer no es un «artículo filosófico» o un artículo de filosofía, aunque puede que verse «sobre» filosofía, pero desde una perspectiva que tal vez no sea reconocible como filosófica. Espero que sepan ustedes perdonarme. Lo que tengo que ofrecerles no es exactamente un argumento y no es exactamente riguroso, y me resulta difícil decir si se conforma o no a los estándares de la perspicacia que actualmente reina en la institución de la filosofía. Puede que esto tenga cierta importancia, incluso una importancia filosófica, que originalmente yo no buscaba. Yo no vivo ni escribo ni trabajo en la institución de la filosofía, y no lo hago desde hace ya varios años, desde que me hice a mí misma la siguiente pregunta: ¿qué haría un filósofo con lo que yo ofrezco?

Entiendo que esta pregunta preocupa a aquellos que trabajan dentro de esa institución, especialmente a los doctorandos y a los miembros más jóvenes de la facultad. Aquí podríamos hacer una pausa para remarcar que esta preocupación es perfectamente razonable, particularmente si uno está tratando de conseguir un puesto en un departamento de filosofía y necesita demostrar que el trabajo que hace es apropiadamente filosófico. Los filósofos en la profesión, de hecho, deben hacer este tipo de juicios y aquellos que no nos hallamos en los departamentos de filosofía oímos dichos argumentos de vez en cuando. Normalmente, el juicio toma una de las siguientes formas: «no puedo comprender esto» o «no veo cuál es el argumento, es todo muy interesante... pero ciertamente no "es" filosofía». Todos estos juicios son pronunciados por una autoridad que decide sobre lo que se considerará y lo que no se considerará como un saber legítimo. Estos juicios se pronuncian por el que parece saber y que actúa con toda la seguridad que dicho saber le otorga. Sin duda, es impresionante hallarse en dicha situación y ser capaz de reconocer con claridad lo que se considera como saber y lo que no. De hecho, algunos incluso declararían que tomar dichas decisiones y atenerse a ellas es una de las responsabilidades de los filósofos.

Hasta aquí muy bien, pero quisiera sugerir que dentro de esta institución, dentro de lo que Pierre Bourdieu llama la «ritualizada institución de la filosofía», se ha introducido un cierto desasosiego. Esta perplejidad consiste en el hecho de que el término «filosofía» ha dejado de estar controlado por aquellos que definen y protegen sus parámetros institucionales. Sin duda, aquellos que pagan su contribución a la American Philosophical Association [Asociación Americana de Filosofía] y que entran a formar parte de la estructura de su comité en sus diversos niveles de poder se han extrañado, sorprendido e, incluso, escandalizado por la utilización de la palabra «filosofía» para designar ciertos tipos de estudios que no reflejan de ninguna forma reconocible la práctica académica que ellos llevan a cabo y que entienden como su deber y su privilegio definir y proteger. De una forma escandalosa, la filosofía se ha duplicado a sí misma. Si tuviera que ponerlo en términos de Hegel, diría que se ha encontrado a sí misma fuera de sí misma, se ha perdido en el «Otro» y se pregunta si debería salvarse, y cómo, de la escandalosa reflexión de sí misma que se difunde bajo su nombre. La filosofía, en su sentido correcto, si es que tiene un sentido correcto, se pregunta si se recuperará de esta escandalosa encarnación en el Otro. Se hace esta pregunta, si no en público, seguramente en las recepciones y salones de los hoteles Hilton, durante la reunión anual de su asociación; se pregunta si no está siendo asediada, expropiada, arruinada por el uso improcedente de su propio nombre, perseguida por un doble espectral de sí misma.

No trato de presentarme como ese doble espectral, pero podría ser que, como consecuencia, mi propio ensayo, que es de filosofía pero que no trata de ella, parezca algo fantasmagórico. Déjeme asegurarle que, desde sus inicios, la perspectiva desde la que escribo se halla a cierta distancia de la institución de la filosofía. Voy a empezar, pues, en el espíritu de Edmund Husserl, quien afirmó que, al fin y al cabo, la filosofía era un principio perpetuo, y me referiré a mis propios orígenes, humildes y controvertidos, como sin duda han sido. Cuando tenía doce años me entrevistó un doctorando en educación y me preguntó qué quería ser cuando fuera mayor. Yo le dije que quería ser o filósofa o payasa, y creo que en aquel momento comprendí que en gran parte la decisión dependía de si yo consideraba que valía la pena o no filosofar sobre el mundo y sobre cuál sería el precio de la seriedad. No estaba segura de querer ser una filósofa y confieso que nunca he superado del todo esa duda. Puede que tener esa duda acerca del valor de una carrera filosófica indique que *no* debería ser una filósofa. De hecho, si tienes un/una estudiante que contempla ese desolado mercado de trabajo y también dice que no está segura o seguro del valor de una carrera filosófica o, en otras palabras, que no sabe si quiere ser filósofa o filósofo, entonces, como miembro de la facultad, deberías rápidamente dirigir a esa persona hacia otra área del mercado. Si alguien no está absolutamente seguro acerca del valor de ser un filósofo, entonces, sin duda, debe buscar en otra dirección. A menos que, por supuesto, se pueda discernir algún *valor* en el hecho de no estar seguro acerca del valor de convertirse en un filósofo, a menos que la resistencia a su institucionalización sea otro tipo de valor, un valor que no siempre se puede comercializar pero que, a pesar de todo, surge como contrapunto a los valores actuales del mercado de la filosofía. ¿Podría ser que la inseguridad acerca de lo que debería y no debería ser reconocido como filosofía tenga en sí misma un cierto valor filosófico? Y, entonces, ¿es este un valor que podamos nombrar y debatir sin convertirlo en un nuevo criterio mediante el cual se dibuje rigurosamente la demarcación entre lo filosófico y lo no filosófico?

En el texto que sigue espero mostrar cómo mi introducción a la filosofía fue bastante desinstitucionalizada y señalar que esta distancia de la vida institucionalizada de la filosofía se ha convertido en cierta manera en mi vocación, es más, en la de muchos estudiosos que trabajan en temas filosóficos desde las humanidades. Quisiera argumentar que esta situación tiene un valor distintivo. Gran parte del trabajo filosófico que tiene lugar fuera de la filosofía goza de libertad para considerar los aspectos retóricos y literarios de los textos filosóficos y, específicamente, para investigar cuál es el valor filosófico en particular que conllevan o representan dichas características retóricas y lingüísticas. Los aspectos retóricos de un texto filosófico incluyen su género, que puede ser variado; su forma de efectuar los argumentos, y cómo su modo de presentación informa al argumento mismo: a veces se presenta ese argumento de una forma implícita y a veces se presenta un argumento que es más bien contrario al que el texto filosófico expone explícitamente. Una cantidad sustancial del trabajo realizado en la tradición filosófica continental* en su momento se llevó a cabo fuera de los departamentos de filosofía, y a veces se dio de una

---

* En el mundo académico anglosajón se hace referencia a la filosofía europea como filosofía continental. (*N. de la t.*).

forma particularmente rica y provocativa en conjunción con lecturas literarias. Paradójicamente, a la filosofía se le ha insuflado nueva vida desde los estudios de la cultura contemporáneos y desde el estudio cultural de la política, en los cuales las nociones filosóficas informan a la vez textos sociales y literarios que, en general, no son filosóficos pero que, no obstante, establecen el estudio cultural como un espacio vital para el pensamiento filosófico en las humanidades. Espero clarificar esta cuestión en el curso de la narración de mi propio compromiso con la filosofía y de mi interés por Hegel. Hacia el final de mi ensayo, debatiré el lugar que ocupa Hegel en los estudios contemporáneos en relación con la lucha por el reconocimiento dentro del proyecto de la modernidad.

Mi primera introducción a la filosofía fue radicalmente desinstitucionalizada, autodidacta y prematura. La mejor manera de resumir ese episodio es mediante la descripción de la figura de una joven adolescente que, para huir de la dolorosa dinámica familiar, se escondía en el sótano de su casa, donde se guardaban los libros universitarios de su madre, entre ellos la *Ética* de Spinoza (en la traducción inglesa de Elwes de 1934). Sin duda mis emociones se rebelaban y me dirigí a Spinoza para averiguar si conocerlas y saber para qué servían me ayudaría a aprender cómo vivirlas de una forma más manejable. Lo que encontré en el segundo y en el tercer capítulo de aquel texto no me decepcionó. La extrapolación de los estados emocionales desde la persistencia primaria del *conatus* en los seres humanos me pareció la exposición más profunda, pura y clarificadora de las pasiones humanas. Una cosa se esfuerza por persistir en su ser. Supongo que esto me indicó que existe una forma de vitalismo que persiste incluso en la desesperación.

En Spinoza encontré la idea de que un ser consciente y tenaz responde a los reflejos que recibe de sí mismo de una forma emocional, dependiendo de si esos reflejos implican una disminución o un aumento de sus propias posibilidades de vida y de persistencia futura. Este ser no solo desea persistir en su propia existencia, sino también vivir en un mundo de representaciones que refleje la posibilidad de dicha persistencia y, finalmente, vivir en un mundo que refleje a la vez el valor de las vidas de los otros y de la suya propia. En el capítulo titulado «De la servidumbre humana o de la fuerza de los afectos», Spinoza escribe: «Nadie puede desear ser feliz, obrar bien y vivir bien, si no desea al mismo tiempo ser, obrar y vivir, esto es, existir en acto» (prop. XXI). Y continúa: «El deseo [...] es la esencia del hombre, es decir, el esfuerzo que cada uno realiza por conservar su ser».*

En aquel momento no sabía que esta doctrina de Spinoza sería esencial para mi trabajo académico posterior sobre Hegel, pero este es el precedente moderno del argumento de Hegel que afirma que el deseo es siempre deseo de reconocimiento, y que el reconocimiento es la condición para una vida continua y viable. La insistencia de Spinoza sobre el deseo por la vida que nace de la desesperación conduce a la afirmación más dramática de Hegel, que sostiene que «entretenerse con lo negativo» puede producir una conversión de lo negativo en el ser, y que, realmente, algo afirmativo puede darse de las experiencias de la devastación individual y colectiva, incluso en su indiscutible irreversibilidad.

Descubrí a Spinoza al mismo tiempo que descubrí la primera publicación inglesa de *Either/Or* de Kierkegaard, y evité a Hegel hasta que llegué a la universidad. Traté de leer en Kierkegaard una voz escrita que no estaba diciendo exactamente lo que pretendía; de hecho, esa voz continuaba diciendo que lo que tenía que decir no se podía comunicar a través del lenguaje. Así pues, una de mis primeras confrontaciones con un texto filosófico me planteó la cuestión de la lectura y atrajo mi atención a su estructura retórica como texto. Como un seudónimo, el autor no era accesible, nunca decía quién era el que estaba hablando, no me dejaba

---

* Versión castellana de Vidal Peña. Spinoza, *Ética demostrada según el orden geométrico*, Madrid, Alianza, 1996, pág. 275. (*N. de la t.*).

huir de la dificultad de la interpretación. Esta extraordinaria hazaña estilística estaba compuesta por el hecho de que *Either/Or* son dos libros, cada uno de ellos escrito desde una perspectiva que está en guerra con la otra perspectiva, de forma que, quienquiera que fuera el autor, sin duda no era uno solo. Los dos volúmenes de este libro escenifican un acto de división psíquica que, por definición, parecía eludir la exposición a través del discurso directo. No había forma de empezar a comprender el trabajo de Kierkegaard sin comprender las dimensiones retóricas y genéricas de escritura. No es que se debiera considerar primero la forma literaria y la retórica del texto para luego poder entresacar la verdad filosófica. Al contrario, no había forma de liberar el argumento filosófico, un argumento relacionado con la imposibilidad de superar el silencio cuando se tratan cuestiones de fe, sin que se le llevara a través del lenguaje al momento de su propio hundimiento, donde el lenguaje muestra su propia limitación y donde este «mostrar» no es lo mismo que una simple declaración de sus límites. Según Kierkegaard, no debe creerse la declaración directa de los límites del lenguaje; solo es válida la descomposición del modo declarativo mismo.

Para mí, Kierkegaard y Spinoza eran la filosofía y, curiosamente, eran libros de mi madre, libros comprados y quizá leídos en un curso de licenciatura en Vassar a principios de la década de 1950. El tercer libro que encontré fue *El mundo como voluntad y representación*, de Schopenhauer, que pertenecía a mi padre. Parece que se lo había llevado con él a Corea, donde estuvo trabajando como odontólogo del ejército durante aquel extraño estado de guerra condicional. Aparentemente, el libro se lo dio una amante que precedió a mi madre y su nombre estaba grabado en la primera página; no tengo forma de saber cómo llegó este libro a las manos de ella, por qué se lo dio a mi padre o qué es lo que tenerlo o haberlo leído puede haber significado para él. Pero supongo que la amante de mi padre, o quizá una amiga suya, asistió a alguna clase, que la institución de la filosofía hizo el libro accesible y que lo encontré en mi sufrimiento adolescente en un momento que me permitió pensar que el mundo tenía una estructura y un sentido que iba más allá del mío propio, que colocó el problema del deseo y de la voluntad bajo una luz filosófica y que ejemplificó una cierta claridad apasionada hecha pensamiento.

Así pues, podría decirse que estos libros llegaron a mí como subproductos de la institución de la filosofía, pero en una forma desinstitucionalizada. Alguien decidió que se debían traducir y difundir, y alguien los adquirió para cursos que mis padres estudiaron o que estudiaron personas allegadas a ellos, y luego los libros se colocaron en una estantería y surgieron de nuevo como parte de aquel horizonte visual que enriqueció el sótano lleno de humo de mi hogar suburbano. Cuando ya había escuchado suficiente música, yo me sentaba en el sótano, hosca y abatida, y cerraba la puerta tras de mí de forma que nadie pudiera entrar. Un día miré a través del humo de mi cigarrillo en aquella habitación oscura y sin aire, y vislumbré un título que suscitó en mí el deseo de leer, de leer filosofía.

La segunda ruta mediante la cual me llegó la filosofía fue la sinagoga, y si la primera ruta surgió de mi agonía adolescente, la segunda surgió de los dilemas éticos de la comunidad judía. Se suponía que mis clases de religión debían concluir antes de la escuela secundaria pero, por alguna razón, decidí continuar. Las clases tendían a centrarse en dilemas morales y en cuestiones de responsabilidad humana, en la tensión entre las decisiones individuales y las responsabilidades colectivas; y en Dios, en su existencia y en qué utilidad podría tener «él» al fin y al cabo, especialmente a la luz de los campos de concentración. Yo fui considerada una especie de problema disciplinario de algún tipo y, como una especie de castigo, se me encomendó la tarea de tomar una tutoría con el rabí sobre una serie de textos filosóficos judíos. Encontré diversos ejemplos de escritura que me recordaron a Kierkegaard, en los que un cierto silencio informaba la escritura que se ofrecía, donde la escritura no podía entregar o expresar lo que trataba de comunicar, pero en los que la marca de su propio hundimiento iluminaba una realidad que el lenguaje no podía representar directamente. Así pues, la filosofía no era solo un problema retórico, sino que estaba ligada de una forma directa con las cuestiones del sufrimiento individual y colectivo, y trataba sobre la posibilidad de la transformación.

Inicié mi carrera filosófica institucionalizada dentro del contexto de una educación judía, una educación que consideró los dilemas éticos planteados por la exterminación masiva de judíos durante la Segunda Guerra Mundial, incluyendo los miembros de mi propia familia, para plantear el marco del pensamiento de la ética como tal. Así pues, al llegar a la universidad me resultó difícil aceptar la lectura de Nietzsche y, generalmente, le desdeñé a lo largo de mis años de carrera en Yale. Una amiga mía me llevó a la clase de Paul de Man sobre *Más allá del bien y del mal*, donde me sentí atraída y repelida a la vez. De hecho, la primera vez que salí de su clase me sentí, literalmente, como si perdiera pie. Me apoyé contra una baranda para recobrar un poco el sentido del equilibrio. Alarmada, proclamé que él no creía en el concepto, que De Man estaba destruyendo la propia presuposición de la filosofía, que desenmarañaba los conceptos para convertirlos en metáforas y que despojaba a la filosofía de su capacidad de consuelo. No volví a aquel curso de De Man, aunque ocasionalmente iba a escucharle a otros cursos. En aquel momento, decidí de una forma arrogante que aquellos que asistían a sus seminarios no eran realmente filósofos, así que realicé el mismo gesto sobre el que estoy reflexionando hoy en día. Decidí que no conocían las obras, que no estaban formulando preguntas serias y retorné al ala más conservadora de la filosofía continental, que se encontraba a unos treinta metros de allí, en el edificio de Connecticut, y que, por el momento, hacían parecer que la distancia que dividía la literatura contemporánea de la filosofía fuera mucho mayor de lo que nunca podría llegar a ser. Rehusé y rechacé a De Man, pero en algunas ocasiones me sentaba en la parte de atrás de su clase. Los deconstruccionistas del momento todavía me miran con recelo: ¿por qué no iba a sus clases? No iba, pero no estaba muy lejos y a veces iba sin que pareciera que lo hacía. Y a veces me iba muy pronto.

Mudarse de la escuela secundaria al Bennington College y luego a Yale no fue fácil y, en cierta manera, nunca me adapté a la profesión de la filosofía. De joven llegué a la filosofía como una forma de plantear la cuestión de cómo vivir, y creía que leer los textos filosóficos y pensar filosóficamente podría ofrecerme la guía que necesitaba para las cosas de la vida. Me escandalicé la primera vez que leí en un libro de Kierkegaard que la filosofía se convertiría en una extraña comedia si a alguien se le ocurriera actuar según sus enseñanzas. ¿Cómo podía haber esta distancia irónica e inevitable entre saber que algo es cierto y actuar de acuerdo con dicho conocimiento? Y más tarde me escandalicé de nuevo cuando me enteré de que Max Scheler, presionado por su audiencia, que le preguntaba cómo podía haberse conducido en su vida de forma tan poco ética al mismo tiempo que estudiaba la ética, repuso que la señal que indica el camino hacia Berlín no necesita desplazarse hasta allí para mostrarnos la dirección correcta. Que la filosofía pudiera estar divorciada de la vida, que la vida no pudiera ser del todo ordenada por la filosofía me parecía una posibilidad peligrosa. No fue hasta varios años más tarde que llegué a comprender que la conceptualización filosófica no puede aliviar completamente las dificultades de la vida y, aunque llegué a reconciliarme con este concepto postidealista, sentí tristeza y una sensación de pérdida.

Pero tanto si mis ideas sobre la relación entre la filosofía y la vida eran ciertas como si no, el caso es que todavía eran ideas que relacionaban a la filosofía con los dilemas existenciales y políticos; y, en último término, la conmoción que me causó mi idealismo desilusionado no resultó tan fuerte como la que sentí en mi primera introducción a las definiciones disciplinarias de la filosofía. Esto ocurrió en la escuela superior, en 1977, cuando asistí a un curso de introducción a la filosofía en la Case Western Reserve University. Mi profesora era Ruth Macklin, que ahora enseña bioética en el Albert Einstein College of Medicine. Con ella estudié a Platón y a Mill además de uno de los primeros ensayos de John Rawls sobre justicia; la perspectiva era claramente analítica, algo que en aquel momento no comprendí y que ni siquiera sabía cómo nombrar. Yo pasé el primer curso con dificultades, luego decidí asistir a otro curso suyo sobre filosofía moral, en el cual leí principalmente a filósofos analíticos británicos, desde Russell hasta Moore, pasando por Stevenson y Phillipa Foot; durante este curso estudiamos los diversos sentidos de la palabra «bien» tal como se utiliza en los argumentos éticos y en la expresión. Aunque finalmente triunfé aquel año, el último de mi licenciatura, cuando ingresé en la universidad ya sabía que podía ser que no encontrara mi versión de la filosofía reflejada en ninguna forma institucional. Después de viajar a Alemania con una beca Fulbright para trabajar con Hans-Georg Gadamer y para estudiar el idealismo alemán, volví a Yale como estudiante de posgrado y empecé a involucrarme activamente en política dentro de la universidad, a leer libros de un autor llamado Foucault, a preguntarme sobre la relación entre la filosofía y la política, a investigar públicamente si se podía hacer algo interesante e importante con la filosofía feminista y, especialmente, con una perspectiva filosófica a la cuestión del género. Al mismo tiempo, la cuestión de la alteridad se convirtió en algo importante para mí en el contexto de la filosofía continental. Y me interesé por el problema del deseo y del reconocimiento: ¿bajo qué condiciones puede el deseo buscar y hallar el reconocimiento para sí mismo? Esta pregunta persistió en mi pensamiento en cuanto me interesé por los estudios de gays y lesbianas. Esta pregunta y la cuestión del «Otro» me parecían, como se lo pareció a Simone de Beauvoir, el punto de partida para pensar políticamente sobre la subordinación y la exclusión: sentí que ocupaba el mismo término que estaba interrogando —de la misma forma que ahora siento que ocupo el lugar del Otro en la filosofía—, así que me dirigí a la fuente moderna del pensamiento sobre la Otredad: al mismo Hegel.

Mi doctorado sobre el deseo y el reconocimiento en la *Fenomenología del espíritu* de Hegel trató de algunas de las mismas cuestiones que me habían preocupado a una edad mucho más temprana. En la *Fenomenología*, el deseo (párrafo 168) se considera esencial para la autorreflexión y no hay autorreflexión si no es a través del drama del reconocimiento recíproco. Así pues, el deseo de reconocimiento es aquel en el que el deseo busca su reflexión en el Otro. Es un deseo que trata de negar la alteridad del Otro (al fin y al cabo, es en virtud de su similitud estructural conmigo por lo que se halla en mi lugar, amenazando mi existencia unitaria), pero, al mismo tiempo, es un deseo que se encuentra a sí mismo en la extraña situación de necesitar aquel Otro que uno teme ser y por el que teme ser capturado; de hecho, sin este vínculo apasionado, no puede haber reconocimiento. La conciencia propia se da cuenta de que está perdida, perdida en el Otro, de que ha salido de sí misma, que se encuentra a sí misma como el otro y, es más, *en* el Otro. Así pues, el reconocimiento empieza con darse cuenta de que se está perdido en el Otro, apropiado en y por una alteridad que es y no es uno mismo. El reconocimiento está motivado por el deseo de encontrarse a sí mismo reflejado allí, donde la reflexión no es una expropiación final. De hecho, la conciencia busca recuperarse, ser restaurada a un tiempo anterior solo para llegar a darse cuenta de que no se puede volver a un yo anterior a la alteridad, sino solo a una transfiguración futura que se basa en la premisa de la imposibilidad de dicho retorno.

Así pues, en «El amo y el esclavo», el reconocimiento está motivado por el deseo de reconocimiento, y el propio reconocimiento es una forma cultivada de deseo, ya no un simple consumo de la alteridad o su negación, sino la incómoda dinámica en la que tratamos de encontrarnos a nosotros mismos en el Otro para terminar descubriendo que ese reflejo señala nuestra expropiación y la pérdida de nuestro yo.

Podría ser que actualmente la filosofía institucionalizada se halle a sí misma en esta extraña situación, aunque sé que no puedo hablar desde su perspectiva. Tiene ante ella algo llamado «filosofía» que, de una forma enfática, es la «no filosofía», que no sigue los protocolos de esa disciplina, que no logra los estándares aparentemente transparentes del rigor lógico y de la claridad. Digo «aparentemente transparentes» porque formo parte de diversos comités que estudian solicitudes de becas de humanidades, y el ejercicio de una claridad a la que muchos filósofos se adhieren y practican, a menudo, sume en la confusión a otros estudiosos de las humanidades. De hecho, cuando los estándares de la claridad forman parte de una disciplina hermética, no son comunicables, y, paradójicamente, lo que se obtiene como resultado es una claridad incomunicable.

Esta filosofía «institucionalizada», que no es ella misma, produce también otra paradoja: prolifera una segunda filosofía fuera de los límites que la filosofía misma ha delineado, de forma que parece que la filosofía haya inadvertidamente producido este doble espectral de sí misma. Además, puede ser que lo que se toma por filosofía en la mayoría de los departamentos de lengua y literatura de este país haya constituido el significado de la «filosofía», de tal forma que la disciplina de la filosofía debe sentirse extrañamente expropiada por un doble. Y cuanto más trata de disociarse de esta noción redoblada de sí misma, más eficiente se torna su impulso del dominio de esta otra filosofía fuera de los límites que trataban de contenerla. La filosofía ya no puede volver a sí misma dado que el límite que podía haber marcado su retorno es precisamente la condición por la cual la filosofía se disemina en el exterior de su localización institucional.

Por supuesto, hay más de dos versiones de la filosofía y, sin duda, el lenguaje hegeliano me fuerza aquí a restringir mis caracterizaciones a un binarismo falso. La filosofía institucionalizada hace ya tiempo que no va a la par consigo misma, si es que alguna vez lo estuvo, y su vida fuera de los límites de la filosofía puede tomar varias formas. No obstante, de alguna forma, cada una de ellas está perseguida, sino acechada, por la otra.

Cuando empecé a dar clases de filosofía feminista en el Departamento de Filosofía de Yale, me di cuenta de que había varias personas un tanto molestas al fondo de la sala, adultos que andaban arriba y abajo escuchando lo que yo tenía que decir y marchándose abruptamente después, solo para volver de nuevo al cabo de una o dos semanas y volver a repetir el mismo ritual angustiado. Estaban actuando de la misma forma en la que yo había actuado cuando traté de asistir a los seminarios de De Man. Resultaron ser teóricos de ciencias políticas que estaban enfadados porque mis clases se daban bajo la rúbrica de filosofía. No podían venir y sentarse, pero tampoco podían marcharse. Necesitaban saber lo que estaba diciendo, pero no podían permitirse acercarse lo suficiente como para poder oír. La cuestión no era si estaba enseñando buena o mala filosofía, sino si mis clases eran de filosofía.

Hoy no me propongo responder a la cuestión de lo que debería ser la filosofía y, a decir verdad, creo que ya no tengo ninguna opinión definitiva al respecto. No es porque haya dejado la filosofía, sino porque creo que, de una forma significativa, la filosofía se ha apartado de sí misma, se ha convertido en el Otro de sí misma, y se ha escandalizado por el extravío de su nombre más allá de sus confines oficiales. Comprendí esto cuando practiqué la filosofía feminista. Me quedé espantada cuando me enteré de que hace unos años los estudiantes de grado de la New School for Social Research* impartieron una conferencia titulada «¿La filosofía feminista es filosofía?». Esta era la pregunta que planteaban los escépticos del pensamiento feminista y que ahora estaba siendo citada en serio por jóvenes que practicaban el pensamiento feminista. Algunos querrían argumentar que sí, que la filosofía

* Prestigiosa universidad de talante izquierdista situada en Nueva York. (*N. de la t.*).

feminista es filosofía, y luego proceder a mostrar todas las formas en las que la filosofía feminista plantea los problemas filosóficos más tradicionales. Pero, desde mi punto de vista, dicha pregunta debería ser rechazada porque es una pregunta incorrecta. La pregunta correcta, por así decirlo, cuestiona cómo se ha dado este desdoblamiento del término «filosofía», de modo que nos hallamos ante esta extraña tautología por la cual nos preguntamos si la filosofía es filosofía. Quizá deberíamos decir simplemente que la filosofía, tal como se entiende la trayectoria institucional y discursiva del término, ya no es idéntica a sí misma, si es que alguna vez lo fue, y que esta reduplicación la atormenta ahora como un problema insuperable.

Durante un tiempo pensé que no tenía que tratar este tema porque, cuando empecé a publicar teoría del género, recibí muchas invitaciones de departamentos de literatura para hablar de algo que se llama «teoría». Resultó que me había convertido en algo denominado «teórica» y, aunque estaba encantada de aceptar las amables invitaciones que se me hacían, lo hacía un tanto desconcertada, así que intenté comprender qué tipo de práctica se suponía que era esta «teoría». «Ah, sí, el estado de la teoría», decía en tales ocasiones, mientras bebía mi chardonnay durante la cena y miraba a mi alrededor ansiosamente para ver si alguna alma piadosa me podía decir exactamente qué es lo que se suponía que era esta «teoría». Leí teoría literaria y encontré mi propio trabajo clasificado en estanterías bajo esta rúbrica. Sabía desde hacía tiempo que existía tal práctica (pensé en Wellek, Fletcher, Frye, Bloom, De Man, Iser, Felman), pero para mí no estaba claro que lo que yo hacía fuera «teoría» ni que este término pudiera y debiera ocupar el lugar de la filosofía. En ese momento, a mí no me molestaba que no estuviera haciendo filosofía porque el mundo de la literatura me permitía leer la estructura retórica, las elipsis, la condensación metafórica, y especular sobre las posibles conjunciones entre las lecturas literarias y los dilemas políticos. Continué sufriendo ataques de ansiedad cada vez que se usaba el término «teoría»; de hecho, todavía me hace sentir un tanto incómoda, incluso ahora que sé que soy parte del término, que quizá soy indisociable de ese término.

Sin embargo, he llegado a darme cuenta de que no soy la única que sufre esta confusión. Actualmente, y no sin cierta sorpresa, en los catálogos de diversas editoriales veo clasificados bajo el nombre de «filosofía» a varios escritores cuyo trabajo no se enseña en departamentos de filosofía. Esto no solo incluye a un gran número de filósofos y ensayistas continentales, sino también a teóricos literarios y estudiosos del arte y de los medios de comunicación, de los estudios feministas y étnicos. Observo con cierto interés el número de tesis sobre Hegel y Kant que surgen del Centro de Humanidades de la Johns Hopkins University o del Departamento de Inglés de Cornell o del de Estudios Germánicos de Northwestern; el número de jóvenes estudiosos en los departamentos de humanidades que han viajado a Francia en los últimos diez años para trabajar con Derrida, Levinas, Agamben, Balibar, Kofman, Irigaray, Cixous; o aquellos que continúan viajando a Alemania para aprender la tradición del idealismo germánico o de la Escuela de Frankfurt. En este momento, los estudios más interesantes sobre Schelling y los hermanos Schlegel los realizan teóricos culturales y literarios, y la extraordinaria obra de un estudioso como Peter Fenves sobre Kant y Kierkegaard surge de la literatura comparada y de los Estudios Germánicos. Y parte del trabajo más filosófico sobre Foucault lo producen estudiosos como Paul Rabinow, el filósofo de la antropología.

Consideremos, por ejemplo, la vida extraordinariamente interdisciplinaria de una figura como Walter Benjamin, quien, por varias razones, ejemplifica los excesivos viajes de la filosofía más allá de sus rejas de contención. Sería de esperar que su pensamiento se enseñara bajo la rúbrica de la «Escuela de Frankfurt» en los departamentos de filosofía en los que se ofrecen dichos cursos (me imagino que hay cerca de una docena de dichos departamentos), pero la dificultad de su lenguaje y de sus preocupaciones estéticas a me-

nudo conducen a la escisión de su trabajo de los cursos de filosofía
y a su resurgir en los departamentos de inglés, literatura comparada, francés y alemán. Hace unos años me pareció interesante que
New Formations, la publicación británica de izquierdas, publicara
un volumen sobre su obra al mismo tiempo que *Diacritics*, la publicación ostensiblemente postideológica, y que más recientemente
Critical Inquiry se uniera también a la lucha. ¿Es que su escritura
no es filosófica? El filósofo Jay Bernstein ha defendido apasiona-
damente lo contrario. ¿O es que la filosofía aparece de una forma
discutible y dispersa, a través del análisis cultural, a través de la
consideración de la cultura material o a la luz de las estructuras
teológicas fallidas o invertidas, en un lenguaje que se mueve entre
lo aforístico y lo densamente referenciado, o en la estela del mar-
xismo, en forma de lecturas literarias o de teoría? La trayectoria
multidisciplinar de su obra presupone dónde debe mirarse para
encontrar la cuestión del significado de la historia, la referenciali-
dad del lenguaje, las promesas rotas de la poesía y la teología intrín-
secas a las formas estéticas, y las condiciones de la comunidad y la
comunicación.

Todas estas son preocupaciones claramente filosóficas, pero
que se investigan a través de una variedad de medios, de formas de
análisis, de lecturas y de escrituras que no pueden reducirse a la
forma argumentativa, y que raramente siguen un estilo lineal de
exposición. Algunos dirán que Benjamin se podría convertir en filosófico si se escribiera un libro que transmutara su escritura en
una exposición lineal de argumentos. Otros dirán que el desafío
mismo de la argumentación lineal conlleva su propio significado
filosófico, un significado que cuestiona el poder y la apariencia de
la razón, el movimiento de avance de la temporalidad. Desafortunadamente, la mayoría de la gente que defiende el segundo tipo de
argumento pertenece a los departamentos de humanidades fuera
del campo de la filosofía.

Si se repara en la obra de Luce Irigaray, por ejemplo, hallare-
mos en ella una interrogación feminista del problema de la alteri-

dad que bebe de Hegel, de Beauvoir y de Freud, pero también de Merleau-Ponty y de Levinas; trata de un problema que está profundamente inmerso en la historia de la filosofía, incluso cuando se contrapone a la exclusión de lo femenino y fuerza la rearticulación de sus términos más básicos. Esta obra no puede ser leída sin la filosofía ya que la filosofía es su texto, pero a pesar de ello no puede ser incluida en el canon de la filosofía según la mayoría de los departamentos de filosofía.

A veces la cuestión de qué pertenece a la filosofía se centra en la cuestión de la retórica del texto filosófico, si tiene alguna, y en si estas dimensiones retóricas deben ser leídas como una parte esencial del carácter filosófico del texto. Podemos ver también de qué manera ciertas formas de extender la tradición filosófica con el fin de tratar de cuestiones de política cultural contemporánea y de justicia política, tal y como surgen en los movimientos sociales vernáculos o contemporáneos, también abren la puerta a la filosofía institucional, para llegar a una conversación cultural más amplia.

¿Cómo interpretamos la enorme influencia de la obra filosófica de Cornel West, por ejemplo, cuyo pragmatismo utópico y cuyo compromiso con una visión Du Boisiana ha puesto las preocupaciones filosóficas al frente de la política afroamericana en Estados Unidos? West trabaja en una facultad de teología y religión. ¿Nos dice algo sobre las limitaciones de la filosofía institucional que no trabaje allí? En cierta manera, su obra muestra la continua relevancia de la tradición del pragmatismo norteamericano en las luchas contemporáneas a favor de la igualdad y la dignidad racial. ¿Es la trasposición de esa tradición al contexto de las relaciones de raza lo que convierte las dimensiones filosóficas de ese trabajo en impuras? Y si esto es así, ¿queda alguna esperanza para la filosofía a menos que se comprometa activamente en dicha impureza?

De una forma parecida, casi todas las filósofas feministas que conozco no trabajan en departamentos de filosofía. Cuando miro las primeras antologías de filosofía feminista en las que publiqué (*Feminism as Critique, Feminism/Postmodernism*), los nombres que aparecen son: Drucilla Cornell, Seyla Benhabib, Nancy Fraser, Linda Nicholson e Iris Marion Young; todas ellas estudiantes de académicos como Alasdair MacIntyre, Peter Caws y Jürgen Habermas. Durante los últimos diez años, no han trabajado solamente en departamentos de filosofía; algunas de ellas se cobijaron en otros lugares, como hice yo. Todas han tenido una buena acogida en otras disciplinas: derecho, ciencias políticas, educación, literatura comparada o inglés. Actualmente también puede decirse lo mismo de Elizabeth Grosz, quizá la filósofa feminista australiana más importante de nuestro tiempo, que en los años recientes se ha movido entre departamentos de literatura comparada y departamentos de estudios de la mujer. Esto es también notorio en relación con muchas feministas filósofas de la ciencia que trabajan en departamentos de estudios de la mujer, o de estudios de la ciencia o de la educación, sin vinculación alguna con la filosofía. Algunas, si no muchas, de las personas más influyentes en este campo ya no tienen en la filosofía su hogar institucional primario o exclusivo. El problema aquí no es simplemente que la filosofía tal como la practican estas personas permanezca hasta cierto punto fuera de la disciplina de la filosofía y que cree de nuevo el espectro de la «filosofía fuera de la filosofía». Extrañamente, estas son las contribuciones filosóficas que están constantemente en contacto con otros campos y que dibujan las rutas a través de las cuales tiene lugar el viaje interdisciplinario de la filosofía hacia las humanidades. Estas son las filósofas que desarrollan el diálogo entre disciplinas, las que suscitan interés hacia el trabajo filosófico en los departamentos de inglés y de literatura comparada, en los estudios de la ciencia y en los estudios de la mujer.

Por supuesto, la filosofía ha buscado los contactos interdisciplinarios en la ciencia cognitiva y en la ciencia de la computación, y también en áreas tales como la ética médica, el derecho y la política pública, que son esenciales en el campo de la ética aplicada.

Pero con respecto a las humanidades, la filosofía ha buscado la soledad, ha estado marcando territorio, protegiéndose, volviéndose cada vez más hermética. Sin duda, hay algunas excepciones a esta regla, como se observa en las obras de, por ejemplo, Rorty, Cavell, Nehamas, Nussbaum, Appiah y Braidotti, formas activas de compromiso con las artes, con la literatura, con las cuestiones culturales que forman un conjunto común de preocupaciones entre disciplinas. Además, quisiera sugerir que ninguna de estas personas ha cruzado la frontera que conduce a una conversación más amplia sin pagar algún tipo de precio dentro de su disciplina.

La presencia de la filosofía en las disciplinas de las humanidades no es simplemente el efecto del descarrilamiento de los filósofos. De alguna manera, las discusiones culturalmente más importantes de la filosofía tienen lugar entre estudiosos que siempre han trabajado fuera de los muros institucionales de la filosofía. De hecho, se podría decir que lo que surgió después de los días de la alta teoría literaria, lo que John Guillory entiende como el formalismo literario, no fue la disolución de la teoría, sino el traslado de la teoría al estudio concreto de la cultura, de forma que lo que se confronta ahora es el surgimiento de textos teóricos en el estudio de fenómenos culturales y sociales más amplios. Esto no es el desplazamiento historicista de la teoría, por el contrario, es la historización de la teoría misma, la cual se podría decir que se ha convertido en el lugar de la nueva vida de la filosofía. Acabo de realizar otra vez la fusión entre teoría y filosofía, pero hay que tener en cuenta que los textos filosóficos ocupan un lugar central en muchos de los análisis culturales más incisivos. Es más, quisiera sugerir que, al perder su pureza, la filosofía ha ganado en vitalidad gracias a todas las humanidades.

Tomemos, por ejemplo, la obra de Paul Gilroy, el sociólogo británico y estudioso de la cultura, cuyo libro, *The Black Atlantic*, ha tenido un profundo impacto en los estudios afroamericanos y en los estudios de la diáspora de los últimos quince años. Las primeras noventa páginas de ese libro tratan de la noción hegeliana de modernidad. Gilroy sostiene que la exclusión de las gentes de ascendencia africana de la modernidad europea no es razón suficiente para rechazar la modernidad, puesto que los términos de la modernidad han sido y todavía pueden ser apropiados de su exclusionismo eurocéntrico y puestos al servicio de una democracia más incluyente. En esta sutil historiografía está en juego la cuestión de si las condiciones de reconocimiento recíproco por las cuales deviene lo «humano» pueden ser extendidas más allá de la esfera geopolítica que presume el discurso de la igualdad y la reciprocidad. Y aunque Hegel nos presenta la extraña escena del amo y el esclavo, una escena que vacila entre una descripción de la servidumbre y la esclavitud, no es hasta la obra de W. E. B. Du Bois, Orlando Patterson y Paul Gilroy que empezamos a comprender cómo el proyecto hegeliano del reconocimiento recíproco puede volver a ser narrado desde la historia de la esclavitud y de la diáspora como su consecuencia.

Gilroy sostiene que la perspectiva de la esclavitud «requiere una visión circunspecta no solo de la dinámica del poder y de la dominación en las sociedades de las plantaciones que se dedicaban a buscar el beneficio comercial, sino también de las categorías centrales del proyecto de la Ilustración, tales como la idea de la universalidad, la fijeza del significado, la coherencia del sujeto y, por supuesto, el etnocentrismo fundacional en los que estas categorías han tendido a anclarse» (pág. 55). De una forma menos predecible, Gilroy argumenta a continuación que sería un grave error descartar el proyecto de la modernidad. Citando a Habermas, observa que incluso aquellos que no han sido radicalmente excluidos del proyecto europeo de la modernidad han sido capaces de apropiarse de conceptos esenciales del arsenal teórico de la modernidad para luchar a favor de su correcta inclusión en el proceso. Gilroy afirma: «Un concepto de la modernidad que valga la pena debería, por ejemplo, contribuir en algo al análisis sobre el modo en que las variedades particulares de radicalismo articuladas a través de las rebeliones de esclavos hicieron un uso selectivo de las ideologías de la era de la Revolución de Occidente que luego fluyeron hacia movimientos sociales de tipo claramente anticolonial y anticapitalista» (pág. 44).

Gilroy está en desacuerdo con lo que él llama las formas posmodernas de escepticismo, ya que, desde su punto de vista, conducen a un rechazo completo de los términos claves de la modernidad y a una parálisis de la voluntad política. Pero también se distancia de Habermas porque este no logra tener en cuenta la relación entre esclavitud y modernidad. Gilroy comenta que el fracaso de Habermas puede ser atribuido a su preferencia por Kant más que por Hegel. Gilroy escribe: «Habermas no sigue a Hegel cuando argumenta que la esclavitud es en sí misma una fuerza modernizadora en la medida en que conduce al amo y al esclavo primero a la autoconciencia y luego a la desilusión, y fuerza así a ambos a afrontar la infeliz conclusión de que la verdad, lo bueno y lo bello no tienen un origen compartido» (pág. 50).

Gilroy lee a Frederick Douglass, por ejemplo, como «amo y esclavo en un lenguaje negro» y luego interpreta a Patricia Hill Collins, teórica negra feminista contemporánea, como si esta tratara de extender el proyecto hegeliano hacia una posición epistemológica racializada. En este y en otros ejemplos, Gilroy insiste en que el discurso eurocéntrico ha sido utilizado de una forma provechosa por aquellos a los que tradicionalmente se ha excluido de sus términos, y que la revisión subsiguiente conlleva consecuencias radicales para repensar la modernidad en términos no etnocéntricos. La encarnizada oposición de Gilroy a las formas de esencialismo negro, específicamente al afrocentrismo, presenta este asunto desde otro ángulo.

Una de las consecuencias filosóficas más interesantes de la obra de Gilroy es que proporciona una perspectiva cultural e histórica sobre los debates actuales de la filosofía que amenaza con desplazar a sus términos. Mientras que él rechaza el hiperracionalismo del proyecto habermasiano, aunque preserve algunas características clave de su descripción del proyecto de la Ilustración, también rechaza formas de escepticismo que reducen todo posicionamiento político al gesto retórico. La forma de lectura cultural que proporciona atiende a la dimensión retórica de todo tipo de textos culturales y trabaja bajo la tutela de una modernidad democrática más radical. Así pues, quisiera sugerir que vale la pena considerar su posición mientras siguen los debates entre los defensores y los detractores del proyecto de la Ilustración.

Pero ¿cuán a menudo vemos anuncios de puestos de trabajo surgidos al unísono de departamentos de filosofía y de sociología y en los que se pretende emplear a alguien versado en el problema filosófico y cultural de la modernidad en el contexto de la esclavitud y sus consecuencias? Sé que mi ejemplo no será convincente para la mayoría de los filósofos ya que, en muchos departamentos de Estados Unidos, Hegel no forma parte de ningún curso y, en algunas ocasiones, está excluido explícitamente de la historia de la filosofía. Por supuesto, las resistencias a Hegel son notorias: su lenguaje es ostensiblemente impenetrable, rechaza la ley de la no contradicción, sus especulaciones no están fundamentadas y no son, en principio, verificables. Así que dentro de los muros de la filosofía no se oye la pregunta: ¿según qué protocolos de regulación de la posibilidad de leer la filosofía el estilo de Hegel le convierte en un autor imposible de leer? ¿Cómo es que, de hecho, tantas personas le han leído y que continúa informando tantos estudios contemporáneos? ¿Cuál es el argumento que presenta en contra de la ley de no contradicción, y qué forma retórica toma ese argumento? ¿Cómo debemos leer ese argumento, una vez que comprendemos la forma retórica que lo estructura? ¿Y cuál es la crítica a la verificabilidad que surge a lo largo de su obra? Dado que los estándares que dichas preguntas tratan de interrogar *se dan por sentados* por parte de aquellos filósofos que los invocan al descartar a Hegel, vemos que las preguntas son investigadas en otros departamentos, como los de humanidades, de historia y de sociología, de inglés y de literatura comparada, de estudios americanos y étnicos.

De forma similar, ¿cuándo fue la última vez que oyó usted que un departamento de filosofía se había unido a un departamento de germánicas para buscar a alguien que trabaje sobre el Romanticismo alemán, incluyendo a Kant, Hegel, Goethe y Hölderlin? ¿O cuándo oyó usted hablar de un departamento de filosofía que se une a un departamento de francés para emplear a alguien que trabaje sobre el pensamiento filosófico francés del siglo XX? Quizá hemos visto algunos pocos ejemplos de departamentos de filosofía que se han unido a estudios afroamericanos y a estudios étnicos, pero esto no ocurre a menudo y, sin duda, no ocurre lo suficiente.

Esta no es más que una forma a través de la cual la filosofía entra en las humanidades duplicándose a sí misma, convirtiendo el concepto mismo de filosofía en algo extraño a sí mismo. Supongo que deberíamos estar agradecidos por vivir en esta rica región producida por las obstrucciones institucionales de lo filosófico: en tan buena compañía y con un vino tan bueno, y con muchas más inesperadas conversaciones entre disciplinas, con tantos movimientos extraordinarios de pensamiento que sobrepasan las barreras de la departamentalización, que plantean un problema vital para aquellos que se quedan atrás. El esclavo escandaliza al amo, como se recordará, devolviéndole la mirada, dando señales de una conciencia que él o ella se supone que no tienen, mostrando así al amo que se ha convertido en Otro de sí mismo. Quizá el amo esté fuera de su propio control, pero para Hegel esta pérdida de sí mismo es el principio de la comunidad, y puede ser que nuestro padecer actual amenace con no hacer más que acercar la filosofía a su ámbito, como una hebra entre muchas en el tejido de la cultura.

AGRADECIMIENTOS

Quiero expresar mi agradecimiento a Amy Jamgochian y Stuart Murray por su ayuda en las diversas etapas de edición y compilación de estos ensayos. También estoy muy agradecida a Denise Riley por las conversaciones que a lo largo de estos últimos años han impulsado mi pensamiento de formas tan numerosas e intrincadas que resultan difíciles de detallar. También le agradezco a Gayle Salamon su disertación sobre incorporación y materialidad que me ha incitado a repensar mis propias ideas sobre dichas cuestiones.

El ensayo «Al lado de uno mismo» formó parte de una conferencia en la *Amnesty Lecture Series* sobre los «derechos sexuales» que se pronunció en Oxford en la primavera de 2002, y que aparecerá publicada en una compilación de dichas conferencias editada por Nicholas Bamforth de Oxford. Contiene material publicado en «Violence, Mourning, Politics» [Violencia, Duelo, Política], que inicialmente apareció en *Studies in Gender and Sexuality* 4: I (2003). Una versión anterior de «Hacerle justicia a alguien» apareció en *GLQ* (7, n.º 4, 2001). Al revisar el ensayo le incorporé sugerencias hechas por Vernon Rosario y Cheryl Chase, a los cuales estoy agradecida por las importantes perspectivas que me proporcionaron. «El reglamento del género» fue un encargo de Gil Herdt y Catharine Stimpson para un volumen sobre «Género» de próxima aparición en la University of Chicago Press. «Desdiagnosticar el género» se encuentra también en *Transgender Rights: Culture, Politics and Law*, editado por Paisley Currah y Shannon Minter (Minneapolis: University of Minnesota Press, 2004). «¿El parentesco es siempre heterosexual de antemano?» apareció primero en *Differences* (vol. 13, n.º I, primavera 2002). «El anhelo de reconocimiento» apareció primero en *Studies in Gender and Sexuality* (vol. I, n.º 3, 2000) y algunas partes de este ensayo aparecieron también como «Capacity» en *Regarding Sedgwick*, editado por Stephen Barber (Nueva York: Routledge, 2001). «Los dilemas del tabú del incesto» se publicó en *Whose Freud? The Place of Pschoanalysis in Contemporary Culture*, editado por Peter Brooks y Alex Woloch (New Haven: Yale University Press, 2000). «Confesiones corporales» fue presentado como una ponencia de la *American Psychological Division Meetings* (Division 39) que tuvo lugar en San Francisco en la primavera de 1999. El capítulo «¿El fin de la diferencia sexual?» se publicó en un formato diferente en *Feminist Consequences: Theory for a New Century*, editado por Misha Kavka y Elizabeth Bronfen (Nueva York: Columbia University Press, 2001). «La cuestión de la transformación social» apareció en una versión más larga en *Mujeres y transformaciones sociales*, con Lídia Puigvert y Elizabeth Beck Gernsheim (Barcelona: El Roure Editorial, 2002). El ensayo «¿Puede hablar el "Otro" de la filosofía?» fue publicado en *Schools of Thought: TwentyFive Years of Interpretive Social Science*, editado por Joan W. Scott y Debra Keates (Princeton: Princeton University Press, 2002) y apareció en una versión distinta en *Women and Social Transformation* (Nueva York: Peter Lang Publishing, 2003).

OBRAS CITADAS

Abelove, Henry, Michele Aina Barale y David Halperin (comps.), *The Lesbian and Gay Studies Reader*, Nueva York, Routledge, 1993.

Agacinski, Sylviane, «Questions autour de la filiation», entrevista con Eric Lamien y Michel Feher, *Ex aequo*, julio de 1998, págs. 22-24.

—, «Contre l'effacement des sexes», *Le Monde*, 6 de febrero de 1999.

Agamben, Giorgio, *Homo Sacer: Sovereign Power and Bare Life*, Stanford, Stanford University Press, 1998 (trad. cast.: *Homo sacer*, Valencia, PreTextos, 1998).

Alarcón, Norma, «Anzaldúa's Frontera: Inscribing Gynetics», en Gabrielle Arredonda, Aida Hurtada, Norman Kahn, Olga Nájera-Ramírez y Patricia Zavella (comps.), *Chicana Feminisms: A Critical Reader*, Durham, N. C., Duke University Press, 2003.

Alexander, Jacqui, «Redrafting Morality: The Postcolonial State and the Sexual Offences Bill of Trinidad and Tobago», en *Third World Women and the Politics of Feminism*, Bloomington, Indiana University Press, 1991.

American Psychiatric Association, *Diagnostic and Statistical Manual of Mental Disorders: DSM-IV*, ed. rev., Washington, D. C., American Psychiatric Association, 2000 (trad. cast.: *DSM-IV: manual diagnóstico y estadístico de los trastornos mentales*, Barcelona, Masson, 2003).

Angier, Natalie, «Sexual Identity Not Pliable After All, Report Says», *The New York Times*, 3 de mayo de 2000, sección C.

Anzaldúa, Gloria, *Borderlands/La Frontera: The New Mestiza*, San Francisco, Spinsters/Aunt Lute, 1967.

Barnes, Whitney, «The Medicalization of Transgenderism», <http://transhealth.com>, en cinco partes comenzando por vol. 1, n.° 1, verano de 2001.

Bell, Vikki, *Interrogating Incest: Feminism, Foucault, and the Law*, Londres, Routledge, 1993.

Benhabib, Seyla y Drucilla Cornell (comps.), *Feminism as Critique: Essays on the Politics of Gender in LateCapitalist Societies*, Mineápolis, University of Minnesota Press, 1987.

Benhabib, Seyla, Judith Butler, Drucilla Cornell y Nancy Fraser, *Feminist Contentions: A Philosophical Exchange*, Nueva York, Routledge, 1997.

Benjamin, Jessica, *Bonds of Love*, Nueva York, Random House, 1988.

—, *Like Subjects, Love Objects: Essays on Recognition and Sexual Difference*, New Haven, Yale University Press, 1995.

—, *The Shadow of the Other: Intersubjectivity and Gender in Psychoanalysis*, Nueva York, Routledge, 1998.

—, «"How Was It For You"? How Intersubjective is Sex?», discurso principal de la Division 39, American Psychological Association, Boston, abril de 1998, archivado por la autora.

—, prefacio a «Recognition and Destruction: An Outline of Intersubjectivity», en *Relational Psychoanalysis: The Emergence of a Tradition*, Hillsdale, N. J., Analytic Press, 1999.

Berlant, Lauren, *The Queen of America Goes to Washington City: Essays on Sex and Citizenship*, Durham, N. C., Duke University Press, 1997.

Bersani, Leo, *Homos*, Cambridge, Harvard University Press, 1995. Bockting, Walter O., «The Assessment and Treatment of Gender Dysphoria», *Direction in Clinical and Counseling Psychology*, n.° 7, lección 11, 1997, págs. 11.3-11.22.

—, «From Construction to Context: Gender through the Eyes of the Transgendered», *Siecus Report*, octubre-noviembre de 1999.

Bockting, Walter O. y Charles Cesaretti, «Spirituality, Transgender Identity, and Coming Out», *Journal of Sex Education and Therapy*, vol. 26, n.° 4, 2001, págs. 291-300.

Borneman, John, «Until Death Do Us Part: Marriage/Death in Anthropological Discourse», *American Ethnologist*, vol. 23, n.° 2, mayo de 1996, págs. 215-235.

Bornstein, Kate, *Gender Outlaw*, Nueva York, Routledge, 1994. Borsch-Jacobsen, Mikkel, *The Freudian Subject*, Stanford, Stanford University Press, 1988.

Bowie, Malcolm, *Lacan*, Cambridge, MA, Harvard University Press, 1991.

Braidotti, Rosi, *Patterns of Dissonance*, Cambridge, Polity Press, 1991.

—, *Nomadic Subjects*, Nueva York, Columbia University Press, 1994.

—, «Feminism by Any Other Name», entrevista con Judith Butler, *Differences*, número especial, «More Gender Trouble: Feminism Meets Queer Theory», invierno de 1995.

—, *Metamorphoses: Towards a Materialist Theory of Becoming*, Cambridge, Polity Press, 2002 (trad. cast.: *Metamorfosis: hacia una teoría materialista del devenir*, Madrid, Akal, 2005).

Brooks, Peter, *Troubling Confessions: Speaking Guilt in Law and Literature*, Chicago, University of Chicago Press, 2000.

Butler, Judith, *Excitable Speech: A Politics of the Performance*, Nueva York, Routledge, 1997 (trad. cast.: *Palabras que hieren*, Barcelona, Paidós, 2025).

—, *Bodies that Matter: On the Discursive Limits of «Sex»*, Nueva York, Routledge, 1998 (trad. cast.: *Cuerpos que importan. Sobre los límites materiales y discursivos del «sexo»*, Buenos Aires, Paidós, 2003).

—, *Gender Trouble: Feminism and the Subversion of Identity*, Nueva York, Routledge, 1990 (trad. cast.: *El género en disputa. El feminismo y la subversión de la identidad*, México, Paidós, 2001).

—, *Antigone's Claim: Kinship between Life and Death*, Wellek Library Lectures, Nueva York, Columbia University Press, 2000 (trad. cast.: *El grito de Antígona*, Barcelona, El Roure, 2001).

—, «Virtue as Critique», en David Ingram (comp.), *The Political*, Oxford, Basil Blackwell, 2002.

—, *Precarious Life: Powers of Violence, and Mourning*, Nueva York, Verso, 2004.

Butler, Judith, Ernesto Laclau y Slavoj Žižek (comps.), *Contingency, Hegemony, and Universality: Contemporary Dialogues on the Left*, Londres, Verso, 2000.

Canguilhem, Georges, *The Normal and the Pathological*, Nueva York, Zone Books, 1989.

Caruth, Cathy (comp.), *Trauma: Explorations in Memory*, Baltimore, Johns Hopkins University Press, 1995.

—, *Unclaimed Experience: Trauma, Narrative, and History*, Baltimore, Johns Hopkins University Press, 1995.

Carsten, Janet y Stephen Hugh-Jones (comps.), *About the House: Lévi-Strauss and Beyond*, Cambridge, Cambridge University Press, 1995. Cavarero, Adriana, *Relating Narratives: Storytelling and Selfhood*, Londres, Routledge, 2000.

Chase, Cheryl, «Hermaphrodites with Attitude: Mapping the Emergence of Intersex Political Activism», *GLQ: A Journal of Gay and Lesbian Studies*, vol. 4, n.º 2, primavera de 1998, págs. 189-211.

Clastres, Pierre, *Archeology of Violence*, Nueva York, Semiotext(e), 1994.

—, *Society Against the State: Essays in Political Anthropology*, Nueva York, Zone Books, 1987 (trad. cast.: *La sociedad contra el estado*, Barcelona, Monte Ávila, 1978).

Cohen-Kettenis, P. T. y L. J. G. Gooren, «Transsexualism: A Review of Etiology, Diagnosis, and Treatment», *Journal of Psychosomatic Research*, vol. 46, n.º 4, abril de 1999, págs. 315-333.

Colapinto, John, «The True Story of John/Joan», *Rolling Stone*, 11 de diciembre de 1999, págs. 55 y sigs.

—, *As Nature Made Him: The Boy Who Was Raised as a Girl*, Nueva York, HarperCollins, 2000.

Corbett, Ken, «Nontraditional Family Romance: Normative Logic, Family Reverie, and the Primal Scene», *Psychoanalytic Quarterly*, vol. 70, n.º 3, 2001, págs. 599-624.

Cornell, Drucilla, *The Philosophy of the Limit*, Nueva York, Routledge, 1992.

Devi, Mahasweta, *Imaginary Maps: Three Stories by Mahasweta Devi*, Nueva York, Routledge, 1995.

Diamond, Milton y Keith Sigmundsen, «Sex Reassignment at Birth: A Long-term Review and Clinical Implications», *Archives of Pediatrics and Adolescent Medicine*, n.º 151, marzo de 1997, págs. 298-304.

Duden, Barbara, *The Woman Beneath the Skin: A Doctor's Patients in EighteenCentury Germany*, Cambridge, MA, Harvard University Press, 1991.

Evans, Dylan, *An Introductory Dictionary of Lacanian Psychoanalysis*, Londres, Routledge, 1996.

Ewald, François, «A Concept of Social Law», en Gunter Teubner (comp.), *Dilemmas of Law in the Welfare State*, Berlín, Walter de Gruyter, 1986.

—, «Norms, Discipline, and the Law», en Robert Post (comp.) *Law and the Order of Culture*, Berkeley, University of California Press, 1991.

—, «A Power Without an Exterior», en Timothy Armstrong (comp.), *Michel Foucault, Philosopher*, Nueva York, Routledge, 1992.

Fanon, Frantz, *Black Skin, White Masks*, Nueva York, Grove, 1967.

Fassin, Eric, «"Good Cop, Bad Cop": The American Model and Countermodel in French Liberal Rhetoric since the 1980s», ensayo no publicado.

—, «Same Sex, Different Politics: Comparing and Contrasting "Gay Marriage" Debates in the United States», ensayo no publicado.

—, «Le savant, l'expert et le politique: la famille des sociologues», *Genèses*, n.º 32, octubre de 1998, págs. 156-169.

—, « "Good to Think": The American Reference in French Discourses of Immigration and Ethnicity», en Christian Joppke y Steven Lukes (comps.), *Multicultural Questions*, Londres, Oxford University Press, 1999.

—, «The Purloined Gender: American Feminism in a French Mirror», *French Historical Studies*, vol. 22, n.º 1, invierno de 1999, págs. 113-139.

Fausto-Sterling, Anne, «The Five Sexes: Why Male and Female Are Not Enough», *The Sciences*, vol. 33, n.º 2, julio de 2000, págs. 20-25.

—, *Sexing the Body: Gender Politics and the Construction of Sexuality*, Nueva York, Basic, 2000.

Feher, Michel, «Quelques Réflexions sur "Politiques des Sexes"», *Ex aequo*, julio de 1998, págs. 24-25.

Felman, Shoshana, *The Scandal of the Speaking Body*, Stanford, Stanford University Press, 2002.

Felman, Shoshana y Dori Laub, *Testimony: Crisis of Witnessing in Literature, Psychoanalysis and History*, Nueva York, Routledge, 1992.

Foucault, Michel, *The History of Sexuality*, vol. 1, Nueva York, Pantheon, 1978 (trad. cast.: *Historia de la sexualidad*, vol. 1, *La voluntad de saber*, Madrid, Siglo XXI, 1998).

—, «What Is Critique?», en Sylvère Lotringer y Lysa Hochroth (comps.), *The Politics of Truth*, Nueva York, Semiotext(e), 1997; originalmente, una conferencia pronunciada en la French Society of Philosophy el 27 de mayo de 1978, publicada posteriormente en el *Bulletin de la Société française de la philosophie*, vol. 84, n.º 2, 1990.

—, «The Subject and Power», en Hubert Dreyfus y Paul Rabinow (comps.), *Michel Foucault: Beyond Structuralism and Hermeneutics*, Chicago, University of Chicago Press, 1982.

—, *Religion and Culture*, edición a cargo de Jeremy Carrette, Nueva York, Routledge, 1999.

Franke, Katherine, «What's Wrong with Sexual Harrassment?», *Stanford Law Review*, n.º 49, 1997, págs. 691-772.

Franklin, Sarah y Susan McKinnon, «New Directions in Kinship Study: A Core Concept Revisited», *Current Anthropology*, vol. 41, n.º 2, abril de 2000, págs. 275-279.

—, (comps.), *Relative Values: Reconfiguring Kinship Studies*, Durham, N. C., Duke University Press, 2002.

Freud, Sigmund, «Certain Neurotic Mechanisms in Jealousy, Paranoia, and Homosexuality», en James Strachey y otros (comps.), *The Standard Edition of the Complete Works of Sigmund Freud*, vol. 18, Londres, Hogarth Press/Institute of Psychoanalysis, 1953-1974 (trad. cast.: «Sobre algunos mecanismos neuróticos en los celos, la paranoia y la homosexualidad», en *Obras completas*, Madrid, Biblioteca Nueva, 2000).

—, «Criminals from a Sense of Guilt», en James Strachey y otros (comps.), *The Standard Edition of the Complete Works of Sigmund Freud*, vol. 14, Londres, Hogarth Press/Institute of Psychoanalysis, 1953-1974.

—, «The Ego and the Id», en James Strachey y otros (comps.), *The Standard Edition of the Complete Works of Sigmund Freud*, vol. 19, Londres, Hogarth Press/Institute of Psychoanalysis, 1953-1974 (trad. cast.: *El yo y el ello*, Madrid, Alianza, 2004).

—, «Instincts and their Vicissitudes», en James Strachey y otros (comps.), *The Standard Edition of the Complete Works of Sigmund Freud*, vol. 14, Londres, Hogarth Press/Institute of Psychoanalysis, 1953-1974 (trad. cast.: «Los instintos y sus destinos», en *Obras completas*, Madrid, Biblioteca Nueva, 2000).

—, «The Three Essays on the Theory of Sexuality», en James Strachey y otros (comps.), *The Standard Edition of the Complete Works of Sigmund Freud*, vol. 7, Londres, Hogarth Press/Institute of Psychoanalysis, 1953-1974 (trad. cast.: *Tres ensayos sobre teoría sexual*, Madrid, Alianza, 2003).

Friedman, Richard, «Gender Identity», *Psychiatric News*, 1 de enero de 1998.

Geertz, Clifford, *The Interpretation of Cultures*, Nueva York, Basic Books, 1973 (trad. cast.: *La interpretación de las culturas*, Barcelona, Gedisa, 1988).

Gilroy, Paul, *The Black Atlantic: Modernity and DoubleConsciousness*, Cambridge, MA, Harvard University Press, 1993.

Green, Richard, «Transsexualism and Sex Reassignment, 1966-1999», discurso presidencial para la Harry Benjamin International Gender Dysphoria Association, accesible en <http:// www.symposion.com/ ijt/greenpresidential/green00.htm>.

Habermas, Jürgen, *Between Facts and Norms: Contributions to a Discourse Theory of Law and Democracy*, Cambridge, MA, MIT Press, 1996 (trad. cast.: *Facticidad y validez: sobre el derecho y el estado democrático de derecho en términos de teoría del discurso*, Madrid, Trotta, 1998).

Hale, Jacob, «Medical Ethics and Transsexuality», trabajo presentado en el Harry Benjamin International Symposium on Gender Dysphoria, 2001.

Harry Benjamin International Gender Dysphoria Association, *The Standards of Care for Gender Identity Disorders*, 6.ª ed., Düsseldorf, Symposion Publishing, 2001.

Hegel, G. W. F., *The Phenomenology of Spirit*, Oxford, Oxford University Press, 1977 (trad. cast.: *Fenomenología del espíritu*, Madrid, Fondo de Cultura Económica, 1981).

Héritier, Françoise, *L'Exercice de la parenté*, París, Gallimard, 1981.

—, *Masculin/Féminin: La pensée de la difference*, París, Odile Jacob, 1996 (trad. cast.: *Masculino/femenino: el pensamiento de la diferencia*, Barcelona, Ariel, 2002).

—, «Entretien», *La Croix*, noviembre de 1998.

Honneth, Axel, *The Struggle for Recognition: The Moral Grammar of Social Conflicts*, Cambridge, MA, Polity Press, 1995 (trad. cast.: *La lucha por el reconocimiento: por una gramática moral de los conflictos morales*, Barcelona, Crítica, 1997).

Hua, Cai, *A Society without Fathers or Husbands: The Na of China*, Nueva York, Zone Books, 2001.

Hyppolite, Jean, *Genesis and Structure of Hegel's «Phenomenology of Spirit»*, Evanston, IL, Northwestern University Press, 1974 (trad. cast.: *Génesis y estructura de la fenomenología de Hegel*, Barcelona, Península, 1991).

Irigaray, Luce, *This Sex Which is Not One*, Ithaca, N. Y., Cornell University Press, 1985.

—, *An Ethics of Sexual Difference*, Ithaca, N. Y., Cornell University Press, 1985.

Isay, Richard, «Remove Gender Identity Disorder from DSM», *Psychiatric News*, 21 de noviembre de 1997.

Kessler, Suzanne, *Lessons from the Intersexed*, New Brunswick, N. J., Rutgers University Press, 2000.

Kierkegaard, Søren, *Either/Or*, Princeton, N. J., Princeton University Press, 1971.

Lacan, Jacques, *Écrits: A Selection*, Nueva York, Norton, 1977. Laplanche, Jean, *Essays on Otherness*, Londres, Routledge, 1999. Laplanche, Jean y J.-B. Pontalis, *The Vocabulary of Psychoanalysis*, Nueva York, Norton, 1973 (trad. cast.: *Diccionario de psicoanálisis*, Barcelona, Paidós, 1996).

Levi, Primo, *Moments of Reprieve*, Nueva York, Penguin, 1995.

Lévi-Strauss, Claude, *The Elementary Structures of Kinship*, edición revisada a cargo de Rodney Needham, Boston, Beacon, 1969 (trad. cast.: *Las estructuras elementales del parentesco*, Barcelona, Paidós, 1969).

—, «Claude», en *Race et histoire*, París, Denoël, 1987.

—, «Ethnocentrism», en *Race et histoire*, París, Denoël, 1987 (trad. cast.: *Raza e historia*, Madrid, Cátedra, 1993).

—, «Postface», *L'Homme*, nos 154-155, número especial sobre «Question de parenté», abril-septiembre de 2000, págs. 713-720.

Levinas, Emmanuel, *Otherwise than Being*, Boston, M. Nijhoff, 1981 (trad. cast.: *De otro modo que ser*, Salamanca, Sígueme, 1995).

Macheray, Pierre, «Towards a Natural History of Norms», en Timothy Armstrong (comp.), *Michel Foucault, Philosopher*, Nueva York, Routledge, 1992.

MacKinnon, Catharine, *Feminism Unmodified: Discourses on Life and Law*, Nueva York, Routledge, 1987.

Martin, Biddy, «Extraordinary Homosexuals and the Fear of Being Ordinary», *Differences*, vol. 6, nos 2-3, 1994, págs. 100-125.

Merleau-Ponty, Maurice, «The Body in its Sexual Being», en *The Pheno-*

menology of Perception, Nueva York, Routledge, 1967 (trad. cast.: *Fenomenología de la percepción*, Barcelona, Península, 1975).

Mitchell, Juliet, *Psychoanalysis and Feminism: A Radical Reassessment of Freudian Psychoanalysis*, Nueva York, Vintage, 1975.

Mitscherlich, Alexander y Margarete Mitscherlich, *The Inability to Mourn*, Nueva York, Grove Press, 1975.

Money, John y Richard Green, *Transsexualism and Sex Reassignment*, Baltimore, Johns Hopkins University Press, 1969.

Moraga, Hollibaugh, «What We're Rolling Around in Bed With», en Carol S. Vance (comp.), *Pleasure and Danger: Exploring Female Sexuality*, Boston, Routledge and Kegan Paul, 1984 (trad. cast.: *Placer y peligro*, Madrid, Talasa, 1989).

Nicholson, Linda (comp.), *Feminism/Postmodernism*, Nueva York, Routledge, 1990.

Pela, Robert, «Boys in the Dollhouse, Girls with Toy Trucks», *The Advocate*, 11 de noviembre de 1997.

Poovey, Mary, *Making a Social Body: British Cultural Formation, 1830-1964*, Chicago, University of Chicago Press, 1995 (trad. cast.: *La construcción de un cuerpo social: la formación cultural británica, 1830-1864*, Valencia, Episteme, 1994).

Rachlin, Katherine, «Transgender Individuals' Experience of Psychotherapy», trabajo presentado en el encuentro de la American Psychological Association de agosto de 2001, <http://www.symposion.com/ijt/ijtvo06no01_03.htm>.

Raissiguier, Catherine, «Bodily Metaphors, Material Exclusions: The Sexual and Racial Politics of Domestic Partnerships in France», en Arturo Aldama (comp.), *Violence and the Body*, Nueva York, New York University Press, 2002.

Rekers, George A., «Gender Identity Disorder», *The Journal of Family and Culture*, vol. 2, n.° 3, 1986; versión revisada en *Jounal of Human Sexuality*, vol. 1, n.° 1, 1996, págs. 11-20.

—, *Handbook of Child and Adolescent Sexual Problems*, Lexington, Simon and Schuster, 1995.

Riley, Denise, *«Am I That Name?»: Feminism and the Category of «Women» in History*, Mineápolis, University of Minnesota Press, 1998.

Rose, Jacqueline, *States of Fantasy*, Oxford, Clarendon Press, 1996. Rubin, Gayle, «Thinking Sex: Towards a Political Economy of "Sex"»,

en Carol Vance (comp.), *Pleasure and Danger*, Nueva York, Routledge, 1984 (trad. cast.: *Placer y peligro*, Madrid, Talasa, 1989).

Schneider, David, *American Kinship: A Cultural Account*, 2.ª ed., Chicago, University of Chicago Press, 1980.

—, *A Critique of the Study of Kinship*, Ann Arbor, University of Michi-
gan Press, 1984.

Schopenhauer, Arthur, *The World as Will and Representation*, 2 vols.,
Nueva York, Dover, 1969 (trad. cast.: *El mundo como voluntad y
representación*, Madrid, Trotta, 2003).

Sedgwick, Eve Kosofsky, *Between Men: English Literature and Male
Homosocial Desire*, Nueva York, Columbia University Press, 1985.

—, *Epistemology of the Closet*, Berkeley, University of California Press,
1991 (trad. cast.: *Epistemología del armario*, Barcelona, Ediciones
de la Tempestad, 1998).

Segal, Hanna, «Hanna Segal interviewed by Jacqueline Rose», *Women:
A Cultural Review*, vol. 1, n.º 2, noviembre de 1990, págs. 198-214.

Smart, Carol (comp.), *Regulating Womanhood: Historical Essays on
Marriage, Motherhood and Sexuality*, Londres, Routledge, 1992.
Sófocles, *Antigone*, Cambridge, MA, Harvard University Press,
(col.) Loeb Library1994 (trad. cast.: *Antígona*, Madrid, Gredos,
2000).

Spinoza, Benedict de, *On the Improvement of Understanding; The
Ethics; Correspondence*, Nueva York, Dover, 1955 (trad. cast. de
The Ethics: Ética demostrada según el orden geométrico, Madrid,
Alianza, 1996; trad. cast. de *Correspondence: Correspondencia*, Ma-
drid, Alianza, 1988).

Stacey, Judith, *In the Name of the Family: Rethinking Family Values in
the Postmodern Age*, Boston, Beacon Press, 1996.

—, *Brave New Families: Stories of Domestic Upheaval in Late 20th Cen-
tury America*, Berkeley, University of California Press, 1998. Stack,
Carol, *All Our Kin: Strategies for Survival in a Black Community*,
Nueva York, Harper and Row, 1974.

Strathern, Marilyn, *Reproducing the Future: Anthropology, Kinship,
and the New Reproductive Technologies*, Nueva York, Routledge,
1992. Taylor, Charles, «To Follow a Rule...», en Craig Calhoun y
otros (comps.), *Bourdieu: Critical Perspectives*, Chicago, University
of Chicago Press, 1993.

Tort, Michel, *Le nom du père incertain: la question de la transmission du nom et la psychanalyse*, trabajo elaborado a petición del Service de coordination de la recherche, Ministère de la Justice, París, 1983.

—, «Artifices du père», *Dialoguerecherches cliniques et sociologiques sur le couple et la famille*, n.° 104, 1989, págs. 46-59.

Vitale, A., «The Therapist Versus the Client: How the Conflict Started and Some Thoughts on How to Resolve It», en G. Israel y E. Tarver (comps.), *Transgender Care*, Filadelfia, Temple University Press, 1997.

Warner, Michael, *The Trouble with Normal: Sex, Politics, and the Ethics of Queer Life*, Nueva York, Free Press, 1999.

—, «Beyond Gay Marriage», en Wendy Brown y Janet Halley (comps.), *Left Legalism/Left Critique*, Durham, N.C., Duke University Press, 2002.

Weston, Kath, *Families We Choose: Lesbians, Gays, Kinship*, Nueva York, Columbia University Press, 1991 (trad. cast.: *Las familias que elegimos: lesbianas, gays y parentesco*, Barcelona, Bellaterra, 2003).

Wright, Elizabeth (comp.), *Feminism and Psychoanalysis: A Critical Dictionary*, Oxford, Blackwell, 1992.

Wynter, Sylvia, «Disenchanting Discourse: "Minority" Literary Criticism and Beyond», en Abdul JanMohammed y David Lloyd (comps.), *The Nature and Context of Minority Discourse*, Oxford, Oxford University Press, 1997.

Yanagisako, Sylvia, *Gender and Kinship: Essays Toward a United Analysis*, Stanford, Stanford University Press, 1987.

NOTAS

INTRODUCCIÓN: ACTUAR CONCERTADAMENTE

1. La *Human Rights Campaign* (Campaña por los Derechos Humanos), situada en Washington, D. C., es la principal organización para la defensa de los derechos humanos de gays y lesbianas en Estados Unidos. Ha defendido que el matrimonio gay es la prioridad número uno para la política gay y lesbiana en Estados Unidos. Véase <www.hrc.org>. Véase también la asociación *Intersex Society of North America* (Sociedad Intersexual de Norteamérica) en <www.isna.org>.

2. Brandon Teena fue asesinado el 30 de diciembre de 1993 en Falls City, Nebraska, después de haber sido atacado y violado la semana anterior por ser una persona transgénero. Mathew Shephard fue asesinado (apaleado y atado a un poste) en Laramie Wyoming el 12 de octubre de 1998 por ser un hombre gay «afeminado». Gwen Araujo, una mujer transgénero, fue hallada muerta en las laderas de las montañas Sierra después de haber sido atacada en una fiesta en Newark, California, el 2 de octubre de 2002.

3. Véase Kate Bornstein, *Gender Outlaw*.

4. Frantz Fanon, *Black Skin, White Masks*, pág. 8.

5. Sylvia Wynter, «Disenchanting Discourse: "Minority" Literary Criticism and Beyond», en Abdul JanMohammed y David Lloyd, *The Nature and Context of Minority Discourse*.

6. Véase Sigmund Freud, «Los instintos y sus destinos».

7. Véase Maurice Merleau-Ponty, «The Body in its Sexual Being», en *The Phenomenology of Perception*, págs. 154-173.

AL LADO DE UNO MISMO: EN LOS LÍMITES DE LA AUTONOMÍA SEXUAL

1. La Human Rights Campaign (Campaña por los Derechos Humanos), situada en Washington, D. C., es la principal organización para la defensa de los derechos humanos de gays y lesbianas en Estados Unidos. Ha defendido que el matrimonio gay es la prioridad número uno para la política gay y lesbiana en Estados Unidos. Véase <www.hrc.org>.

2. Michel Foucault, «What is Critique?» en *The Politics of Truth*, pág. 50. Este ensayo ha sido publicado de nuevo incluyendo un artículo mío titulado «Critique as Virtue», en David Ingram, *The Political.*

3. ¿What is Critique?», pág. 52.

4. Ibíd., págs. 52-53.

5. Ibíd., pág. 58.

6. Maurice Merleau-Ponty, *The Phenomenology of Perception.*

7. Para más información acerca de la misión y los logros de esta organización, véase <www.iglhrc.org>.

8. Véase Adriana Cavarero, *Relating Narratives*, págs. 20-29 y 87-92.

9. Véase Giorgio Agamben, *Homo Sacer: Sovereign Power and Bare Life*, págs. 1-12 (trad. cast.: *Homo sacer*, Valencia, PreTextos, 1998).

EL REGLAMENTO DEL GÉNERO

1. Véase Carol Smart, comp., *Regulating Womanhood.*

2. Véanse François Ewald, «Norms, Discipline, and the Law», «A Concept of Social Law», «A Power Without an Exterior»; y Charles Taylor, «To Follow a Rule...».

3. Véanse, por ejemplo, los estudios de Randolph Trumbach y Anne Fausto-Sterling.

4. Véase Luce Irigaray, *This Sex Which Is Not One.*

5. Véase Kate Bornstein, *Gender Outlaw.*

6. Dylan Evans, *An Introductory Dictionary of Lacanian Psychoanalysis*, pág. 202, el énfasis es añadido.

7. Véase Vikki Bell, *Interrogating Incest.*

8. Juliet Mitchell, *Psychoanalysis and Feminism: A Radical Reassessment of Freudian Psychoanalysis*, pág. 370.

9. Acerca de la relación entre lo social y lo simbólico en referencia al parentesco, véase Michel Tort, «Artifices du père», «Le Différend» y *Le nom du père incertain*.

10. Bajo el epígrafe «Symbolique», en el *Vocabulaire de la Psychanalyse* (págs. 439-441), Jean Laplanche y J.-B. Pontalis escriben: «La idea de un orden simbólico que estructura la realidad intersubjetiva fue introducida en las ciencias sociales de forma más notoria por Claude Lévi-Strauss, el cual se basó en el modelo de la lingüística estructural enseñado por F. de Saussure. La tesis del *Curso de lingüística general* (1955) es que el significado lingüístico no tiene lugar en el interior del significante, sino que produce significado porque es parte de un sistema de significados que se caracteriza por sus oposiciones diferenciales».

Laplanche y J.-B. Pontalis citan a Lévi-Strauss: «Toda cultura puede ser considerada como un conjunto de sistemas simbólicos que, en primer lugar, regulan la existencia del lenguaje, las leyes matrimoniales, las relaciones económicas, el arte, la ciencia y la religión». Según estos autores, Lacan utiliza lo simbólico para demostrar que el inconsciente está estructurado como un lenguaje y para mostrar la fecundidad lingüística del inconsciente. Sin embargo, su segunda utilización está más directamente relacionada con nuestra investigación: «Muestra que el sujeto humano está insertado en un orden preestablecido cuya naturaleza misma es simbólica, en el sentido descrito por Lévi-Strauss».

Según esta opinión, que se distingue de la de otros comentadores de Lacan como Malcolm Bowie, el sentido de lo simbólico como un orden preestablecido mantiene una difícil relación con la insistencia de Lacan en que debe de haber una relación arbitraria entre el significante y el significado. En algunas ocasiones parece que Lacan utiliza «lo simbólico» para describir los elementos discretos que funcionan como significados, pero en otras ocasiones parece que utiliza el término para describir el registro más general en el que dichos elementos funcionan. Además, Laplanche y Pontalis sostienen que Lacan utiliza «lo simbólico» «para designar a la ley (*la loi*) que funda este orden». La exclusión del «padre simbólico», o «el Nombre del Padre», es un ejemplo de fundamento que no puede reducirse a un padre imaginario o real, y que instruye la ley. Por supuesto, nadie ocupa la posición del padre simbólico y es esa «ausencia» la que paradójicamente otorga su poder a la ley.

Aunque Malcom Bowie sostiene que lo simbólico está regido por la ley simbólica (*Lacan*, pág. 108), también afirma que «a menudo se habla de lo simbólico en términos admirativos [...] es el reino del movimiento más que de lo inmutable, y de la heterogeneidad más que de la similitud [...] lo Simbólico es social e intersubjetivo de una forma pertinaz [...]» (págs. 92-93). Sin embargo, persiste la pregunta de si la esfera «social» que designa lo simbólico no está regida por «el Nombre del Padre», un lugar simbólico para el padre que si se pierde (el lugar, no el padre) conduce a la psicosis. ¿Cuál es la restricción presocial que se impone entonces sobre la inteligibilidad de cualquier orden social?

11. Véase la nota 2 de este capítulo.

12. Quizá sería util mencionar el importante trabajo histórico realizado por Georges Canguilhem acerca de la historia de lo normal en *The Normal and the Pathological*. Ewald comenta que la etimología enlaza la norma con los prototipos matemáticos y arquitectónicos. «Norma» es, literalmente, la palabra latina que designa una doble escuadra o escuadra en T; y *normalis* significa perpendicular. Vitrubio utilizó la palabra para indicar el instrumento que se utilizaba para dibujar ángulos rectos, y Cicerón utilizó el término para describir la regularidad arquitectónica de la naturaleza; la naturaleza, afirmaba, es la norma de la ley.

13. Véase Cheryl Chase, «Hermaphrodites with Attitude».

14. Este es el punto de vista que presenta Gayle Rubin en su ensayo «Thinking Sex: Towards a Political Economy of "Sex"», y que Eve Kosofsky Sedgwick desarrolló en *Epistemology of the Closet*.

15. Creo que mi propio trabajo apunta en esta dirección y que está muy cercano al de Biddy Martin, Joan W. Scott y Katherine Franke, así como a las primeras teorías del transgénero.

16. Véase el importante ensayo de Jacqui Alexander, «Redrafting Morality».

1. Este ensayo apareció en una versión ligeramente diferente en GLQ.* He incorporado sugerencias que me hicieron Vernon Rosario y Cheryl Chase, y a quienes agradezco haberme proporcionado importantes perspectivas. *La autora se refiere a la publicación académica *Gay and Lesbian Quarterly*. (*N. de la t.*).

2. Véanse John Colapinto, «The True Story of John/Joan» y *As Nature Made Him*; Suzanne Kessler, *Lessons from the Intersexed*; John Money y Richard Green, *Transsexualism and Sex Reassignment*; Natalie Angier, «Sexual Identity Not Pliable After All, Report Says»; Milton Diamond y Keith Sigmundsen, «Sex Reassignment at Birth». Para una importante perspectiva sobre la ética de la reasignación de sexo, véase también el vídeo «Redefining Sex», publicado por la Intersex Society of North America (<http://www.isna.org/>). Para un excelente estudio de esta controversia, véase Anne Fausto-Sterling, *Sexing the Body*, págs. 45-77.

3. *But I'm a Cheerleader!*, director: Jamie Babbit, Universal Studios, 1999.

Desdiagnosticar el género

1. Véase Richard Friedman, «Gender Identity». Sin embargo, Friedman sostiene que la diagnosis describe una patología; así que, desde su punto de vista, no debería mantenerse la diagnosis por motivos instrumentales.

2. Véase Robert Pela, «Boys in the Dollhouse, Girls with Toy Trucks», pág. 55. Él argumenta que la «American Psychiatric Association ha inventado tipologías de salud mental —específicamente, el trastorno de identidad de género— que tienen como objetivo convertir la homosexualidad en algo patológico y continuar así abusando de la juventud gay». También cita a Shannon Minter, que declara que el «trastorno de identidad de género (GID) es solo otra forma de expresar la homofobia». Véase también Katherine Rachlin, «Transgender Individuals' Experiences of Psychoteraphy». Ella comenta que «los individuos pueden resentirse por tener que gastar tiempo y dinero en

servicios psicológicos en lugar de obtener servicios médicos. También puede que tengan miedo a hablar con alguien que tenga el poder de otorgarles o negarles el acceso a las intervenciones que ellos creen necesitar. Este miedo y este resentimiento crean una dinámica entre terapeuta y cliente que también puede tener un impacto en el proceso y el resultado del tratamiento». Véase también A. Vitale, «The Therapist Versus the Client».

3. Es importante tener en cuenta que la transexualidad fue diagnosticada por primera vez en 1980 en el *DSM-III*. En el *DSM-IV*, publicado en 1994, la transexualidad no aparece, pero se refiere a ella bajo la rúbrica de trastorno de la identidad de género (GID). La diagnosis, tal como se entiende actualmente, requiere que los solicitantes de la cirugía y el tratamiento transexual muestren «evidencia de una identificación intensa y persistente con el otro género, que es el deseo de ser, o la insistencia de que son del otro sexo». Además, «esta identificación con el otro sexo no debe ser el mero deseo de obtener las ventajas culturales que se perciben como derivadas del otro sexo», sino que «debe también evidenciarse una incomodidad persistente en relación al sexo asignado, o un sentido de inadecuación en el rol de género de ese sexo». La diagnosis «no se realiza si el individuo tiene una condición física de intersexualidad concurrente», y «para emitir la diagnosis, debe existir evidencia de un sufrimiento clínicamente significativo o de un perjuicio social, ocupacional, o de otras áreas importantes de funcionamiento».

Para más información, véase <http://transhealth.com>, n.º 4, vol. 1, primavera de 2002; véase también en la misma revista electrónica, verano de 2001, una importante crítica titulada «The Medicalization of Transgenderism», una obra de cinco partes de Whitney Barnes (publicada en números sucesivos), que cubre de forma profunda y articulada una serie de cuestiones relacionadas con la categoría del diagnóstico.

4. . Para una discusión acerca de los cambios de nomenclatura en la historia del diagnóstico, que, desde el principio, se dieron con el fin de diferenciar a aquellos pacientes que padecían «disforia de género» de aquellos que llegaban a esta al cabo de un tiempo, véase «The Development of a Nomenclature», en el libro *The Standards of Care for Gender Identity Disorders* de la Harry Benjamin International Gender Dysphoria Association.

5. Richard Isay, «Remove Gender Identity Disorder from *DSM*».

6. Véase, por ejemplo, Friedman, «Gender Identity».

7. Jacob Hale, «Medical Ethics and Transsexuality». Véase también Richard Green: «Should sex change be available on demand?». Esto apenas salía en el número de 1969, ya que el obstáculo casi insalvable del momento era la reasignación aprobada profesionalmente. Si los pacientes de género pueden procurarse cirujanos que no requieran que los pacientes les hayan sido referidos por psiquiatras o por cirujanos, se debería investigar comparativamente los resultados obtenidos por aquellos que son referidos profesionalmente con los que no lo son. Podría aparecer entonces una cuestión ética: si el éxito es menor (o el fracaso mayor) entre los que se autorrefieren, ¿deben los adultos que sean considerados capaces en otros ámbitos poder gozar de la autonomía de la autodeterminación? Más adelante Hale se pregunta: «¿Debería limitarse la autonomía de una persona a su cuerpo?» («Transsexualism and Sex Reassignment, 1966-1999»). Green celebra también el hecho de que algunos individuos transgénero hayan entrado a formar parte de la profesión, de forma que ahora son ellos los que emiten diagnósticos y disfrutan de los subsidios médicos.

8. Para un examen de la etiología de la diagnosis que cubre los hallazgos más recientes de la psicología sobre el arrepentimiento posoperativo y los «indicadores de éxito» de la cirugía de reasigación de sexo, véase P. T. Cohen-Kettenis y L. J. G. Gooren, «Transsexualism: A Review of Etiology, Diagnosis and Treatment».

9. Richard Green, «Transsexualism and Sex Reassignment».

10. Véase, por ejemplo, George A. Rekers, «Gender Identity Disorder», en *The Journal of Family and Culture*; en 1996 se publicó una versión corregida en el Journal for Human Sexuality, una publicación de la Christian Leadership Ministries;* <www.leaderu.com\jhs\rekers>. Rekers propone la conversión al cristianismo como una «cura» para la transexualidad y en su *Handbook of Child and Adolescent Sexual Problems* presenta una guía psicológica para aquellos que se hallan «afligidos» y «arrepentidos» de su condición. *Ministerios para el Liderazgo Cristiano; organización cuya misión es promover el cristianismo en los campos universitarios. (*N. de la t.*).

11. Rekers, «Gender Identity Disorder».

12. Ibíd.

13. Véanse Walter O. Bockting y Charles Cesaretti, «Spirituality,

Transgender Identity, and Coming Out», y Walter O. Bockting, «From Construction to Context: Gender Through the Eyes of the Transgendered».

14. Para otra impresionante exposición de los medios que emplea esa clínica con el fin de apoyar a sus clientes mientras trata de obtener beneficios a través del diagnóstico, véase Walter O. Bockting, «The Assesment and Treatment of Gender Dysphoria». Para otra impactante exposición, véase Richard Green, «Transsexualism and Sex Reassignment, 1966-1999».

15. En la clase citada anteriormente, Richard Green sugiere que la paradoja no se da entre la autonomía y la sujeción, sino que se halla implícita en el hecho de que el transexualismo se autodiagnostica. Green escribe: «Es difícil hallar otra condición psiquiátrica o médica en la cual el paciente realice el diagnóstico y prescriba el tratamiento».

¿EL PARENTESCO ES SIEMPRE HETEROSEXUAL DE ANTEMANO?

1. Véase David Schneider, *A Critique of the Study of Kinship*, para un importante análisis sobre cómo el estudio del parentesco en la descripción etnográfica ha sido minado por presuposiciones inapropiadas acerca de la heterosexualidad y del vínculo matrimonial. Véase también su libro *American Kinship*. Para una continuación de su crítica, especialmente centrada en el estatus presuposicional del vínculo matrimonial en los sistemas de parentesco, véase la reseña crítica de John Borneman acerca de los estudios feministas contemporáneos sobre el parentesco en «Until Death Do Us Part: Marriage/Death in Anthropological Discourse».

2. Carol Stack, *All Our Kin: Strategies for Survival in a Black Community*.

3. Conversación con Saidiya Hartman, primavera de 2001.

4. Kath Weston, *Families We Choose: Lesbians, Gays, Kinship*.

5. En la descripción promocional del libro de Cai Hua, *A Society Without Fathers or Husbands: The Na of China*, Lévi-Strauss comenta que Cai Hua ha descubierto una sociedad en la que el rol de los padres «es negado o despreciado», y sugiere que puede que el rol todavía esté operativo, pero que sea negado por aquellos que allí practican el parentesco. Esta interpretación disminuye el reto que plantea el texto,

en el que se argumenta que el parentesco está organizado mediante líneas no parentales.

6. Tengo entendido que la reciente legislación sobre las parejas de hecho en California, así como en otros estados, se dirige explícitamente a que los derechos parentales se compartan por igual en la pareja, aunque muchas propuestas tratan explícitamente de separar el reconocimiento de las parejas de hecho de los derechos de la paternidad compartida.

7. Véase Michael Warner, *The Trouble with Normal: Sex, Politics, and the Ethics of Queer Life.*

8. Para una consideración completa de las relaciones culturales francoamericanas con relación al género y a la sexualidad, véanse las siguientes obras de Eric Fassion, las cuales figuran como el telón de fondo de mis propias posiciones sobre este tema: «"Good Cop, Bad Cop": The American model and Countermodel in French Liberal Rhetoric since the 1980s», ensayo no publicado; «"Good to Think": The American Reference in French Discourses of Inmigration and Ethnicity»; «Le Savant, l'expert et le politique: la famille des sociologues»; «Same Sex, Different Politics: Comparing and Contrasting "Gay Marriage" Debates in France and the United States», ensayo no publicado; «The Purloined Gender: American Feminism in a French Mirror».

9. En 1999 el estado de California aprobó la iniciativa Knight, según la cual el contrato matrimonial solo podía darse entre un hombre y una mujer. Se aprobó con el 63 % de los votos.

10. Véase Sylviane Agacinski, «Questions autour de la filiation», entrevista con Eric Lamien y Michel Feher; para una excelente réplica véase Michel Feher, «Quelques Réflexions sur "Politiques des Sexes"».

11. En Alemania, la legislación *Eingetragene Lebenspartnerschaft* (agosto de 2001) estipulaba claramente que los dos individuos que se unían en esta alianza eran gays, y que la ley les obligaba a una relación de apoyo y responsabilidad de larga duración. Así pues, la ley obligaba a dos individuos, que se entendía que eran gays, a una aproximación a la forma social del matrimonio. En cambio, los PACS franceses sencillamente extendían el derecho del contrato a dos individuos cualesquiera que quisieran comprometerse según sus pautas con el objetivo de compartir o legar propiedades, mientras que la legislación ale-

mana requiere, en un estilo neohegeliano, que el contrato refleje un tipo de vida específico que pueda reconocerse como marital y que merezca el reconocimiento del Estado. Véase Deutscher Bundestag, 14. Wahlperiode, *Drücksache* 14/5627, 20 de marzo de 2001.

12. Laurent Berlant, *The Queen of America Goes to Washington City: Essays on Sex and Citizenship*, argumenta persuasivamente que «en la cultura reaccionaria del privilegio en peligro, el valor de la nación no se calcula en función adulto trabajador ya existente, sino de un americano futuro, que es a la vez incipiente y prehistórico: el feto americano y el niño americano están especialmente investidos de esta esperanza», pág. 5.

13. Fassinon, «Same Sex».

14. Agacinski, «Questions», pág. 23.

15. Agacinski, «Contre l'effacement des sexes».

16. Este es el argumento central de mi objeción a las posiciones lacanianas en contra de la viabilidad de los matrimonios entre personas del mismo sexo y a favor de la familia heteronormativa en *Antigone's Claim: Kinship Between Life and Death* (véanse especialmente las págs. 68-73). Para otro argumento en contra de JacquesAlain Miller y otras formas de escepticismo lacaniano hacia las uniones del mismo sexo, véase mi artículo «Competing Universalities», págs. 136-181.

17. Michael Warner, «Beyond Gay marriage», in *Left Legalism/Left Critique*.

18. Jacqueline Rose, *States of Fantasy*, págs. 8-9.

19. Ibíd., 10.

20. Véase Catherine Raissiguier, «Bodily Metaphors, Material Exclusions: The Sexual and Racial Politics of Domestic Partnerships in France», en *Violence and the Body*.

21. La posición lévi-straussiana ha sido defendida con mayor énfasis por Françoise Héritier. Para su oposición más vehemente contra los PACS, véase «Entretie» donde comenta que «aucune societé n'admet de parenté homosexuelle». Véanse también *Masculin/Féminin: La pensée de la difference* y *L'Exercise de la parenté*.

22. Agacinski, «Questions», pág. 23; la traducción es mía.

23. Lévi-Strauss realizó su propia contribución al debate al dejar claro que sus puntos de vista de hace cerca de cincuenta años no coinciden con su posición actual; sugirió que la teoría del intercambio no debe estar ligada a la diferencia sexual, sino que siempre

debe tener una expresión formal y específica. Véase Claude Lévi-Strauss, *Las estructuras elementales del parentesco*, y «Postface», en *L'Homme*.

24. Véase Judith Butler, «Competing Universalities».

25. Schneider, *Critique* y *American Kinship*; Sylvia Yanagisako, *Gender and Kinship: Essays Toward a United Analysis*; Sarah Franklin y Susan McKinnon, «New Directions in Kinship Study: A Core Concept Revisited», *Current Anthropology*, y Sarah Franklin y Susan McKinnon, (comps.), *Relative Values Reconfiguring Kinship Studies*; Marilyn Strathern, *The Gender of the Gift: Problems with Women and Problems with Society in Melanesia* y *Reproducing the Future: Anthropology, Kinship and the New Reproductive Technologies*; Clifford Geertz, *La interpretación de las culturas*.

26. Judith Stacey, *In the Name of the Family: Rethinking Family Values in the Postmodern Age* y *Brave New Families: Stories of Domestic Upheaval in Late 20th Century America*; Stack, *All Our Kin*; y Weston, *Families We Choose*.

27. Véase la discusión sobre etnocentrismo de Lévi-Strauss en *Race et histoire*, págs. 19-26.

28. Véase Pierre Clastres, *La sociedad contra el estado*. Para una consideración de las aproximaciones antropológicas al estudio del parentesco después de Lévi-Strauss, véase Janet Carsten y Stephen Hugh-Jones, *About the House: Lévi-Strauss and Beyond*.

29. Franklin y McKinnon, «New Directions», pág. 14.

30. Fassin, «Same Sex».

31. Franklin y McKinnon, «New Directions», pág. 14.

32. Ken Corbett, «Nontraditional Family Romance: Normative Logic, Family Reverie, and the Primal Scene», ensayo no publicado, 11 de junio de 2000.

33. Hanna Segal, «Hanna Segal interviewed by Jacqueline Rose». Segal comenta: «Un analista como debe ser conoce las enfermedades desde *dentro*. El analista no piensa: "A diferencia de mí, tú eres un perverso", sino que piensa: "Yo sé un poco sobre cómo llegaste hasta ese punto, he estado allí y, en parte, todavía lo estoy". Si cree en Dios, dirá: "No me corresponde a mí juzgar"». Y añade: «Se podría argumentar correctamente que las relaciones heterosexuales pueden ser tan, o más, perversas o narcisistas. Pero no es algo inherente a ellas. La heterosexualidad puede ser más o menos narcisista,

puede estar muy trastornada o no tanto. En la homosexualidad es inherente», pág. 212.

34. Agacinski, «Questions», pág. 24.

EL ANHELO DE RECONOCIMIENTO

1. Axel Honneth, *La lucha por el reconocimiento*; Jürgen Habermas, *Teoría de la acción comunicativa*.

2. Jessica Benjamin, postfacio a «Recognition and Desctruction».

3. Benjamin, *The Shadow of the Other*, págs. 2-3.

4. Benjamin, «How was It for You?», pág. 28.

5. Judith Butler, «The Lesbian Phallus», en *Bodies That Matter*, págs. 57-92.

6. Benjamin, *Like Subjects, Love Objects*, pág. 54.

7. Ofrezco la versión etimológica de extasis como exstasis para señalar, como lo hizo Heidegger, el significado original del término, ya que implica estar fuera de sí mismo.

8. Jean Hyppolite, *Genesis and Structure of Hegel's «Phenomenology of Spirit»*, pág. 66.

9. Jacques Lacan, *Écrits: A Selection*, pág. 58.

10. Para una crítica y una radicalización de la formulación lacaniana de esta idea de la formación mimética del deseo, véase Mikkel Borsch-Jacobsen, *The Freudian Subject*.

11. Sobre los celos y el desplazamiento del deseo homosexual, véase el ensayo de Freud «Sobre algunos mecanismos neuróticos en los celos, la paranoia y la homosexualidad».

12. *Boys Don't Cry*, director: Kimberley Peirce, Twentieth Century Fox, 1999.

13. Benjamin, *The Shadow of the Other*, pág. 37.

14. Ibíd., págs. 83-84.

15. Véanse Drucilla Cornell, *The Philosophy of the Limit*, y Emmanuel Levinas, *De otro modo que ser*.

16. Véase Jean Laplanche, *Essays on Otherness*.

Confesiones corporales

1. Este artículo fue presentado en las reuniones de la American Psychological Division (división 39) en San Francisco, durante la primavera de 1999.

2. Una aproximación diferente a la relación entre cuerpo y lenguaje en el psicoanálisis se encuentra en *The Scandal of the Speaking Body* de Shoshana Felman. Para más reflexiones sobre esta cuestión, véase mi prefacio a ese libro.

3. Véase Michel Foucault, «The Subject and Power», págs. 208-228.

4. Para una reseña completa de las primeras ideas de Foucault sobre la confesión y la represión, véase el primer capítulo de Michel Foucault, *Historia de la sexualidad*, vol. 1.

5. Foucault, *Religion and Culture*.

6. Para un interesante tratamiento de lo que «hace» la confesión, véase Peter Brooks, *Troubling Confessions: Speaking Guilt in Law and Literature*.

7. Todas las citas de la Antígona de Sófocles son de la Loeb Library Series. Algunos fragmentos de la discusión que sigue son recapitulaciones de un argumento que presenté en *El grito de Antígona*.

8. Sigmund Freud, «Criminals from a Sense of Guilt», pág. 332.

¿El fin de la diferencia sexual?

1. Luce Irigaray, *An Ethics of Sexual Difference*, pág. 3.

2. Para una discusión completa del trabajo de Gilroy sobre este tema, véase el capítulo «¿Puede hablar el "Otro" de la filosofía?» de este libro.

3. Mis agradecimientos a Homi Bhabha por este punto.

4. Fragmentos de este debate aparecieron en «Implicit Censorship and Discursive Agency» en *Excitable Speech*.

5. «La Chiesa si prepara alle guerre dei 5 sessi», *La Repubblica*, 20 de mayo de 1995, pág. 11.

6. «IPS: Honduras Feminists and Church», Interpress Service, 25 de mayo de 1995.

7. *Report of the Informal Contact Group on Gender*, 7 de julio de 1995.

8. Véase Anne Fausto-Sterling, «The Five Sexes: Why Male and Female are Not Enough».

9. Biddy Martin, «Extraordinary Homosexuals and the Fear of Being Ordinary».

10. Henry Abelove, Michele Aina Barale y David M. Halperin (comps.), *The Lesbian and Gay Studies Reader*.

11. Mientras que el feminismo es capital y los conceptos de «mujeres» e incluso «mujeristas»* a menudo son centrales, el énfasis —en el trabajo de Kimberley Crenshaw y Mari Matsuda— se extiende más sobre la posición epistemológica de aquellos que están estructuralmente subordinados y marginalizados a través de su racialización. El énfasis en el carácter social de esta subordinación es casi absoluto, exceptuando algunos esfuerzos psicoanalíticos que delinean el funcionamiento psíquico de la racialización, en los que ser «racializado» se representa como una interpelación con profundos efectos psíquicos. Creo que la importancia de esta cuestión se halla en lo que se ha convertido en una verdadera vuelta a Fanon dentro de los estudios contemporáneos de raza. Así pues, el énfasis no se coloca en lo social en un sentido restringido, sino en un imaginario socialmente articulado, en la producción especular de las expectativas raciales, en la distancia visual y el funcionamiento visual del significante racial. Cuando entra en juego la diferencia sexual, como lo hace en el trabajo de Rey Chow por ejemplo, lo hace para subrayar las consecuencias misóginas de la resistencia de Fanon al racismo. Más recientemente, en un análisis fanoniano sobre el sujeto masculino blanco, Homi Bhabha ha sugerido que la división debe ser entendida en términos de una paranoia homofóbica, en la que la relación amenazada y externalizada en la alteridad elimina a la vez la homosexualidad y la diferencia sexual. *«Mujerista» corresponde al término inglés *womanist. Womanist* y *womanism* (que podrían traducirse como «mujerista» y «mujerismo») son neologismos acuñados por la novelista, ensayista y activista afroamericana Alice Walker en 1983 con el fin de referirse a las feministas negras y al feminismo negro, respectivamente. Según Walker, la creación de neologismos sigue una vieja tradición étnica americana de ofrecer un nuevo término cuando el viejo no logra describir un comportamiento y un cambio que una nueva palabra ayuda a hacer visible. (*N. de la t.*).

12. Esto me fue sugerido por el epígrafe de Debra Keates sobre la

diferencia sexual de su libro *Psychoanalysis and Feminism: A Critical Dictionary*.

13. En otra obra ya traté mis dificultades teóricas con esta forma de comprender la relación disyuntiva entre género y sexualidad. Sin embargo, trataré de recapitular brevemente los términos de ese argumento. Aunque «sexo y sexualidad» se han presentado como los objetos de análisis apropiados para los estudios sobre lesbianas y gays, y se ha trazado una analogía con el feminismo, cuyo objeto de estudio debe ser el «género», me parece que la mayor parte de la investigación feminista no encaja en esta descripción. En su mayor parte, el feminismo insiste en que, aunque no estén relacionadas causalmente, las relaciones sexuales y de género están asociadas estructuralmente de formas importantes. Una caracterización del feminismo como un enfoque exclusivamente centrado en el género falsifica también la reciente historia del feminismo en formas diversas y significativas.

La historia de la política radical sexual del feminismo se elimina de la apropiada caracterización del feminismo:

1. Las diversas posiciones antirracistas desarrolladas en los marcos feministas en los cuales el género no es ni más fundamental que la raza, ni más fundamental que la posición colonial o de clase —todos los movimientos del feminismo socialista, del feminismo postcolonialista y del feminismo del Tercer Mundo— ya no son parte del enfoque principal o apropiado del feminismo.

2. Se adopta la visión del género y de la sexualidad de MacKinnon como paradigmática del feminismo. MacKinnon entiende el género como las categorías «mujer» y «hombre» que reflejan e institucionalizan las posiciones de subordinación y de dominación dentro de una organización social de la sexualidad que se presume siempre como heterosexual; la intensa oposición feminista a su obra queda excluida de la definición de feminismo que se ofrece.

3. El género se reduce al sexo (y a veces a la reasignación de sexo) y se convierte en algo fijo o «dado», por lo que desaparece la historia de la oposición a la distinción sexo/género.

4. Se niega la operación normativa del género en la regulación de la sexualidad.

5. La contestación sexual de las normas de género no se considera como un «objeto» de análisis de ninguno de los dos marcos,

ya que dicha contestación atraviesa y confunde los propios dominios de análisis que esta afirmación metodológica de los estudios
de lesbianas y gays se esfuerza por mantener diferenciados.

Esta formulación del feminismo me parece intelectualmente insostenible y hace desaparecer las significativas diferencias que existen
entre aquellas feministas que utilizan la categoría del género y las que
trabajan dentro del marco de la diferencia sexual. ¿Cómo podríamos
entender la historia del feminismo negro, la interseccionalidad que
permea a este proyecto, si aceptáramos considerar lo que es una preocupación feminista por el género como una categoría de análisis que
puede ser aislada?

14. Interpress Third World News Agency, <www.ips.org>.

15. El texto de Primo Levi, *Moments of Reprieve*, escenifica repetidamente la diferencia entre supervivencia y afirmación.

16. Véase Judith Halberstam, *Female Masculinities*.

La cuestión de la transformación social

1. Véase Hollibaugh Moraga, «What We're Rolling Around in
Bed With».

2. Véase también mi entrevista con Rosi Braidotti, «Feminism By
Any Other Name».

3. Véase Barbara Duden, *The Woman Beneath the Skin*.

4. Considero esta cuestión en mayor detalle en *El grito de Antígona*.

5. Michel Foucault, «What is Critique?», pág. 50.

6. Parte de esta discusión de Foucault tiene paralelismos con mi
ensayo «Virtue as Critique».

7. *Paris is Burning*, director: Jennie Livingston, Fox Lorber, 1990.

8. Véase Giorgio Agamben acerca de «la vida desnuda», en *Homo
sacer*.

9. Para un excelente estudio del discurso crítico de Anzaldúa,
véase Norma Alarcón, «Anzaldúa's Frontera: Inscribing Gynetics».

10. Véase la introducción a Mahasweta Devi, *Imaginary Maps:
Three Stories*, pág. 198.

11. Para una exposición más completa de estos temas, véase mi
libro *Precarious Life: Powers of Violence, and Mourning*.

ÍNDICE ANALÍTICO Y ONOMÁSTICO